孙秀玲 著

一口气读完
英国史

长春出版社

全国百佳图书出版单位

图书在版编目（CIP）数据

一口气读完英国史 / 孙秀玲著. — 长春：长春出版社，2023.1

ISBN 978-7-5445-6940-8

Ⅰ.①一… Ⅱ.①孙… Ⅲ.①英国–历史–通俗读物 Ⅳ.①K561.09

中国版本图书馆 CIP 数据核字（2022）第 227151 号

一口气读完英国史

著　　者　孙秀玲
责任编辑　孙振波
封面设计　楠竹文化

出版发行　长春出版社
总 编 室　0431–88563443
市场营销　0431–88561180
网络营销　0431–88587345
地　　址　吉林省长春市长春大街309号
邮　　编　130041
网　　址　www.cccbs.net

制　　版　佳印图文
印　　刷　吉林省科普印刷有限公司

开　　本　880毫米×1230毫米　1/32
字　　数　289千字
印　　张　14
版　　次　2023年1月第1版
印　　次　2023年1月第1次印刷
定　　价　49.80元

前　言

历史是一条有源头的河流，但"你不能以为你可以沿着河流顺流直下，或是自己也跳下去载沉载浮。我们只能放眼现在，试着改善眼下的局势"。当我读到卡尔·波普尔这句话时，我决定"放眼现在"完成这本书。

其实在 2012 年 6 月，在结束了两年零三个月的英伦生活回到北京之后，我就开始着手酝酿这件事了。只是这个酝酿的过程因个人生活的起起伏伏、迁徙流动直至破碎崩塌而显得漫长。庆幸的是，我始终没有放弃写作的念头。

每个人的生活都是一部历史，虽然我不知我这条历史河流要流到哪里去，可我从未停止过对那段英伦生活的回想，也未曾放弃重回那里看一眼的执念。直至我的英国签证因为新冠肺炎疫情无法成行而过期，我开始担心自己忙于无所事事的生活会堵住河流的出路。因此，"改善眼下的局势"迫使我即刻动手，以另一种形式完成我的"英伦之旅"。

这是一本以讲述英格兰历史为主线的书。

在 1707 年之前，英格兰、苏格兰、爱尔兰以及威尔士都是独立的王国，是英格兰在漫长的历史进程中不断发动战争，将其逐个征服。

1707 年，英格兰与苏格兰签署了《合并法》，"大不列颠"这一名称才获得法定权威。1801 年，英格兰与爱尔兰签署《联合法》之后，"大不列颠"被"大不列颠及爱尔兰联合王国"取代。而 1921 年 12 月，爱尔兰成为自由邦，享有自治权，与英格兰正式签署《英爱条约》，英国成为"大不列颠及北爱尔兰联合王国"。

无论是在"大不列颠"之前还是在"大不列颠及北爱尔兰联合王国"之后，人们依然习惯于使用"英格兰"这一称呼，直至第二次世界大战期间，"不列颠"在被多次使用之后，才替代了"英格兰"。

英格兰崛起于蛮荒之中。从有文字记载开始，它的历史曾在很长一段时间里反复被一个又一个入侵者改写着。他们是罗马人，是盎格鲁-撒克逊人，是斯堪的纳维亚人。直到 1066 年，诺曼底征服成为英格兰历史的一个分水岭，它使英格兰从被征服者的角色逐渐向征服者的身份转换，这也是英格兰最后一次被武力征服。

罗马人在这片土地上努力经营了 400 年，却没能生根发芽；盎格鲁-撒克逊人以其独特的生存和繁衍能力将英格兰推向七国时代，"英格兰"这个称呼就源自"盎格鲁人"（Angles）。在七王国相继成立之际，基督教文明渗透了整个岛国，英国与其他欧洲大陆国家一样，成为基督教国家，也注定了它与欧洲大陆国家从此纠缠不休的关系；掠夺成性的斯堪的纳维亚人不断打破试图安定下来的不列颠群岛，最终摘得英格兰王冠；直到诺曼底征服后，英格兰的政府体系日渐成熟，语言和文化被影响和改变，一个拥有中央集权统治制度的君主国家得以创立。

此后，英格兰经历了"金雀花王朝""兰开斯特王朝和约克王朝""都铎王朝""斯图亚特王朝""汉诺威王朝"和"萨克森-科堡-哥达王朝/温莎王朝"。

金雀花王朝时期，英格兰成为安茹帝国的一部分。英格兰在法国的领土上有了自己的领地，国王更热衷于英格兰之外的事宜，专注欧洲大陆的扩张计划，王权越发不可控。因国王无休止地征收税赋筹集资金，而遭到贵族集团的抵制，发生了"以下克上"的贵族起义运动，促进了《大宪章》的形成。"议会"作为束缚王权的组织机构也应运而生。从此，国王被要求依照国家法律行事。《大宪章》也在此后几经反复确认或重申，渐渐深入英格兰人的意识中，法律思想由此形成。

约束王权不等于停止对外发动战争。为了夺占法国的王位，英法百年战争爆发。英法两民族之间的恩怨情仇，从此占据英格兰历史的很大篇幅。

1399 年，一个短暂的兰开斯特王朝成为英格兰历史的主角。由于新朝王权是依赖议会"废旧立新"决断权得来，并非长子继承制承袭，进而引发了大贵族之间的王权之战——玫瑰战争。

都铎王朝作为玫瑰战争的最大赢家，以乱世的救世主自居，统治着英格兰王国。国王充分利用王权变现，让自己实现财务自由以摆脱议会的束缚，并乘势铲除抗衡王权的贵族势力，提升新兴贵族的阶级地位。但宗教改革给了议会生存的空间。

斯图亚特王朝时期，王室与议会之间的斗争最终引发内战。1688 年，一场"光荣革命"实现了君主与议会权力分割与制约的关系，建立了君主立宪制。

而汉诺威王朝从 1689 年至 1815 年一直与法国交战，资本主义在英格兰更是得到充分发展。最终，法国以失败告终，英格兰不仅赢得了战争，更因工业革命的推动，带动整个社会率先进入工业化，将英格兰变成了"资本主义的故乡"和"世界工厂"。从此，凭借强大的经济和军事实力纵横捭阖欧洲列强之间，巩固海外殖民阵地，最终通过帝国的建立，成就了大不列颠王国的大业。维多利亚时期，大英帝国不仅走在欧洲的前列，更称雄世界，成为"世界的中心"。

同时，新兴资产阶级和工人阶级的崛起不断推动着议会改革，英国开始踏上民主国家之路。王室最终作为一种民族统一的象征而存在，不再在国家政治权力中发挥主导作用。

英国也被称为"在最近六百年中堪称世界上建档最充分的一个国家"，其羽翼丰满的资产阶级，带动着国家在其他领域的发展也显得早熟。英国的政治学、经济学和科学理论为欧洲大陆的发展助力，卡尔·马克思学说的基础素材多取自英格兰的历史，启蒙思想家孟德斯鸠、伏尔泰都从英国发展经验中汲取营养获得启发。

但随着工业革命走向世界，世界中心开始转移，德国、美国、俄国等国家高调登上国际舞台，即刻引发了群雄争霸大戏。第一次世界大战和第二次世界大战相继爆发，英国也从世界大国的位置上滑下，退至"中等强国"的行列。

温莎王朝时期的英国，在经历两场战争之后伤痕累累，威风不再，经济走向衰落，"英国病"绵延了几乎整个20世纪；为了缓和国内阶级斗争，维持国内经济发展，英国提出了建设福利国家的计划；因帝国逐渐解体，英国经济对欧洲的需要让它迫切地加入了欧洲共同体；为了维护国际大国地位，英国又不得不全力配合超级大国美国，与之保持"特殊关系"……

就地理面积而言，英国是个小岛国，只有24.41万平方公里，相当于我国的四十分之一。但就国家实力来讲，今日的英国虽然不复昔日的荣光，却仍然是一个强国。2021年，英国是世界第五大经济体，依然拥有较高的全民族科学文化水平，在国际科学技术领域处于领先地位。

层层剥开英国历史，我们会发现，这个国家的历史是渐次进步的，它向前的脚步从未停滞过。尽管如今刚刚成功脱欧，又深陷全球能源危机之中；为应对新型冠状病毒肺炎，和维护"福利国家"的建设，背负着沉重的经济负担；从未停止的党派斗争，在相互指责中让筋疲力尽的政府显得有些尴尬。但正如卡尔·波普尔所说,"历史是会重复的——但绝不是在同样的水平上"。

我们了解英国历史的目的"不在于蔑视什么,也不在于颂扬一种文明反对另一种文明",而是希望翻开这本书的你,无论身在故乡还是异国他乡,都不要像 2010 年 3 月 12 日的我,在落地希斯罗机场那一刻,对这个国家一无所知,或者说除了鸦片战争和英语,其他都无从谈起。

孙秀玲

2022 年 12 月 21 日

目 录

古迹是磨损了的历史，或者是从时间的灾难中幸存下来的一些历史残迹。

——［英］弗朗西斯·培根《学问的进步》

远古走来不列颠

不列颠由大不列颠岛、爱尔兰岛以及一些小岛和小岛群组成。不列颠群岛位于欧洲大陆西北海岸外，也是欧洲最大的群岛。其中，大不列颠岛有英格兰、威尔士、苏格兰三个地区；爱尔兰岛则分为两部分，即爱尔兰共和国和隶属于英国的北爱尔兰地区。也就是说，在不列颠群岛上有两个国家，一个是"大不列颠及北爱尔兰联合王国"，简称"英国"；一个是爱尔兰共和国。

如今，世人眼中的不列颠群岛正被北海、英吉利海峡、爱尔兰海和大西洋包围着。约 300 万年前，不列颠与欧洲大陆板块是一体的，那时的北海只是一块洼地，英吉利海峡刚刚陷落成一条深沟，而连接北海与大西洋之间的加来海峡，依然是干涸的陆地。

大约在地球冰河末期，气候发生了大变化，大陆冰川覆盖了欧洲大陆。地壳运动将山峰削平、洼地填满，不列颠的谷地和平原、沿海地带低洼及凹凸曲折的海岸线日渐形成。直至公元前6000 年左右，在大洪水泛滥之时，融化的冰层以波涛汹涌之势充盈了北海、英吉利海峡、加来海峡等海域，淹没了不列颠与欧洲大陆之间的陆桥。不列颠群岛从此孤悬于欧洲大陆之外。

不列颠群岛与大陆并非遥不可及。将不列颠与欧洲大陆分隔、又连接大西洋与北海的英吉利海峡，全长只有 560 千米，平均深度为 53 米，其最狭窄处的多佛尔海峡，仅宽 33 千米，荡舟直达法国踏上欧洲大陆亦非难事。因此，这道狭窄的浅海既是保护不列颠的天然屏障，也是入侵者踏入不列颠的通途。

公元 11 世纪之前，不列颠群岛一直被欧洲大陆视为蛮荒之地。

不列颠有文字记载的历史始于公元前 55 年。那年，罗马大帝恺撒发现了不列颠岛。在被恺撒发现之前，不列颠群岛上已经产生了人类文明。

在旧石器时期，岛上的居民来自欧洲大陆。在英国东南部的埃塞克斯郡的克拉克顿海滩遗址中，考古学家发现了约 25 万年前人类先民留下的石头制作的尖状石器和砍砸器；在肯特郡斯万斯孔布镇附近泰晤士河谷中，考古学家又发现了 20 万年前的人骨化石。这些被称为"斯旺斯孔布人"的颅骨容量大于直立人，接近现代人的智人，被专家学者们认为是现代人的直接祖先。

那时的不列颠群岛，森林植被繁茂，绿草丛生，沼泽湿地及浅池密布。飞鸟野兽、池中鱼都是岛上居民可猎取的果腹之物。人类逐渐学会了利用石片制造出精细的手斧砍伐树木，制作长矛、鱼叉，打造独木舟等。位于英格兰西苏塞克斯的"霍舍姆人"已经能够使用细石器和世石斧在穴坑上建造宽 8 英尺、深 4 英尺的房屋，以树枝和草皮做屋顶。

走过旧石器时代的中期、末期，不列颠进入了新石器时代。公元前 6000 年左右，不列颠形成了温带海洋性气候。与同纬度其他地区相比，这里全年温和湿润，四季寒暑变化不大，吸引了居住在欧洲西南伊比利亚半岛上的居民。人们源源不断地沿着多瑙河而上，穿过欧洲，越过英吉利海峡，抵达不列颠岛，成为不列颠群岛新石器时代的主角。在英格兰的石灰岩高地、靠近海岸的沙地以及平原和低洼谷地，甚至在爱尔兰、威尔士及苏格兰的沿海一带都留下了他们生活的痕迹。

人类的迁移给不列颠群岛带来了活力，也带来了新技术。为了抵抗猛兽的袭击，伊比利亚人以聚居的方式生活在一起，驯养动物、耕种庄稼，开启了以农牧为主的生活。

在新石器时期，人们把经过打磨的燧石安插在木柄上，制成生产工具和武器。这一独特的资源优势，让生活在英格兰东北部的诺福克郡、东南部萨塞克斯、南部威塞克斯以及索尔兹伯里平原中部的居民学会了采挖、加工燧石，并且在全不列颠群岛上进行交易。

随着交易往来的频繁，英国最古老的道路——伊克尼尔德驿道和皮尔格里姆驿道应运而生。伊克尼尔德驿道连接着英国东北部诺福克郡，并可至西南部的威尔特郡。这条经过东安格利亚（East Anglia）山岭、奇尔特恩丘陵（Chiltern Hills）的古道，有些路段至今人们仍可涉足寻古。

这时的伊比利亚人已经有了领地意识，他们在平原及丘陵地带围建圆形鼓起状的土丘作为营垒。营垒或用来保护牛羊，或用来居住，有的则作为交易及举行祭祀、丧葬仪式的场所。伊比利亚人留给今人规模最大的营垒就修建在古伊克尼尔德驿道的西端、索尔兹伯里平原的埃夫伯里（Avebury）镇，那里现在被称为风车山（Windmill Hill）。

也许是古不列颠人不甘心在时间流逝中被遗忘，因而在石墓和营垒的周边用巨石围建成石圈作为标记。那一块块巨石忍耐着雨水、阳光和风霜的侵蚀，至今已屹立数千年。如今，最典型的石圈依然还在索尔兹伯里平原埃夫伯里，那近百块巨石如同一个个纪念碑，向后人讲述着伊比利亚人那名副其实的"巨石器人"的历史。

古不列颠人对巨石的迷恋一直在延续。公元前2500年左右，距离埃夫伯里石圈大约一英里半的平原上，人们又历经数个世纪，建立了巨石阵。迄今为止，无人确切知晓建造它的目的，但那呈环形屹立在绿色旷野间的巨石，却毫无疑问地展示了古不列颠人开采、凿刻巨石的技术，以及拥有的强大的组织协作能力。

巨石阵出现在历史中，比克人也出现在不列颠群岛上。这是一群来自莱茵河流域的游牧民族，属阿尔卑人种，因日常使用一种宽口陶器，又被称为"宽口陶器人"。

约公元前3000年，比克人登陆不列颠群岛的东部沿海一带，又经英格兰东南部的东盎格利亚，上溯泰晤士河流域，来到威尔特郡地区。几经冲突与磨合，与伊比利亚人最终相互接受、融合在一起。

人口的增长，促进了农耕、畜牧经济的发展。为了增加耕地面积，人们用有限的工具清除森林，开辟农田。农作物不再仅限于大麦、小麦等谷物，开始种植亚麻。比克人掌握了编织亚麻布和纺织羊毛并制成衣服的技术，衣服上还有了纽扣。

大片土地被开发，人们在土地周边搭建茅屋定居生活。在播种、耕耘、收获以及饲养家畜的过程中繁衍生息，早期古村落的雏形由此出现。

比克人善于制作和使用弓箭、短剑，又熟悉青铜的冶炼和用途，也就不再只满足于开采石头制作工具，而是四处开采金、锡、铜诸矿。不列颠群岛蕴藏着丰富的矿产资源。其中，位于英格兰西南角的康沃尔锡矿浅藏易取，而大不列颠群岛北部的苏格兰则盛产铜矿石，爱尔兰岛则有金矿。对制造工具而言，锡太软而铜太硬，古不列颠人通过掌握的冶炼技术，将这两种金属有效地融为一体制造出了青铜。

青铜的出现将不列颠群岛带入了青铜器时代，那时为公元前2000年左右。

随着对锡和铜的需求量增加，拥有冶炼技术的人们开始向不列颠群岛的北部扩张，深入约克夏、兰开夏，直达苏格兰。在资源开发、冶金业的发展中，人们开始用锄头耕种，使用铜制短剑和斧头取代石制工具和武器。生产工具的提升，让粮食种植量基本可以满足全年生活。同时，皮革加工、制作陶器等技术不断完善，生活质量也随之提高。人口的增长也促进了定居后的农业社区的扩大，圈占草场、土地私有意识的萌芽。随着青铜器和原材料的广泛传播，不列颠群岛与欧洲大陆的贸易路线也开始形成。

青铜器时代的不列颠，工匠们虽然为尚武的男人们打制着古剑、铜斧和矛尖，但岛上居民过着安宁的生活。直到凯尔特人的到来，打破了不列颠的宁静。

关于凯尔特人的身份，学术界至今聚讼不已，没有给出标准答案。但有一个不争的事实，那就是在公元前7世纪到公元3世纪之间，来自欧洲大陆中部和西部地区的一些讲凯尔特语的部分民族，在不同时期陆续入侵不列颠，改变了当地人的生活。

比起不列颠群岛上的早期居民，凯尔特人身材高大魁伟，勇猛善战。经过三次大举入侵不列颠之后，不列颠原住民或被征服或被迫躲避到英格兰西北部的山地，凯尔特人成为不列颠的新主人。但凯尔特人族系庞杂、互不统属，各部落之间相互仇视。

最先抵达不列颠的凯尔特人来自高特尔部，随后在布里吞部的强势进攻下，高特尔部移居到了爱尔兰和苏格兰。而英格兰东部及东南部被布里吞部的凯尔特人控制。

凯尔特人不仅懂得青铜的用途，还善制铁器。在他们的推动下，公元前500年左右，不列颠群岛进入了具备现代文明特点的铁器时代。

公元前 4 世纪末，布里吞人进入希腊探险家皮西亚斯的视野，在他航海记录中首次出现了"不列颠人"，希腊语是"Prettami"。那时的不列颠群岛则被称为"普列颠岛"，直至后来罗马人的到来，将不列颠写作"Brittami"。"不列颠"的称谓由此而来。

公元前 200 年左右，最后一批凯尔特人进入不列颠，他们来自更加开化的比尔格部，占据着英格兰的南部及西南部。这里不仅有大片牧场，还是粮食主产地，苏塞克斯还盛产铁矿。比起早期的凯尔特人，比尔格部人拥有更加成熟的冶铁技术。他们不再只是打制简单的短剑、腰刀、镰刀，而是制造出铁框二轮战车，使用铁制马嚼子驾驭马匹，还将耕犁输入不列颠。

凯尔特人以氏族部落的形式聚居，对内依靠血缘关系维系部落联盟。在部落中，酋长是最高首领，酋长以下的部民分为三等：祭司、武士和普通部众。其中，祭司是神职人员，又被称为德鲁伊特，在部落中拥有神圣的地位。他们既是卜士，又是医生和法官；既为王者出谋划策，又为部民讲经布道。德鲁伊特宣称人的灵魂不朽，人去世时灵魂就转到另一个人身上。因此，在保护战场上的武士和拯救病人时，祭司会使用人祭的手段。

铁器的使用进一步促进了农业的发展，人们因地制宜，在北方种植燕麦，在南方种植小麦，这时的粮食主产区也成为文明程度较高的地区。随着农业经济的发展，市场也渐渐兴起，比尔格人开始铸币，最早的货币在不列颠产生。同时，不列颠群岛上的居民开始跨越英吉利海峡与地中海及高卢①地区的凯尔特人进行贸易往来。到了公元前 2 世纪末，不列颠出口谷物、铁、锡、金和皮革，换回银器、陶器和酒等成品，供重要部落的权贵们使用。

不列颠群岛的发展并不均衡。凯尔特人虽然注重农业，但能够定居生活的也只有实力较强的部落，因为他们控制着土地资源和港口。其他地区的凯尔特人依然过着游牧民族的生活，仍以渔、猎、牧为主。特别是生活在不列颠西部的居民，时常为了寻找新的牧场和猎地，不得不举村搬迁。

公元前 1 世纪，不列颠部分地区已经过着相对富裕且文明程度较高的生活，并致力于政权统一。但依然以兽皮为衣，甚至赤身裸体。在罗马人眼里，不列颠的文明水平远低于罗马，视之为蛮荒之地。

---

① 古罗马人把居住在今西欧的法国、比利时、意大利北部、荷兰南部、瑞士西部和德国南部莱茵河西岸一带的凯尔特人统称为高卢人。

但罗马人带来了高压手段，造桥开路统治了这片沃土。罗马人离开丹麦人涌入——这就是你们的历史书的开端。

——［英］鲁德亚德·吉卜林《河的故事》

罗马不列颠

公元前55年，不列颠的历史有了文字记载。这些文字不是来自凯尔特人，而是来自更强大的入侵者罗马人。

罗马人与凯尔特人一样，都是白种人，但罗马人讲拉丁语，故又被称作拉丁人。公元前6世纪，不列颠群岛还处于原始社会，而以地中海为经济文化中心的罗马，已经进入奴隶社会，建立了奴隶制共和国。

经过200多年的征战，公元前266年，罗马人统一了意大利半岛，成为地中海西部地区最强大的国家。此后，罗马人的征战步伐从未停歇，先后击败了北非的迦太基和希腊的马其顿，征服了叙利亚，随着版图的扩大，罗马已成为地跨三大洲的大国。

公元前59年，41岁的尤利乌斯·恺撒被推选为罗马最高执政官。为了稳定政权统治，提升自己在罗马贵族中的威望。公元前58年，恺撒发动了高卢（今法国）战争，决意征服生活在那里的高卢人，将凯尔特文化的中心高卢划为罗马帝国的行省。在征服高卢的过程中，不列颠群岛引起了恺撒的注意。

早在公元前 4 世纪末，不列颠人就进入了希腊探险家皮西亚斯的视野，关于不列颠的传说，很快传到了地中海地区。随着贸易的发展，不列颠人与地中海一带的联系日益紧密，更与同为凯尔特语系的高卢人保持着密切关系。在罗马人攻打高卢的战役中，不列颠南部的部落与高卢北部的同盟关系激怒了恺撒。当恺撒向北遥望不列颠群岛时，他知道，这里拥有丰富的黄金、白银、铅、锡等矿物资源和粮食。为了彻底完成对高卢的统治，也为了获得巨大的经济利益，恺撒决定入侵不列颠。

恺撒是位野心勃勃的政治家、军事家，也是位喜爱书写记录的作家，倾心于为自己树碑立传。从那时起，恺撒关于不列颠群岛的记述，成为后人了解不列颠历史的主要路径。

公元前 55 年 8 月的一个夜晚，恺撒率领罗马军团，强行登陆不列颠。但因受到暴风雨天气中巨浪的侵袭，军船损伤严重。加之对不列颠群岛地理环境的不熟悉，恺撒不敢贸然行事。所以，不到一个月的时间，就草草收兵返回高卢。

第二年，也就是公元前 54 年春，心有不甘的恺撒有备而来，强势攻入不列颠。不列颠人也不甘坐以待毙，称雄于不列颠南部诸部的卡图维劳尼部落在酋长卡西维劳努斯的领导下，对罗马人给予强势阻击。

卡图维劳尼部落是在凯尔特人相互倾轧中壮大起来的，该部落领地位于不列颠东南部的赫特福德郡。当罗马军团袭来，不列颠诸多部落推举卡西维劳努斯为首领，并结成联盟共同御敌。但卡西维劳努斯的敌对部落特里诺文特人却选择依附恺撒，指引罗马军团跨过泰晤士河，进攻卡图维劳尼部落的根据地。尽管卡西维劳努斯果敢善战，但终不是罗马军团的对手。经过数日交战，卡西维劳努斯战败，大批人口和牲畜成了罗马人的战利品。

此次入侵，让恺撒对不列颠人有了进一步了解。他发现不列颠人与高卢人有着同样的信仰——信仰德鲁伊特教，生活方式也相似。但恺撒没有进一步征服不列颠的打算，因为罗马治下的高卢反抗势力依然强劲，反罗马起义四起，迫使恺撒在两个月内撤回高卢，这一走就再未返回。

恺撒两次入侵不列颠，让罗马人与不列颠建立了千丝万缕的联系，罗马帝国对不列颠的惦念也从此根植于心。直至一百年之后，罗马人的这份念念不忘，终获回响。

恺撒撤离不列颠之前，扶持特里诺文特部落，使其成为亲罗马派，并在不列颠诸部落中拥有显赫地位。罗马军团撤离之后，不列颠诸部落再度崛起。经过数次内战，泰晤士河北岸出现了卡图维拉尼王国，东南部有科利达尼王国，以及苏塞克斯地区的科米乌斯王国。

经过数十年的发展，大约在公元 5 年，诺贝林（又称库诺比莱纳斯）接替塔西奥瓦努斯成为卡图维劳尼人的国王，并于公元 10 年征服了特里诺文特人，成为不列颠最强大的首领，自称"不列颠之王"，定都英格兰东南部、泰晤士河北岸的卡姆顿南姆（位于今科尔切斯特郡）。

诺贝林不是亲罗马派，却与罗马帝国保持着频繁的贸易往来，在其长达 37 年的统治生涯里，不列颠群岛一直维持着稳定的统治局面。直到公元 42 年诺贝林去世，不列颠的历史发生了剧变。

诺贝林的二儿子卡拉塔库斯（Caratacus）承继王位。即位当年，卡拉塔库斯出兵征服了泰晤士河南岸的阿特雷巴特部（Atrebates），赶走了国王维瑞卡（Verica）。

阿特雷巴特部落兴起于公元前 15 年，一直与罗马帝国保持着友好关系，是亲罗马派。维瑞卡不甘心失败，向罗马人求助，这为罗马帝国重返不列颠找到了借口。

当时，罗马帝国皇帝克劳狄武斯（Claudius）刚上位不久，急需一场军事上的胜利来稳固统治地位。公元 43 年初夏，克劳狄武斯任命奥鲁斯·普劳提乌斯为指挥官，率领罗马军团，分四路入侵不列颠。

罗马军团从多佛港的北部、肯特郡的里奇伯勒港登陆，并迅速攻下麦德韦山口，渡过泰晤士河口，打到卡拉塔库斯的大本营卡姆顿南姆。卡拉塔库斯全力组织反击，最终败走威尔士，不列颠东南部其他部落随之投降。

罗马军团取得了阶段性的胜利，克劳狄武斯即刻下令，将不列颠降为罗马行省，纳入罗马皇帝个人权力控制系统。普劳提乌斯被任命为罗马行省不列颠尼亚的第一任总督，作为罗马皇帝的代理人负责一切军政事务。普劳提乌斯以卡姆顿南姆为新首都，以四个罗马兵团作为常备军，并设立民政机构，开启了英国历史上的罗马占领时期。

罗马人依靠兵强士众，继续对不列颠展开征服战。西南部的威尔特及萨默塞特郡的比利格部，多塞特的杜罗特里吉部相继受制于罗马人的统治。

公元 47 年，罗马人修建了贯穿英国西南埃克塞特至东北部林肯的"福斯大道"。在泰晤士河上架起了桥梁，在桥头修建了港口。从此，无论是来自不列颠沿海的船只，还是欧洲大陆的商船，都可于此起卸货物。久而久之，围绕着港口形成了商埠，泰晤士河畔成为往来商贾的聚集地，自然形成了热闹非凡的交易市场。公元 50 年前后，罗马商人在桥边建起贸易聚居点，取名为伦底纽姆，这就是伦敦的雏形。

公元 48 年，罗马军团将战区扩展到英格兰西北部的格洛斯特地区，卡拉塔库斯率领一支由威尔士东南部的西卢部人组成的队伍，向罗马军发起进攻。为此，罗马军队在格洛斯特的金士赫姆和罗克塞特设置要塞。经过数个回合的激战，卡拉塔库斯战败，逃到了布里甘特部族王国，被该王国的卡蒂曼杜瓦女王绑送给罗马人。罗马人借机征服了生活在格洛斯特郡科茨沃尔德区的多布尼人，占领区域继续扩大。

罗马帝国对不列颠实施殖民统治，对不列颠人强取豪夺，民众不仅承受着沉重税赋，还要被迫从军，民族习惯也被约束。长久以来积蓄的反抗力量，令罗马人的统治危机四伏。

公元 60 年，英格兰东昂格利亚地区的爱西尼部（今诺福克境内）国王普拉苏塔古斯去世，罗马人趁机吞并爱西尼王国，夺其财产，售其家人为奴。普拉苏塔古斯的遗孀布狄卡女王被鞭挞，女儿遭到强奸。愤怒的爱西尼人揭竿而起，在女王布狄卡号召下发起推翻罗马统治的大起义，爱西尼周边邻国特里诺文特人也加入了反抗罗马人的战争中。

起义军占领了罗马人控制的科尔切斯特，摧毁了罗马商人的聚集地伦底纽姆，征服了老对手卡图维苏尼人的首府维鲁拉米恩。起义的战火迅速蔓延至罗马人控制的这三座城池，还杀死了罗马人和亲罗马派的不列颠人①，并以势不可挡之势击败了前来镇压的罗马第九军团。

此时，罗马主力军正在威尔士西北部的安格尔西岛上屠杀信奉督伊德教的祭司和教徒。得知布狄卡起义的消息后，罗马不列颠总督苏埃托尼乌斯·保里努斯（Suetonius Paulinus）即刻撤军并重新部署，对起义军展开反扑。最终不列颠人被击败，起义队伍被瓦解，布狄卡自杀身亡，罗马对不列颠的统治得以继续。

起义虽然失败，却也让罗马统治者的粗暴统治方式有所收敛，开始采取革除贪弊、实行公平赋税、推行教育等措施。同时，罗马统治者有意识、有计划地对不列颠进行罗马文化输入，在不列颠推行拉丁文字，鼓励民众穿着罗马服饰，对殖民地实施城市化

---

① 当时不列颠的罗马人约有 6 万。

管理，让不列颠居民逐渐接受罗马人的生活方式。

在征服诸部落王国的同时，罗马人还在不列颠建立了自治部落行政区，每个自治部落以一个主要城市作为统治中心，选举产生地方行政官员和管理机关。从70年至120年，共建立了大约15个自治部落行政区，如肯特、埃塞克斯、赫特福德郡和白金汉郡等。

稳定了英格兰南部地区的统治，罗马统治者将军事部署重点移向不列颠群岛西部和北部，将军队驻扎在威尔士南部的卡利恩、英格兰北部的切斯特和北部的约克郡。为了确保所需物资迅速送达军团驻地，也为了确保兵力调动时的灵活机动性，罗马人以泰晤士河畔的伦敦为基地，修筑了长度达7000英里的道路网，即辐射四周、连接各殖民城市之间的"罗马大道"。

在起义中被烧毁的伦敦得以重建，作为不列颠的海运中心，其经济地位日趋重要。伦敦不仅聚集着不列颠主要的输出货物，更是罗马商人行销货物的集散地，也逐渐成为不列颠重要的贸易中心。

公元78年，阿格里古拉出任不列颠总督，罗马人征服了威尔士地区，又迫使英格兰中部的布里甘特人臣服。公元85年，罗马帝国基本完成了对不列颠英格兰地区的控制，军事行动有所减缓。

罗马人也曾用兵北上征伐苏格兰。苏格兰聚居着早期迁徙而来的凯尔特人，他们仍然处于狩猎采集兼事农业的社会经济形态中，且凶悍好战，不畏强敌。罗马人几次用兵终无果。公元84

年，罗马总督阿基里柯拉曾将控制领域推进至苏格兰高地克莱德河以南边缘地带。最终还是止步于此。

就地理环境来看，不列颠群岛的南部和东部多为平原地区，土地肥沃，气候温和，文明开化较早。西部和北部则大部分为山地和高原，山高林密，道路崎岖难行，土地相对贫瘠，产出薄弱。基于这个原因，罗马统治者将主要精力用于巩固殖民成果，针对规模较大的城镇提高其社会与文化治理水平。

122年，罗马皇帝哈德良到不列颠视察，下令在英格兰北部与苏格兰交界处，修筑一道长约118千米，宽2.5—3米的城墙作为军事屏障，被称为"哈德良长城"。城墙全段修建17座要塞。该长城作为罗马帝国当时最北部的边界，以抵御苏格兰人的侵扰。一旦苏格兰人越境进犯，罗马军队即可在长城以南集结，将入侵者驱逐。

143年，罗马帝国又勉强将防线向前推进了一点，在福思河口与克莱德河口之间，修建了一条土城墙，并以当时的罗马皇帝名字命名为安东尼长城。

哈德良长城将不列颠岛拦腰分为两部分——低地地带和高地地带。城墙以南的英格兰低地区是罗马帝国殖民行政区，而城墙以北的苏格兰高地区域则为罗马军事防御区。从此，不列颠进入罗马帝国长达300多年的稳定统治时期，罗马军团也由原来4个减少为约4万人的3个军团。

罗马人兴建了在行省制度下直接管理的四座殖民城市，分别是科尔切斯特、林肯、格洛斯特和约克。城市居民主要由罗马军团的退役军人构成，退役军人在此组建家庭扎根生活，他们享有罗马公民权，可参选市政长官和市元老院执政官，军人的子女继续进入军团服役。每座城市都仿照罗马元老院设置议事会，议事会每年选任两对执政官，其中一对主要负责公共建筑和设施维护。每座城市的建设均采用罗马棋盘式布局，街道笔直交叉。城镇中心设有开阔的罗马式广场，周围设置公共建筑和商店，商人和作坊主随之而来。城内还建有公共议事厅、公共浴室、公共厕所、神庙、剧院和角斗场。

同时，罗马统治者将维鲁拉米姆的凯尔特城设为自治市。自治市的居民虽然都是不列颠人，但同样享有罗马公民权。

除了殖民城市、自治城市之外，不列颠人的部落首府也被划入市镇级别城镇，作为行省制度下最基础的地方行政单位，并下辖其周围的乡村。在城镇中，各部落贵族有参选市政官员的资格，而居民不具有罗马公民权。当时的伦敦，虽然已是繁荣的经济城市，但是行政级别尚处于城镇地位。

各级别城市均沿用罗马帝国的行政方式，接受元老院、议事会、市政官等行政制度，接受罗马人的生活方式。富人们住在石造瓦顶的住宅中，地面铺设具有罗马神秘色彩的马赛克，人们穿着罗马衣衫，学习拉丁语，饮用葡萄酒，举行罗马式的宴会。城市，俨然成为罗马人传播罗马文明的工具。

随着城市的出现，不列颠的农业及乡村建设也发生了变化。

由于罗马军团的进驻，粮食需求量骤增，不列颠耕地面积也随之扩大，大片森林地区被开垦出来。农业生产工具也有所改进，凯尔特人在原来使用铁犁耕地的基础上，犁刀和耕翻草皮的犁板已经开始大量使用。农民除了种植传统谷物之外，葡萄、樱桃、豌豆、山毛榉和萝卜等经济作物被引入不列颠。只是，由于农民种植的谷物多被政府征收，因此无法依靠出售粮食获得收益。

种植业的发展为养殖业提供了充足的饲料，随着城市居民对肉类需要的不断增长，人们发现养殖业有着不错的利润空间，而养羊的利润又远远大于养牛。在逐利的驱使下，牧羊业成为养殖行业中最大的产业。随着产业的扩大，牲畜的品种不断改良，促使养殖业趋于专业化发展。

畜牧养殖需要农田草场，而不列颠的肥田沃土却多被罗马贵族和不列颠贵族占有，因此，以牧羊业为基础的农业庄园经济兴起。富豪贵族们作为庄园主，以不列颠人为佃农或奴隶，与之签订佃租协定，以耕田分配制经营着农庄。而被奴役者向庄主租用小片土地用以牧羊，以交纳赋税或服劳役作为回报。

在城市化的影响下，贵族们模仿城镇的舒适生活环境，在庄园中心建起了独立的乡村建筑——别墅。别墅规模有大有小，大的多达三四十个房间，可供百人使用。建筑模式为长方形的房屋，屋中地面铺着马赛克，屋顶镶有绚丽的天花板，使用地采暖，有独立的卫生间。别墅既是庄园主们富裕又奢侈的体现，也是不列颠盛行罗马文化的又一载体。

当然，拥有别墅的庄园主毕竟是少数，并且集中在较为发达的东南部城市附近，多数不列颠人在平民定居点，从事着农业生产和养殖业。

在罗马帝国占领不列颠时期，辅军这个群体在悄无声息中影响着不列颠的发展。辅军是罗马军团的附属军种，级别低于军团，规模只为罗马军团的十分之一。辅军全程参与罗马军团入侵不列颠的战争，在战场上，他们作为突击队也是救援别动队，具有机动灵活性。平时，辅军是工程建设中的劳役队，也是主要农业生产集体。辅军营设有各种作坊，拥有技艺精湛的手工业技师。在他们的影响下，不列颠手工业逐渐发展扩大，扭转了罗马统治初期大量进口陶器等手工业品的状况。3世纪，伦敦、奇切斯特、圣奥尔本、曼赛斯特的陶器、玻璃制品和各地区的羊毛纺织及大型皮革加工业相继出现，并成为主要出口产品。

不列颠作为罗马帝国的行省，罗马帝国拥有不列颠与地中海世界的贸易绝对支配权，而不列颠也成为罗马经济圈的一部分。商贸活动的频繁，带动了商业城镇的扩张。

罗马统治时期，不列颠约有100个城镇，大多城镇规模依然很小。其中，发达的伦敦商业城市人口约15000人，而人口密集的自治市锡尔切斯特为25000人。

历经百年的浸染，不列颠人已经认同了罗马文化，接受了罗马人的统治。在科尔切斯特有克劳狄乌斯的神庙，伦敦则竖立了哈德良的青铜雕塑。罗马人信奉的万神教也传入不列颠，被凯尔特人接受。同时，罗马统治者并不禁止凯尔特人崇拜自己的神。

就这样，从2世纪至3世纪，不列颠渡过了平和又迅速发展的两个世纪，这也是强大的罗马帝国停止对外扩张，尽情挥霍财富的时代。到了3世纪后期，外表固若金汤的罗马帝国开始变得内外交困。

罗马帝国从来都是依赖战争掠夺奴隶创造财富的，而帝国持续增长的官员和士兵却是挥霍、耗竭国库的主力。到4世纪，纳税的罗马人越来越少，帝国需要供养的官吏和士兵却已达到50万人，财税入不敷出，帝国面临严峻的经济危机。因此，对各行省的压榨也越来越苛刻，土地税、人丁税、出口税、进口税及各种贸易税不断加码，越来越多的人决意脱离罗马帝国的控制。

293年，罗马帝国皇帝戴克里先采用了"四帝共治"制度，将帝国分为东西两半。由于帝位继承制不明确，帝国的外省将军在羽翼丰满之时，常常介入帝位之争，并调兵遣将相互征伐。罗马帝国内乱不断升级，严重消耗着帝国的军事实力。而日耳曼人的兴起，更加速了罗马帝国的衰亡。

在古罗马时期"日耳曼"一词意为蛮族。日耳曼人与凯尔特人一样，不是有血缘关系的单一的民族，而是对语言、文化和习俗相近的民族的总称。他们分别是，斯堪的纳维亚半岛的维京人、丹麦半岛的盎格鲁人、易北河下游的撒克逊人、日德兰半岛的朱特人和莱茵河北部法兰西亚地区的法兰克人。

290年，来自中亚的匈奴人大举西迁，对居住在顿河（俄罗斯境内）以西、黑海草原西部的日耳曼人进行掠夺。好杀嗜斗的日耳曼人不敌悍勇斗狠的匈奴人，被迫民族大迁徙，涌入罗马境内，屡败罗马军队。

3世纪后期，盎格鲁-撒克逊人一直袭掠不列颠东部海岸一带。罗马人为此加强了不列颠海岸防御，在索伦特海峡和沃什湾之间的海岸上修筑要塞和信号站，并增设了"撒克逊海岸伯爵"职务。

在盎格鲁-撒克逊人活跃于不列颠沿海一带时，苏格兰人、爱尔兰人以及英格兰北部的凯尔特人也时常沿着西北海岸不依不饶地进犯罗马人在不列颠的"长城堡垒"一带。367至368年，苏格兰人、凯尔特人联合撒克逊人和法兰克人，越过哈德良长城，击毙撒克逊海岸伯爵并一路横扫不列颠，攻入伦敦城，掠夺大批人口和家畜。这场被罗马人称为"野蛮人阴谋"的叛乱，最终被罗马狄奥多西伯爵平息。

罗马人虽然在短时间内恢复了不列颠的秩序，但"蛮族"的崛起，与罗马帝国的衰落已呈现不可逆转之势。

在平息"野蛮人阴谋"的叛乱中，罗马将军马格努斯·马克西姆斯（Magnus Maximus）脱颖而出。383年夏天，马克西姆斯将军在不列颠篡权夺位，自称西罗马皇帝，调集不列颠的兵力攻打高卢。迅速将不列颠、高卢、西班牙和非洲的部分地区纳入其统治之下。只是好景不长，388年，马克西姆斯在扩张版图的战役中被东罗马皇帝狄奥多击败。

398 年，新任西罗马帝国最高司令斯提利科发动对西哥特人的战争，从不列颠撤走一部分军队。401 年，为了抵御日耳曼人入侵意大利，罗马帝国再度抽调不列颠驻军。

不列颠的驻军被反复征调，虽然有补充，但帝国对不列颠的控制日趋不稳，因为觊觎帝位的将领总是不厌其烦地去实现自己的皇帝梦，哪怕只是短暂的一刻。经过几番夺取，407 年，驻不列颠的康斯坦丁三世再度篡位自称皇帝。

为了继续扩张势力范围，康斯坦丁三世决定夺取高卢和西班牙的控制权，统领主力军离开不列颠奔向欧洲大陆，最终被西罗马帝国皇帝霍诺留击败，后被处决。

罗马内乱，不列颠军事防务空虚，日耳曼人趁势渡过莱茵河进入高卢，阻断了罗马军团再入不列颠的回头路，为占领不列颠创造了有利条件。

410 年，陷入统治危机的罗马皇帝霍诺里乌斯（Honorius）无力再顾及不列颠的安危，决定放手。下令不列颠及各行政区设法自卫，彻底结束了在不列颠群岛的统治。

这七国的历代君主，无论是处理内政还是外交，都会展现出撒克逊民族固有的特点——英勇无畏，不屈不挠。

——［美］雅各布·阿伯特《阿尔弗雷德大帝》

七国时代

罗马帝国的政治组织是军事独裁制，在统治不列颠的四百年中，一切皆以帝国的利益为前提，从未以发展不列颠为宗旨。

经过罗马文明四百年的渗透，不列颠人不再是单纯的凯尔特人，在民族认同上早已与北部高地的凯尔特人划清了界限，视他们为蛮族。

罗马人撤离之后，不列颠出现了由罗马化的凯尔特人组成的诸个小公国，围绕着罗马人留下的城市居住生活。虽然各自也在积极建立防务系统对付"蛮族"的侵扰，但不列颠的混乱局面还是让罗马化的凯尔特人力不从心。

由于安全环境日益恶劣，不列颠人决定向日耳曼部族求助，请求援军制止"蛮族"的骚扰。谁料，前门拒虎，后门进狼。援军击退"蛮族"后鸠占鹊巢，赶走了罗马化凯尔特人，成为不列颠的新主人。

449年，日耳曼部族的两位酋长亨吉斯特和霍萨，带领朱特人、盎格鲁-撒克逊人从英格兰南部沿海地区登陆，进入不列颠，开启了对不列颠长达两个世纪的征服。

在日耳曼人眼里，不列颠气候温和、资源丰富、土地肥沃，可植五谷，又可狩牧，是宜居之地，便打定了既来之则安之的主意。

最先登陆的朱特人在肯特郡一带建立了根据地，成立了肯特王国。而盎格鲁-撒克逊人则继续向不列颠全域进发，紧紧压缩着不列颠人的生存空间。亦如当年罗马人的入侵，不列颠人或被杀戮或被驱赶，或被征服，迫使不列颠人远离城市逃入威尔士、苏格兰和康沃尔等地。但对于不列颠人来说，这个被征服的过程是痛苦又漫长的，长达两个世纪之久，不列颠人称之为"黑暗时期"。而历史恰恰在这个"黑暗时期"，为不列颠人留下了"亚瑟王"阻止了撒克逊人西进的传说。

650年，盎格鲁-撒克逊人先后在威尔士、苏格兰和康沃尔的山区边界停下了扩张的步伐，相继建立了十一个王国，即在北方泰恩河和威尔河周围地区建立了伯尼西亚和德伊勒王国；中部地区建立了林赛、麦西亚和赫威赛王国；东部沿海的东盎格里亚、埃塞克斯和肯特建立王国；南方的萨塞克斯、萨里和威塞克斯建立王国。

但诸王国之间的关系并不稳定，在地位和财富等利益的驱使下，曾经并肩作战的兄弟也开始水火不相容，互相残杀。各王国之间的边界和势力范围此消彼长，不断变换。到8世纪中叶，不列颠形成了七个相对稳定的王国，开启了"七国时代"。在七国中，四个由盎格鲁王控制，即英格兰东南部的肯特王国、北部的诺森布里亚王国，东部丘陵地带的盎格利亚王国和中部的麦西亚王国；三个由撒克逊王控制，即南部的萨塞克斯王国、威塞克斯王国和埃塞克斯王国。而苏格兰、威尔士和康沃尔地区则仍为凯尔特人占据。

盎格鲁-撒克逊人不喜欢住在罗马人留下的城镇，他们所到之处无城不毁，却又因石城坚固毁而不尽。他们没有延续罗马文明留下的城市轨迹生活，而是自行圈地，开垦土地，搭建简易的木屋，按照其民族旧有的部落形式，重新规划不列颠的新生活，倔强地将本民族的野性及风俗习惯和语言植入这片土地，执着地创造着属于盎格鲁-撒克逊人的不列颠文化。

盎格鲁-撒克逊人将征服的不列颠人作为农奴，为自己驱使。盎格鲁-撒克逊除了贩卖奴隶于海外而无经商天赋，这个民族将所有的欲望都倾注在土地上，通过土地释放着他们擅长农耕的天性。

进入不列颠之初，盎格鲁-撒克逊人有着日耳曼民族半农耕、半游牧的传统，时常变换居住地。但这种农牧经济模式无法同时满足盎格鲁-撒克逊人对小麦面包和肉食的需求，于是他们采用敞田制。这是一种农牧混合的经济模式，即将收获后的麦茬地和休耕地用作公共牧场。这种集约化的农耕制度，因土地被合理利用而提高了生产力。

当时，英格兰南部属于轻质土壤，常用两头牛牵引着的铁质犁铧等轻型犁耕种即可，而泰晤士河流域和中部地区却土质黏重，在使用犁刀和犁板时则需要八头牛牵引，因为没有农民拥有这么多的牛，所以集体合作制进行农耕已成必然趋势。

农牧混合的经济模式，让有着游牧传统的盎格鲁-撒克逊人安定下来。为了方便管理土地，十几家农户围绕着敞田、牧场和村舍，以沟渠或篱笆圈围，形成明显的地界，构成了英格兰最初的乡村景观风貌，一个小规模的农民社会逐渐形成。

在七国形成的过程中，盎格鲁-撒克逊人的宗教信仰也发生了变化。

盎格鲁-撒克逊人尚武，崇尚英雄，信奉战神。但这种信仰缺乏理论体系，无法回答生死、解释人类存在的奥秘。而当时欧洲诸国已经普遍接受了基督教，基督教不仅允诺生命的永恒，还提供了关于天堂和地狱等宇宙论的解答。

597年，罗马教皇格里高里派出使节圣奥古斯丁来到英格兰，在肯特王国受到国王埃特尔伯特的接待。在圣奥古斯丁的影响下，埃特尔伯特接受了洗礼，成为盎格鲁-撒克逊诸王国中第一位接受基督教的国王。埃特尔伯特决定在首府坎特伯雷修建教堂，奥古斯丁成为首任坎特伯雷大主教。

此后，罗马教廷的其他使者先后来到英格兰布道，促使更多的盎格鲁-撒克逊人改信基督教。在英格兰实现基督化之时，威尔士、爱尔兰已成为基督教发展成熟之地。

在罗马人撤离不列颠的时代，已有罗马传教士"逆行"来到不列颠布道。在不列颠被盎格鲁-撒克逊大肆侵占的过程中，"黑暗时期"的罗马化凯尔特人越来越相信"耶稣基督为救世主"，"上帝将拯救人世"。在罗马化凯尔特人逃入威尔士的过程中，罗马传教士们更是坚定地不离不弃，与之同行，基督教便在威尔士生了根。由于凯尔特人依然保持着信奉督伊德教的传统，在接受基督教的同时，也就形成了有别于罗马教会的凯尔特基督教会。

432 年，罗马基督教传入爱尔兰，与爱尔兰人相融合，发展成与凯尔特基督教在理念和习惯上有诸多相近的基督教。563 年，凯尔特式基督教又从爱尔兰传至苏格兰，于 633 年从苏格兰西部回到英格兰的诺森伯利亚王国，对英格兰产生了影响。

罗马教会强调秩序和纪律、财富和权力；凯尔特基督教会则推崇苦行僧式的僧侣生活，劝诫富人，帮助穷人。在组织形式上也有不同。罗马教会以主教及教区为中心，凯尔特教会则以修道院长和修道院为中心。同时，各自的复活节确定日期也不同。罗马教会的复活节定在 3 月 21 日，而凯尔特教会的复活节定在 3 月 25 日。

664 年，罗马基督教徒与凯尔特基督教徒决定坐下来，讨论解决他们之间的信仰争端和分歧。在诺森伯里亚国王奥斯威的主持下，双方在英格兰北部约克郡的惠特比举行宗教会议，讨论不列颠的基督教学说是否应该同罗马教廷的基本原则保持一致。经过争论，罗马基督教胜出。惠特比宗教会议决定，不列颠基督教隶属于罗马教廷。尽管凯尔特基督教徒和爱尔兰的教士们坚持分庭抗礼，但盎格鲁-撒克逊人的各王国的宗教制度却越发集中一致。

在接受基督教之前，盎格鲁-撒克逊人治下的王国仍是部族制，国王充其量是被部民选举出来的武士首领，与部族的关系依靠血缘和忠诚维系。而基督教的介入则打断了这种社会发展初期由亲属关系、血缘关系维系的"氏族"体系的链条。基督教以其自成体系的处世伦理宣扬逆来顺受，强调君主是神的代表，要求基督教徒尊敬君主，服从君主的统治。基督教的涂油礼和加冕礼，更以其隆重的宗教仪式加持着国王的权力和地位的合理性和合法化。从而为君主制度的形成奠定了基础。正如德国社会学马克斯·韦伯所说："各伦理性宗教的巨大成就……是粉碎了亲属团体的桎梏。这些宗教以信仰和同一种处世伦理建立了一种至高共同体，以此对立于血缘共同体，甚至在很大程度上对立于家庭。"

669年，在基督教会的推动下，肯特王国在首府坎特伯雷开不列颠创办学校的先河，拉丁语、希腊语、罗马法律、宗教历法、宗教音乐以及宗教诗韵学成为必修课。

同时，教士也参与到统治者的政权管理中，将罗马宗教的思想及管理理念渗透到政治中，推助国王拥有更多的控制权。除了拥有发动战争权力之外，国王还拥有颁布新法律、颁发土地特许状、铸币、征召臣民服兵役和修筑要塞工事等权力。

当然，国王在行使权力时也受到限制。国王需要咨询由郡长、主教、修道院长、国王牧师和宫廷官员组成的贤人会议。贤人会议是国家级别的最高组织，辅助国王处理国家重要事务，确保国家行政、立法、税政等政策得以实施。国王去世时，若无指定继承人，则由贤人会议选举继位者。

700 年，诸王国的法律相继出台，如《埃塞伯特法典》《伊尼法典》和《阿尔弗列德法典》。法典主要是由盎格鲁-撒克逊人古老的习俗构成，是经法庭上公布于众的条文，因此被称为习惯法。在韦塞克斯王国的《伊尼法典》中，首次出现了"领主"一词。领主是贵族阶层，拥有土地和由自由民组成的私家武装。这显示着不列颠社会封建化进程正迅速展开，也标志着社会阶级已形成。而在《埃塞伯特法典》中则规定："如果一个女人有一个成活的孩子，若她的丈夫去世，她应该得到留下的财产的一半。"同时，这一时期的妇女在许多方面享有很高的特权。

随着基督教的普及，牧师、僧侣散布四方，教堂成为城镇、乡村最重要的活动中心，不列颠人无论宗教事务还是世俗之事，都被要求在教堂进行。就这样，盎格鲁-撒克逊人像其他欧洲人一样，全面接受了基督教。只是，在被"基督教"教化的过程中，七王国从未停止争夺霸主地位的战斗。

肯特国是七国中建立最早的王国。因离欧洲大陆最近，在埃特尔伯特统治时期，与欧洲大陆的法兰克王国保持着密切往来，是最先接收欧洲大陆移民的王国。因为率先在七国中接受基督教，使其政治权力达到顶峰，在七国中拥有霸主地位。

而后，因凯尔特基督教进入诺森伯里亚王国，促使该国政治稳定、文化和艺术领域得到充分发展。奥斯威国王又有着超强的统治能力且英勇善战，一度将统治范围扩展到威塞克斯的边界。七国霸主地位也就转移到了诺森伯里亚。

　　8世纪初，麦西亚王国先后出现了两位强势的国王——埃塞尔鲍尔德（716—757年在位）、奥法（757—796年在位）。他们凭借着坐拥英格兰中部平原肥沃的土地和众多的人口，及繁荣的农业优势，将控制区域扩展到了威尔士东部、东盎格利亚，以及泰晤士河以南的各个地区。一度将肯特王国和萨塞克斯王国，以及包括今天的曼彻斯特、利兹、伯明翰、利物浦等区域都变成了自己的属地，并掠夺了威塞克斯王国泰晤士河和埃文河以南的领土，成为不列颠群岛上的新霸主。奥法国王时期，更是将统治领域扩展到约克郡东部亨伯河以南的英格兰所有地区，自称"全英格兰国王"，修筑了一道分隔麦西亚与威尔士、至今尚存的"奥法堤"土坝。

　　奥法国王大力促进不列颠与欧洲大陆的贸易发展，英格兰开始向欧洲大陆出口羊毛、服装、奶酪和奴隶，进口高质量的陶器银器、玻璃器皿和葡萄酒。货币也再度出现在不列颠。奥法将法兰克流通的"便士"硬币引入麦西亚，甚至把自己的画像铸在钱币上。还创立了利奇菲尔德（Lichfield）大主教区。

　　但奥法的统治地位并不稳定，其属地揭竿而起的叛乱不断。796年，奥法王去世，国力渐弱。

随之，西撒克逊人统治的威塞克斯王国崛起。威塞克斯王国位于不列颠西南部。814 年，国王埃格伯特①（Egbert）（802—839 在位）侵入康沃尔，将该地纳入撒克逊人的统治之下。825 年，格伯特将肯特、萨塞克斯、萨里郡等区域从麦西亚王国手中剥离开来。830 年，又先后迫使诺森伯里亚国王及威尔士酋长臣服。就在威塞克斯王国欲与麦西亚王国试比高下之时，来自欧洲大陆的新生力量冲向不列颠群岛，打破了七国纷争的格局。

---

　　①　英国女王伊丽莎白二世即为威塞克斯国王埃格伯特的世袭后裔。

所有文化复兴的种种迹象，都被 8 世纪后期在诺森伯里亚开始出现的"可怕的征兆"蒙上了阴影。"巨大的旋风……闪电……漫天飞舞的火龙"——北欧海盗的袭击开始了。

——［英］阿萨·布里格斯《英国社会史》

维京海盗来袭

9 世纪初，不列颠群岛的七国时代正轰轰烈烈地上演着霸主争夺战。威塞克斯王国的扩张势如破竹，霸主地位几乎唾手可得。这时，一群维京海盗从北欧漂洋过海闯入不列颠，打乱了威塞克斯的称霸节奏。

维京是古斯堪的纳维亚语，意为出身于古斯堪的纳维亚的侵略者。古斯堪的纳维亚人是指居住在北欧斯堪的纳维亚半岛及日德兰半岛北部、讲斯堪的纳维亚语的居民，主要包括瑞典人、挪威人和丹麦人。

约 8 世纪末期，斯堪的纳维亚人在波罗的海一带对往来商船劫掠，将掠夺的财物拿到互市上交易，因此，海盗兼商人成为这一时期斯堪的纳维亚人的主要身份特征。随着越来越多的斯堪的纳维亚人加入维京海盗行列，海盗袭掠范围也逐渐扩大。其中，瑞典人的船队进入基辅斯拉夫人腹地；挪威人的船队则渡过爱尔兰海登陆爱尔兰岛；丹麦人的船队则主要活动于北海南端以及英吉利海峡一带，目标是法兰克人和不列颠人。斯堪的纳维亚人的海盗活动日益猖獗，扰乱了其他诸国的发展步调。

斯堪的纳维亚人擅长航海技术，打造的大型战船船身修长，机动灵活，最多可搭载 200 人。维京人更是全民皆兵，劫掠时身着盔甲、头盔倾巢而出，他们不仅擅长使用弓箭，同样惯于使用阔刃巨剑、标枪、战斧和大圆盾等武器。常年的海上作战经历，练就了他们蛮勇无畏、攻守有序的作战能力。相比不列颠人，七国兵力皆出自田间地头，平时无练兵，战时兵器除了矛盾又别无他物。

最先抵达不列颠的维京海盗是挪威人。793 年，维京人对英格兰北部的诺森伯里亚海岸的林迪斯法恩修道院进行大肆洗劫，满载而归。"上帝的庇护所"遭到亵渎，充分暴露出不列颠群岛薄弱的防御力量，勾起了更多维京人入侵不列颠的欲望。

不列颠的各国统治者在对内加强防范的同时，也加固了沿海一带的防御工事，却依然无法阻挡维京海盗对不列颠的侵袭行动。在 50 多年时间里，维京人的战船增至百艘，对不列颠的袭掠规模和范围持续扩大。而不列颠人无力抵抗的地区，则不得不支付赎金以求免遭侵袭。久而久之，维京人对不列颠诸国统治情况了如指掌，于是利用诸国内部矛盾和冲突，对各国王位和政权进行干预。

866 年，一支强大的丹麦军队从东安格利亚登陆不列颠，随后占领了英格兰商业和政治中心约克，并以此为基地，在5年时间里，先后征服了诺森伯利亚和东安格利亚和麦西亚王国，控制了从约克到伦敦的英格兰东部的大部分地区，进而向威塞克斯发动进攻。

此时，威塞克斯依然控制着苏塞克斯、埃塞克斯以及肯特等英格兰南部地区，是不列颠群岛上唯一能与丹麦人抗衡的政权。其首府在温切斯特。

871年，埃格伯特的孙子阿尔弗雷德成为威塞克斯新任国王。阿尔弗雷德智勇双全，数次击退丹麦人的入侵。

878年冬，维京首领格思鲁姆突袭威塞克斯，对威尔特郡和萨默塞特大肆掳掠，在奇彭纳姆打得阿尔弗雷德措手不及，逃到萨默塞特的阿塞尔纳密林中。

879年5月，阿尔弗雷德卷土重来，向驻扎在埃丁顿的丹麦军发起反击，战争虽然取得胜利，但阿尔弗雷德也不具备彻底将丹麦人赶出不列颠的实力。因此，双方签订了《韦德莫尔和约》。阿尔弗雷德承认丹麦人在诺森伯里亚、麦西亚、东盎格利亚的统治，并向丹麦人支付贡金；从泰晤士河口到爱尔兰海，斜跨英格兰的整个东部区域，维京人可以自由定居并使用丹麦的法律。这块地区被称为"丹麦法区"，也是维京人在斯堪的纳维亚以外开拓的殖民地中最宽广和富饶的一块地区。格思鲁姆亦承认阿尔弗雷德治下的英格兰地区及威塞克斯王国的独立，并皈依基督教。

自此，英格兰出现了"英格兰区"与"丹麦法区"。但是，其他丹麦人拒绝接受和约。在经过数次互有胜负的征战之后，886年，阿尔弗雷德从丹麦人手中夺回伦敦，迫使丹麦人重新接受和约，不列颠南部以及西南部的大部分英格兰地区归阿尔弗雷德统治。

阿尔弗雷德并不甘心仅仅取得丹麦法区以外的英格兰的控制权，而是决心彻底驱逐维京入侵者，光复不列颠。

为了对抗丹麦军队，阿尔弗雷德展开了一系列改革。在军事上，修缮要塞、筑城建堡巩固军事重镇；重新启用前罗马城镇的防御系统，打造一个涵盖整个王国的要塞防御体系，并改善道路交通，以便于互相支援。

同时，对赋税兵役进行改革。在强化土地税收制度的同时，要求土地的持有者，依据其拥有土地的数量和富庶程度缴纳相应的税额，再按比例输送兵员服役。在战争时期要出征战场，日常也要守护城墙。阿尔弗雷德为此建立了民军制度，将每个军镇的兵力分为两部分，一部分负责日常耕种，另一部分负责警戒和防卫，两者定期轮换值守。

阿尔弗雷德还组建了一支由中小贵族领主组成的常备军，通过土地封赐的方式维系着对军队的控制。由于国王不断对有功之臣进行赏赐，军事贵族塞恩阶层也随之出现。塞恩主要服务于国王和贵族，也因服务对象的不同，其地位等级亦有差别。最初，塞恩可以从国王那里得到不低于 5 个海德（大约 600 英亩）的土地，他们需要给国王服役，承担兵役、修堡垒、架桥梁等义务。国王重用的塞恩大多是社会上的富有者，他们有着良好的装备，拥有依附他们的自由民和奴隶。

882年，为了占据海上攻防优势，阿尔弗雷德组建了英格兰历史上第一支海军舰队，打造出优于维京人的、海上作战效率更高的战船。先后两次战胜维京人，取得了海上军事行动的胜利。

为了加强社会治理，阿尔弗雷德颁布了《阿尔弗雷德法典》。法典参考了此前肯特、麦西亚和伊尼法典的内容，结合社会发展的需求对法典内容做了进一步完善。这部法典成为后来英国普通法的重要基础。

出于对教会的热爱，阿尔弗雷德全力复兴被维京海盗摧毁的修道院和教堂。他发现教士们虽然有人懂英语，但能将拉丁语翻译成英语的人几乎没有。因为在不列颠基督化发展的过程中，学校的神职人员只学习拉丁语。为此，阿尔弗雷德兴办学校，倡导用英语对普通民众进行初等教育，还带头学习拉丁语，亲自执笔将拉丁文经典文学作品译成英语。在他的带动下，教皇格列高利一世的《论神职人员的职责》和波爱修斯的《哲学的慰藉》等作品先后被翻译成英语版本问世，为英语和英国本土文化的发展奠定了基础。

为了加强臣民的民族意识，让国人了解不列颠的历史，阿尔弗雷德要求将比德的《英吉利教会史》翻译成英文，并主持编写了《盎格鲁-撒克逊编年史》①。这部编年史不仅成为中世纪西欧

---

① 这部编年史一直由后人续编至1154年。

重要的史学著作，也为英格兰的统一奠定了思想基础。

当然，阿尔弗雷德也充分利用手中的铸币权，在温切斯、艾克塞特、牛津和格罗斯特等城镇创建造币厂，任命王室成员专职监督管理。在提升城镇地位的同时，实现了王室成员对城镇的直接控制权。

经过一系列改革，英格兰在阿尔弗雷德统治下国力增强。同时，丹麦法区的城市管理也恢复到罗马时期的活跃程度。

当时，丹麦法区并没有成立一个统一的国家，各势力集团划地域而居，以城市为都城，每市有法官和军队，而都城亦为商业中心。当时林肯、斯坦福德、德比、诺丁汉、莱斯特郡都是丹麦法区的知名城市。只是，丹法区的统治散漫无序，各政权之间时而联盟时而反目独立，处于四分五裂的状态，这为威塞克斯王国收复失地奠定了基础。

899年，阿尔弗雷迪去世，长子爱德华（899—924在位）即位。爱德华具有军事指挥才能，拥有明确的统治目标，决心承继父业，完成撒克逊王朝的统一大业。

在稳固王位之后，爱德华继续加固并沿用阿尔弗雷德时期的军事要塞系统，向丹麦法区进击，欲从丹麦人手中收复英格兰失地。

爱德华得到了姐姐埃塞尔弗莱德的帮助。当年，麦西亚王国虽然被丹麦人征服并纳贡，却一直与威塞克斯王国保持盟友关系。出于战略考虑，阿尔弗雷迪将女儿埃塞尔弗莱德嫁给了麦西亚王室的方伯埃塞尔雷德，并扶持他成为国王，统治麦西亚。886年，还将从丹麦人手中收复的伦敦交给他管理。

埃塞尔弗莱德有着强烈的政治野心，且擅长权谋。她乘丹麦人内部分裂不和之机，巧用计谋，将麦西亚政权掌控在手。911年，麦西亚国王埃塞尔雷德去世，埃塞尔弗莱德开始行使国王的权力，并围绕着麦西亚西部地区修建了防御堡垒，开始攻城略地，相继向威尔士、挪威人占领的爱尔兰，以及被丹麦人占领的约克地区发起军事进攻，并收复不少土地。

在姐姐的帮助下，爱德华于913至918年间，对麦西亚和东盎格利亚的丹麦人发起一系列攻势，沉重地打击了丹麦势力集团。在多年的东进北伐之后，爱德华收复了东盎格利亚和东麦西亚地区，将亨伯河以南的整个英格兰置于掌控之下。

918年，埃塞尔弗莱德去世，爱德华将姐姐的女儿埃尔夫温废黜，直接掌控麦西亚王国的统治权。到920年，爱德华得到了苏格兰诸国王、威尔士诸亲王、斯特拉斯克莱德地区和诺森伯里亚王国的不列颠人的拥戴。924年，威塞克斯王国控制的领土面积较其父统治时期多了一倍。

在被征服的丹法区，爱德华依然保留着丹麦人的城市制度。经过长期的碰撞与交流，丹法区的丹麦人与英格兰人日渐融合，无论是语言、文化还是习俗都彼此接受。而英格兰人对丹麦法律、语言也多加借鉴，推动着英格兰政治制度、文化体系的发展。

受丹麦人经商习惯的影响，爱德华颁布法令，鼓励所有买卖都在市场集中交易，促进城市从军事重镇向商业中心转变。为了确保王室对地方城镇实施控制权，爱德华将各地的司法管理、税收、设立造币厂等制度规范化并写入法典。在新政引导下，市民的身份也变得多样性，是军人，是商人，也是耕地的农民。

爱德华时期，对被征服的王国开始实施郡制管理，各郡行政事务由方伯（郡长）掌管。最初，方伯只掌管一个郡，但随着领土增加，方伯们的领地也从两三个扩大到五六个。这为后来王国出现叛乱埋下了隐患。

924 年，爱德华去世，其子埃塞尔斯坦（924—939 在位）承继了父祖打下的江山，并立志彻底驱逐维京人。

不久，一批挪威维京人从爱尔兰东渡侵占了约克城，与英格兰北部的老丹麦人发生了利益冲突。927 年，埃塞尔斯坦乘机征服了约克，确立了威塞克斯王国在英格兰北部的统治地位，成为英格兰在西撒克逊王朝统治下迈向统一的重要一步。

937 年，威塞克斯的远征军又战胜了斯堪的纳维亚人、爱尔兰人和苏格兰人联军，进一步维护了和平的统治局面。为了扩大国际影响力，埃塞尔斯坦分别将两个妹妹嫁给了法兰克公爵休和后来成为神圣罗马帝国的奥托大帝。同时，埃塞尔斯坦在给贵族们颁布特许状中明确标明"英格兰国王"的正式头衔，还在硬币上铸上了"全不列颠的国王"字样。埃塞尔斯坦并未能真正完成英格兰的统一大业，939 年去世。而他的继承人令威塞克斯王国内部权力斗争不断升级。

957 年，埃塞尔斯坦的侄子埃德威继承王位，发生了麦西亚人和诺森伯里人的起义叛乱，导致王国的统治区域分裂。959 年，埃德威的弟弟、14 岁的埃德加（959—975 年在位）即位，力挽狂澜，重新收复领地。

埃德加认可丹麦人在定居地的社会习俗和法律的有效性，加强币制改革，推行和平政策。在宗教事务上，令威尔士、苏格兰、坎布里亚和斯堪的纳维亚的统治者纷纷向他宣誓效忠。973 年，埃德加在巴斯被加冕为全英格兰的国王。

埃德加去世后，978 年，埃塞雷德（978—1016 年在位）即位。这位被称为"无能又没有主见"的国王，既不具备军事领导才能，又不能知人善用。最终将英格兰推向了血雨腥风的乱世。

在威塞克斯王国世代为光复不列颠努力拓展之时，维京人也没有放弃对这块土地的向往。

从 980 年开始，维京人故技重施，采取抢了就跑的战术再度袭掠英格兰。994 年，由挪威人和丹麦人组成的维京联军，乘 94 艘舰船卷土重来。维京大军围攻伦敦城，在遭遇伦敦军民奋勇抵抗之后，转而洗劫了英格兰南部地区。埃塞雷德没有组织起有效的反击，而是决定出钱收买维京人，以图和平。这笔款项被称为贡金，也称"丹麦金"。挪威人在王室成员特里格瓦松的带领下，拿着 20000 镑白银的"丹麦金"离开英格兰。此后，丹麦人对贡金的需求逐年增长。

为了支付高额的"丹麦金"，统治者在英格兰建立了按地区划分的地方行政管理机构，以便于征税，并逐步形成了王国政府、郡、百户区、十户区四级行政建制。每个郡有一个法庭，一年开两次会，由国王的代表——郡长主持。

当时的社会等级结构已经形成，当然也是由法律精心制定出来的。在国王及其王室成员之下分别是：郡长，负责统治各郡，也是各郡的大法官和征税官；塞恩，又称领主，拥有土地且每三个月在宫廷服役一个月；自由民，是战士也是农夫，拥有 5—30 英亩不等的土地，需要向领主支付土地租金且为领主服骑役或各种杂役；农奴和奴隶，没有自由，没有财产，是为领主和贵族服务的人群。因此，不断提高的税赋主要都落在自由民身上。

国王埃塞雷德不甘心年年支付"丹麦金"，但苦于无力抵挡维京人的入侵。为了发泄内心的愤懑，1002 年 11 月，埃塞雷德下令杀死"所有在英格兰的丹麦人"，导致局势失控。

1003—1004 年，丹麦国王斯维恩以其妹妹被谋杀为由对英格兰实施长达 20 年的报复行动，年年入侵英格兰。1006 年，"丹麦金"由原来的 24000 英镑增加到 36000 英镑。1009 年秋天，维京大军登陆肯特王国，直到 1012 年，收了 48000 英镑的"丹麦金"之后才肯离开。这期间，坎特伯雷大主教埃尔夫赫亚克被丹麦人杀害。

1013 年的夏天，斯维恩再次率大军登陆英格兰，决定彻底占领英格兰。

斯维恩与儿子克努特经亨伯河一路西进攻入英格兰，攻陷牛津和温切斯特，进而围攻伦敦城。

强敌当前，埃塞雷德国王逃到了诺曼底，这是他第二任妻子埃玛的故乡。埃玛是诺曼底伯爵理查一世的女儿。埃塞雷德的逃脱，让斯维恩完成了对英格兰的征服霸业。不堪被战乱摧残的英格兰人接受了斯维恩的统治，推举斯维恩为英格兰国王。

然而，新国王的统治仅维持了6周。1014年2月斯维恩去世。贤人会议请求逃亡中的埃塞雷德回国执政，条件是他郑重承诺会"治国有方"。但斯维恩的儿子克努特不肯放弃英格兰。1015年9月，克努特率领2万精兵进攻英格兰。

1016年4月，埃塞雷德国王在伦敦去世，其子埃德蒙德二世继承王位。但亲丹麦的郡长、主教和大乡绅在南安普敦拥立斯维恩的儿子克努特为国王。围绕王位之争，英格兰陷入混乱之中。

1016年11月，战争停止，因为20岁出头的埃德蒙德二世突然暴亡。克努特成为最后的赢家，控制了英格兰，给王国带来了近20年的和平与发展。

克努特的一个臣子谄媚说，克努特是海洋的统治者，于是克努特把椅子放在海水边，下令潮水退去且不得打湿椅子……在发现潮水并未退去后，克努特训斥了大臣的胡说，他边往后跳边大叫："让所有人都知道国王的权力是多么空洞和一文不值吧。"

—— ［英］西蒙・詹金斯《英格兰简史》

诺曼底征服序幕

1016 年圣诞节，克努特（1016—1035 年在位）在伦敦加冕为王。克努特被后人称为第一位真正统一英格兰的国王。

为了巩固统治地位，6 个月后，克努特娶了埃塞雷德的遗孀埃玛。作为异教徒，克努特顺从了埃玛的意愿举行了基督教婚礼，在一定程度上使他的王位继承权合法化。

为了表示对基督教的支持，克努特毫不吝啬地出资捐建教堂，鼓励丹麦异教徒信奉基督教，立法要求国人缴纳教会什一税①，遵守基督教礼拜日的仪节。克努特还先后两次去罗马朝圣。其中，

---

① 什一税是欧洲基督教会向居民征收的宗教捐税，是教会和教士的主要经济来源之一，是面向所有人征收的一项赋税，自然包括非基督徒。"什一"是指土地上所有的产出，包括谷物、干草、水果、动物，甚至酒等一切个人产业的十分之一收入。

1027 年，罗马教皇邀请克努特出席罗马皇帝康拉德二世的加冕礼。克努特充分利用自己的影响力与罗马帝国建立了外交关系，将女儿甘赫尔德嫁给了康拉德二世的儿子，并说服罗马教皇给自己的子民免除关税。

克努特努力调和征服者与被征服者之间的关系，将英格兰人与丹麦人同等对待。

1018 年，在牛津举行的觐见大会上，克努特承诺将继续奉行早期埃德加国王的法律，让丹麦人和英格兰人和平共处。在军队建设方面，克努特保留着一支由 40 艘舰艇组成的海军和一支常备军——护卫队。军人从国王那里领取年俸，国王则继续在全国征收"丹麦金"以维护这笔军用开支。

在国家治理方面，克努特继续沿用由郡、百户区、乡镇组成的行政区规划模式，但以"伯爵"取代了"方伯"的职称。

克努特统治团队中最有影响力的是伯爵戈德温。戈德温是盎格鲁人和丹麦人的混血儿，是克努特的重要政治顾问之一。他于1018 年被封为伯爵，在随后的十年中，地位日渐显赫。其封地几乎囊括了早期威塞克斯王国全部疆土，控制了英格兰南部半壁江山。

克努特将英格兰各郡划分为四个大郡，即威塞克斯郡、麦西亚郡、东安格利亚郡和诺森伯利亚郡。

1019 年，克努特继承其兄之位成为丹麦国王。1028 年，又取得了挪威国王之位，攀上了个人权力的顶峰，成为真正的斯堪的纳维亚帝国元首。

但克努特并未将丹麦、挪威和英格兰统一为一个国家，各国之间没有建立任何联合政府阶层的组织，完全只是归克努特私人所有。因此，在他死后，这三个国家又各自独立。

1035 年，克努特去世，他的两个儿子哈罗德（1035—1040 年在位）、哈瑟克努特（1040—1042 年在位）相继即位。但这二人皆无其父的君王智慧，只知利用手中的权力对民众施行暴政。其中，哈瑟克努特在执政仅一年时间内就疯狂征收各种税额达 2.1 万镑，是此前年税的 3 倍。1042 年，哈瑟克努特暴死。贤人会议在戈德温的主导下，推举埃塞雷德和埃玛的儿子爱德华（1042—1066 年在位）继承王位。

爱德华出生于牛津郡的艾斯利普，绰号"忏悔者"①。在丹麦人征服英格兰期间，于 1013 年避难至诺曼底，那年他才 8 岁。

诺曼底原是法兰克人的领土，地处塞纳河入口处、以鲁昂为中心的一片区域，曾是维京海盗的进犯之地。912 年，西法兰克国王与维京首领罗洛（Rollo）签署协议，将这片领域让与维京人。从此，维京人停止了对法兰克人的掠夺，开始经营这块土地。法兰克人称定居在这里的维京人为诺曼人，意为北方人，诺曼人所居住的地区被称为诺曼底。

------

① "忏悔者"的绰号是人们对他忠于信仰的认可。但是，最初只是人们用以将他与他的伯父"殉教者"爱德华区分开来。

诺曼人在发展过程中，接受法兰克人的影响，在修道院修建、主教区制度制定，以及政府管理、制度建设和经济发展等方面都按照法兰克人的模式进行。11世纪初，诺曼底始终保持着与斯堪的纳维亚地区及定居在不列颠和爱尔兰的斯堪的纳维亚人的经济联系。

1041年，爱德华结束了多年的流亡生活，回到英格兰。英格兰的王位也重新归于撒克逊人。

1043年4月，爱德华于西撒克逊人的皇室所在地温切斯特加冕成为英格兰国王。但是，爱德华统治地位并不稳固，因为戈德温操控着一切。

在克努特统治时期，戈德温就拥有着一人之下万人之上的权力和地位。在国王出游丹麦及罗马期间，戈德温代国王处理国事。战时，戈德温是重要的军事领袖。而另外两位伯爵利奥弗里克和西沃克的实力远逊于戈德温。

爱德华为了坐稳王位，娶了戈德温的女儿伊迪丝。而戈德温家族则顺势扩张实力，戈德温的五个儿子先后都获得了伯爵头衔。

1053年，英格兰四个最大的领地中，威塞克斯、诺森伯利亚和东盎格利亚都被戈德温父子控制，只有麦西亚在利奥弗里克家族手中，戈德温继续操纵宫廷政治。

即位之初，爱德华将克努特家族驱逐流放，决心清除丹麦人对英格兰政治的影响。由于爱德华的青少年时光都在诺曼底度过，作为半个诺曼人，爱德华受教于诺曼底，他所熟悉的文化和人脉都源于法兰西。因此，爱德华的宫廷充满了诺曼人，教会神职人员也都是诺曼人，这激起了戈德温家族的不满。爱德华也试图摆脱戈德温的控制。

1051 年，坎特伯雷大主教去世，戈德温打算支持坎特伯雷教士们推举的人选。爱德华则召集支持者在伦敦召开大会，任命瑞米耶日的罗贝尔为坎特伯雷大主教。爱德华与戈德温的矛盾公开化，权力斗争演变成一触即发的战争。

这时，只手遮天的戈德温家族遭到各地势力的倒戈，支持国王的军事力量大增。在爱德华的逼迫下，戈德温家族逃离英格兰，戈德温的女儿伊迪丝被爱德华驱逐到一家修女院。此时，爱德华与伊迪丝结婚数年，一直没有子嗣。第二年，戈德温父子卷土重来，并迅速控制了制海权，封锁了英格兰南海岸的各个港口。戈德温的旧部和党羽见风使舵，纷纷响应，誓与其共进退，助力戈德温家族强势回归英格兰。最终，迫使爱德华与戈德温签下和约，恢复了戈德温家族之前拥有的领地和爵位，王后也重新回到了皇宫。而追随爱德华的诺曼人则被驱离。在和约中，戈德温被要求将一个儿子和孙子作为人质留给国王作保，国王把人质送到诺曼底由威廉公爵监护，但王权已完全受制于戈德温家族。

1053 年，戈德温去世，其子哈罗德·戈德温入掌枢机。爱德华并未借机重振王权，而是沉浸在狩猎的乐趣中。哈罗德·戈德温为人严谨、聪明睿智，对国王也恭敬有礼，其能力和品德都胜过其父。爱德华也甘愿王权旁落。英格兰又拥有了和平与安定。

从阿尔弗雷德统治时期起，各城镇或为国王的领地，或为军事防御军镇，或因教会修建了大教堂、修道院而成为宗教中心。随着人口的增长和聚集，城镇生活得以复兴，消费需求有所增长，城镇商业贸易发展吸引了商人涌入，城镇也成为王室税收中心。

为了促进城镇商业贸易发展，国王以法律形式授予商人特权，保护商人的利益。伦敦和温切斯特等城市因贸易发展成为英格兰繁华的城镇，也是两个人口密度最大的城市。同时，在一些交通便利和罗马城镇附近，以及一些重要的港口和市场出现了贸易小镇。

商业一经发展，货币逐渐成为贵族们财富积累的重要目标。因此，在爱德华的统治时期，国王在七十多个城镇开设了造币厂铸造钱币，以满足货币市场流通的需要。

但哈罗德·戈德温并不满足于英格兰稳定的现状。1062年圣诞之后，哈罗德出兵奇袭威尔士。1063年8月初，英格兰军取得胜利，哈罗德·戈德温扶植了一位傀儡君主，将威尔士置于英格兰国王的统治之下。

1065年，诺森伯里亚爆发了反抗哈罗德的弟弟托斯帝格·戈德温的起义。一瞬间，饱受戈德温家族打压的人都加入了战争。哈罗德·戈德温并未与弟弟结成联盟镇压叛乱，而是出面与叛军谈判，同意任命新的诺森伯里亚伯爵，放逐弟弟托斯帝格·戈德温。哈罗德的弟弟愤而与挪威国王哈罗德·哈德拉达结盟，对抗兄长。戈德温家族开始分裂。

1066 年 1 月，国王爱德华去世，葬于他生前耗费巨资修建的威斯敏斯特教堂。爱德华膝下无子，他在临终前指定哈罗德·戈德温为英格兰国王继承人。哈罗德·戈德温在爱德华去世当天即举行了加冕礼。哈罗德未曾料到，这顶王冠刚刚戴上，就让他陷入一场血战，并为之付出生命的代价。

诺曼征服是一件好事,因为从这个时候起,英国不再被征服,从而能够成为顶尖的国家。

——〔英〕W. C. 塞拉斯与 R. J. 耶特曼《1066 和所有这一切》

诺曼底征服

1066 年 1 月,忏悔者爱德华去世,贤人会议推举威塞克斯伯爵哈罗德·戈德温继承王位。哈罗德王位来得出乎意料,若非爱德华临终授命,他无权继承王位。但哈罗德的王位又似乎坐得理所当然,因爱德华在世时,他已是王权操控者。

可是,挪威国王哈罗德·哈德拉达和诺曼底公爵威廉并不这么认为。两人都声称是正统英格兰王位继承人,并相继举兵为夺取英格兰王位而战。哈罗德则扣紧头上的王冠,积极备战,举全英格兰之力迎击强敌。

1066 年 9 月,挪威国王哈德拉达率 300 艘舰船抵达不列颠北部设得兰群岛。沿着苏格兰和诺森伯里亚东海岸向南,与哈罗德被驱逐的兄弟托斯帝格·戈德温会合,大举入侵英格兰。哈罗德闻讯领兵北上,在约克以东斯坦福桥迎击挪威入侵者。激战中,挪威国王哈德拉达和托斯帝格双双阵亡,哈罗德大获全胜。

这时,诺曼人已经在威廉公爵的指挥下,迅速登陆英格兰东南沿海苏塞克斯郡的黑斯廷镇，并开始修复要塞，构筑防御工事。

威廉出生在诺曼底中部的法莱斯，是诺曼底罗贝尔公爵的私生子，8 岁继承诺曼底公爵爵位。诺曼底领地面积还没有约克大，在威廉统治初期政局动荡。威廉经历了九死一生的权力斗争，逐一击败了反叛者，创建了一套强大的封建制度，巩固了统治地位。

威廉在领地内实行封建主所有制，将臣民分为男爵、骑士、农民三个身份等级。主臣关系是完全固定且世袭的，农民不允许离开土地，也不能像英格兰自由民那样可以转换领主。这种阶级等级制度强化了臣民对君主的主动服从性。

威廉富有计谋，懂得恩威并施，与他接触的人都对他怀有敬畏之心。他将土地分封给贵族们，作为回报，这些贵族有义务随他作战。

威廉野心勃勃、争强好胜，拥有坚强的意志和维京人悍勇好战的特质，具备卓越的军事领导才能。从 11 世纪 50 年代开始，威廉向诺曼底以南地区进行殖民扩张。1063 年，占领了曼恩伯国的大部分地区。

1066 年 1 月，爱德华去世后，威廉宣称自己有与爱德华隔代的婚姻关系，并曾于 1051 年获得爱德华承诺——他将成为英格兰王位继承人。关于这个承诺，威廉称，哈罗德本人也曾答应帮助自己取得王位。当然，所有理由都是借口，英格兰的王位所带来的财富和权力才是让威廉的征服欲望膨胀的原因。

1066 年春天，威廉召集属下重臣及大贵族们做战前动员，承诺在他夺取英格兰王位后，将与他们共享胜利果实，分封给他们英格兰土地。威廉以奖赏的形式募集骑兵，加强训练，最终汇集了一支800余艘舰船的战队。同时，威廉谙熟国际政治，运用外交手段争取到欧洲各国的谅解，并得到罗马教皇的赐福和支持。一场瓜分英格兰的战争就此拉开了序幕。

哈罗德在击败挪威国王大军之后，迅速重组核心部队南下，迎战威廉。10月，双方集结各自优势兵力交战于黑斯廷斯。

这一次，命运之神不再眷顾哈罗德。

英格兰军占领黑斯廷斯附近一座山丘，诺曼人向山上发起进攻。虽然双方的军队人数相当，但威廉拥有训练精良的骑兵，其虚实结合的战术，灵活又迅速的战法，打乱了哈罗德旧式步兵常用的密集防御性盾牌战。

诺曼人时攻时撤，数个回合就将英格兰军整体队形分解成几个部分。混战中，英格兰军只有弓箭和斧头，而诺曼人则骑马直冲，或使用长矛利刀，或放箭射击。

战斗激烈地进行到日落，英格兰人已溃不成军。最终，诺曼人的重甲骑兵击败了英格兰装备不良的步兵。在天黑之时，哈罗德与两个弟弟全部战死在山上。

威廉乘胜率军长驱直入，先后占领坎特伯雷、韦斯特汉姆、西尔、吉尔福德等地，诺曼军所到之处焚烧村镇，屠杀民众，不久攻下伦敦，迫使英格兰人接受这位新国王。

1066年的圣诞节，威廉在伦敦威斯敏斯特大教堂加冕英格兰国王。撒克逊主教按照撒克逊仪式主持加冕礼，不列颠的盎格鲁-撒克逊时代宣告结束，正式进入诺曼王朝时期。

其实，哈罗德在黑斯廷斯战役中阵亡后，贤人会议已经推举了威塞克斯伯爵埃德加王子为国王，埃德加王子是埃德蒙德二世的孙子，也是威塞克斯王室仅存的男性成员。

在威廉攻克伦敦城时，埃德加王子的国王梦幻灭。1068年，埃德加王子及其家族流亡苏格兰，受到苏格兰国王马尔科姆三世的庇护。马尔科姆娶了埃德加王子的妹妹玛格丽特，并支持埃德加重返英格兰。

同时，英格兰的权贵势力并不情愿接受入侵者的统治，对抗情绪浓郁。威廉则横下一条心要彻底控制整个英格兰。在此后20年时间里，威廉施以辣手，以残忍的军事手段，连续发动战事，开启了新王国的征服之旅，史称"诺曼征服"。

为了展示征服英格兰的决心，也为了巩固地位收服民心，威廉为伦敦颁发了特许状，明确伦敦享有爱德华国王时期给予他们的自由和特权：每年召开三次城镇民众大会，每周召开一次审议会等权力。不久，威廉在伦敦东部修筑了伦敦塔，开始实施新的军事防御制度，以防御反抗者的进犯。随后，诺曼人在占领地大肆修筑工事，迫使英格兰人自毁家园，堆聚土圆丘，修筑城堡，将最初用泥土和木头修建的防御设施换成石块，诺曼士兵以城堡作为防御基地，也可以用其关押叛乱者。温莎城堡也是在威廉统治时期修建完成的。

1068 年年底，威廉基本已经控制了英格兰南部领土。但是，北方贵族们依然不肯臣服。

1069 年，麦西亚伯爵埃德温、诺森伯里亚伯爵莫卡和北安普敦伯爵瓦塞尔夫相约起兵，推举埃德加王子为国王。这时，丹麦国王也打算来分一杯羹。然而，凶残又阴狠的威廉，几乎没给对手任何获胜的机会。他对丹麦人采取收买劝阻政策，同时领军浩荡北征，迅速占领了约克。一路上，诺曼军坚壁清野，史称"北方扫荡"，所到之处皆被夷为平地，将原本就地广人稀的英格兰中北部变成一片焦土。

1072 年，威廉又发起了入侵苏格兰的战争，诺曼军势如破竹，国王马尔科姆三世被迫投降，宣布苏格兰王国臣服于英格兰王国，并驱离了埃德加王子，送儿子邓肯到英格兰为人质。此后，诺曼人又相继入侵了威尔士和爱尔兰的一些地区。

在征服过程中，威廉没收了盎格鲁-撒克逊伯爵、塞恩们的大部分领地。仅 1068 年和 1069 年就有 4000—5000 个塞恩贵族失去了土地。教会主教也多由诺曼人接任。

威廉全面推行诺曼人的统治政策，将耕地的七分之一和全部森林留归王室，其余的作为酬劳分封给亲属和随从。土地主人被更换，部分英格兰自由人成为半自由的有依附的佃农，部分沦落为农奴。为了加强王权，威廉在分封给贵族新领地的过程中，也将其封地分散到全国各地，既防止了拥兵自重的割据势力形成，也逐渐形成了一个强有力的中央化王国。

1086 年 8 月，威廉对英格兰的征服基本完成。在索尔兹伯里召开的大会上，威廉要求所有领主对他行"臣服礼"，对他宣誓效忠和服役。为了将英格兰置于强大的王权统治之下，威廉要求英格兰领主之下的小领主、骑士等附庸者都要向国王宣誓效忠并为君主服役。关于骑士，虽然不直接归国王统领，但国王要求其直属封臣的男爵，必须按照国王提出的标准招募骑士，男爵要分封土地给骑士。

为了掌握封臣的财产状况便于征收赋税，威廉在英格兰开展了大规模土地财产调查行动，要求封臣严格履行对君主的封建义务，并将调查的最终数据拓印成土地清册。

在调查过程中，调查官们凶恶严厉，调查项目细微无遗，从郡长、男爵、教士到小领主及佃农，人人都将面对清查。1086 年的夏天，英格兰每个郡的郡法院都召开了特别庭审。庭审上，需要被调查的人出庭，各郡还要从每个百户区及十户选派陪审员参加。例如在剑桥郡，约有 120 名陪审员出庭。当时规定，除百户长必须参加以外，15 个百户区需选派 8 名陪审员。这 8 人中必须包含 1 名当地的牧师。陪审员被作为证人，要回答调查官们提出的所有关于领主庄园资产内各项目数量是否属实的问题，所有人就像面临末日审判一样。因此，这次调查完成的土地账簿被称为《末日审判书》。

经过调查，国王了解了全国的土地归属情况，而各领地中的庄园作为英格兰社会基本经济单位的总数额也被调查清楚，庄园内有多少佃农、农奴和牲畜等资产数量也无一遗漏。

《末日审判书》中统计显示，威廉直属封臣中约 170 个男爵是诺曼人，原有的英格兰贵族只有两户作为直属封地幸存下来，即蒙哥马利的罗歇和温切斯特的休。当年的证人名单中，也无一个英格兰人名字。在所有被调查的约 8000 名次级封臣中，英格兰人约为 10％。可见，撒克逊贵族几近消失。

日后，英格兰人又逐渐形成了"乡绅"阶层，并有了参与政治决策的机会。只是，这个在征服者统治下艰难生存的新生阶层，只求过上太平日子，对王权除了拥护就是支持，已无他图。

同年，征服者在英格兰开始恢复丹麦金征收制度。在追求利益最大化方面，诺曼人毫不避讳地展示着其人性的贪婪。在分封土地时，国王还要求封臣缴纳昂贵的租税，甚至谁报价高领地就归谁，完全不在乎领主们如何剥削百姓。

威廉承诺不打破不列颠人的传统习惯，允许英格兰人维持原来的法律，让人们在经历一场王朝更迭的风暴之后，能够回归平常的生活状态。追随威廉而来的诺曼人则使用欧洲大陆的法律。

在国家治理方面，威廉沿用撒克逊王朝的法院、国库、郡、郡守、郡法庭等政府机构。不同的是，此前的郡法庭，自由民的审判裁决由国王任命的地方治安官执行。如今，被诺曼人独立的采邑法院（也称领主法院）所替代，这是领主的自治司法机构，领主拥有绝对的审判权。

在爱德华统治时期，国王教堂中的牧师兼有帮助国王起草命令，签署令状等文书工作。威廉时期也保持了这项职能，只将英文书写的令状改为拉丁文。因为，诺曼人治下的英格兰，法语是官方语言，英语是民间用语，而官方文件则用拉丁文。1078年，在公文的起首处，首次出现了"国王秘书"的职务名称。此后演变成政府的重要部门。

在1072至1076年期间，威廉还引进独立的教会法院，结束了盎格鲁-撒克逊人将所有争议事务都交给郡长、地方贵族和主教共同出席的普通法庭解决的传统。规定任何涉及灵魂拯救的案件都不能提交世俗民众审判，主教及副主教不能在百户区法庭以都会法为依据进行诉答。要求教会与世俗事务不得相互干涉。

威廉主张军事立国。不仅强化了英格兰内地军事防御设施的建设，还大力提升了沿海自卫能力，在沿海构建了坚固的"护城河"式防御系统，将一个被征服的不列颠，打造成一个时刻准备着向外征服的国家。

经过20多年的发展，诺曼人与撒克逊人已经紧密融合在一起，不列颠也在政治、商业、宗教或文化等领域与欧洲大陆保持着最紧密的联系。

威廉统治时期，他一直穿梭于诺曼底和英格兰之间。他在英格兰时，王后玛蒂尔达就代表他在诺曼底执政。威廉始终没有将两块领土合二为一。原因在于诺曼底系法兰西国王封赐的领地，如果将英格兰纳入诺曼底管制下，无异于将英格兰拱手让给法兰西国王。若是把诺曼底纳入英格兰，就等于打破了封建传统，向法兰西国王宣战。这种事情的后果难以预测，威廉也不想尝试。因此，威廉一直在努力维护与法兰西王国之间的关系，但法兰西国王却试图打破现状。

韦克桑是法兰西王国与诺曼底东部地区的缓冲地带。1077年，法王腓力一世开始驻兵韦克桑，并时时骚扰诺曼底。1087年，年近60岁的威廉亲率大军攻打韦克桑，并将战火一路烧向巴黎附近的要塞芒特地区。谁料，征战途中威廉受伤。9月，威廉因重伤去世。

临终前，威廉将诺曼底分给长子罗伯特·柯索斯，将富饶的英格兰留给了次子威廉·鲁弗斯。而小儿子亨利没有分到土地，只得到了五千镑的白银。

这些统治者都是单纯依靠别人承认自己掌权的好意和幸运。而这两者都是变化无常、毫不稳定的。

——［意］尼科洛·马基雅维里《君主论》

谁主沉浮

征服者威廉将江山一分为二，一走了之。英格兰与诺曼底各有所属，彻底分开。威廉虽然解决了儿子们的继承问题，却给那些追随他的贵族们留下了难题。

1087 年 9 月，威廉·鲁弗斯迫不及待地赶赴伦敦，在威斯敏斯特大教堂加冕为英格兰国王。为了区分他和他的父亲，人们将小威廉称为威廉二世。威廉二世天生面色红润，因此又被称为"鲁弗斯"，即红色的意思。

威廉二世虽然继承了王位，却没能得到贵族们的拥戴。当时，诸多诺曼男爵在英格兰和诺曼底两地都拥有封地。按照封建传统，拥有封地的男爵必须向君主宣誓效忠，显然眼前的状况是贵族们需要同时效忠威廉二世和罗伯特两人，这违背誓言中要求只效忠一个君主的状况，让男爵们无所适从。

更重要的是，威廉二世和罗伯特兄弟二人从小就不和，两人若发生冲突，男爵们势必要选择一方，而代价就是失去在另一方的领地和权力。

在法兰西，长子继承制已延续了将近两个世纪、六代国王。这种传承制度早已深入人心。虽然威廉二世与兄长罗伯特一样骁勇善战，是出色的骑士，但威廉二世凶狠暴躁不得人心，而罗伯特待人宽厚招人喜欢。最终，男爵们决定站队罗伯特，并希望他尽快结束分裂局面。

1088年，英格兰贵族发动了反对威廉二世、支持罗伯特的叛乱。叛乱由征服者威廉同父异母的兄弟奥多和莫尔坦伯爵罗贝尔发起，参与叛乱的贵族主要集中在英格兰南部。

面对挑战，威廉二世自有化解危机的办法。他在伦敦召集英格兰本土势力集团，将地产和财富许诺给众显贵们，并承诺减轻赋税，改革司法、行政，建立更好的英格兰。同时，威廉二世还得到了教会的坚定支持，坎特伯雷大主教兰弗朗克呼吁英格兰人支持新国王。坎特伯雷大主教可谓不列颠教会的最高领袖，在英格兰与威尔士的21个主教区中，有18个隶属坎特伯雷大主教。威廉二世不负众望，调集重兵迅速平定叛乱，击退了罗伯特的海上舰队，树立了新国王的威望，地位得以稳固。

此番交手，也激起了威廉二世向诺曼底公国扩张的欲望。威廉二世凭借强大的军事实力逼迫兄长罗伯特与其达成协议，威廉二世获得了诺曼底一部分土地，也同意协助罗伯特对抗法王腓力一世。

1092年，苏格兰国王马尔科姆三世欲挑战威廉二世，出兵攻占了英格兰与苏格兰边界城镇。威廉二世挥师北上，两军对峙。经过数载且战且谈，直至 1097 年，马尔科姆三世儿子埃德加即位，双方握手言和。1095 年，诺森伯里亚伯爵、诺曼人罗伯特·德·莫布雷（Robert de Mowbray）预谋叛乱，被平定。封地被威廉二世重新分配。此后，威廉二世越发严格制约和限制诺曼贵族的权力，扶持英格兰中小贵族和王室官吏参与国事治理。

1096 年，拥有宗教热情的罗伯特，决定参加由罗马教皇倡导的十字军东征，为解放耶路撒冷而战。为了筹集军费，他将诺曼底公国抵押给弟弟威廉二世，让威廉支付英格兰全年税收的四分之一，成为英格兰和诺曼底的最高统治者。

为了筹集这笔资金，威廉默认宠臣雷纳夫·弗朗巴尔（Ranulf Flambard）采取极端搜刮手段，向臣民榨取财富，征收丹麦金等各种税赋。教会的土地和财产也受到国王的控制，并征收贡金，导致教权与王权之间出现纷争。

接手诺曼底之后，威廉二世曾两次对威尔士采取军事征服行动，均无功而返。此后，又对诺曼底周边的法兰西国王的领地发动战争，同样战绩平平，没有收获。1100 年 8 月，威廉二世在狩猎时中箭身亡。

威廉二世无子嗣。他的弟弟、征服者威廉的小儿子亨利（Henry）抢先继承王位，成为诺曼王朝的第三位英格兰国王（1100—1135 年在位）。

亨利一世受过良好的教育，为人精于算计，富有远见。在加冕礼上，亨利发誓取消不当的苛捐杂税，保护教会，不对教会征收重税，依法治国。

为了安抚民心，亨利召回被威廉二世流放的坎特伯雷大主教安瑟伦（Archbisop Anselm）；监禁了威廉二世的宠臣雷纳夫·弗朗巴尔。亨利还迎娶了阿尔弗雷德的后裔、苏格兰公主玛蒂尔达（Matilda）[①]，以改变诺曼人长久以来外族入侵的身份。

这场婚姻让亨利一世加强了与旧英格兰王室之间的联系。同时，强化了亨利一世统治英格兰的合法性，并与苏格兰王国结成联盟。

亨利接手英格兰之时，兄长罗伯特也结束了十字军东征回到诺曼底。罗伯特以长子的身份索要英格兰王位，于 1101 年举兵进犯英格兰。亨利一世决定退让一步，以领地换和平，与罗伯特达成和平协议，双方承认对方在其领土内的自主权，以及继承对方土地的权力。

协议的有效性只维持了 5 年。1106 年，亨利一世渡海入侵诺曼底，兄弟二人战于坦什布赖（Tinchebrai），罗伯特战败，被亨利监禁致死。昔日的英格兰-诺曼王国得以重建。

亨利一世知人善用，为了有效治理王国，1107 年，提拔才华出众的索尔兹伯里的主教罗杰为首席政法官，负责治理英格兰。

---

① 玛蒂尔达是苏格兰国王马尔科姆三世与王后圣玛格丽特的女儿，圣玛格丽特是埃德加王子的妹妹。

罗杰出手不凡，先后对英格兰财政、司法进行改革。为了加强国王对财政的掌控权，罗杰改变旧的国库制度，在伦敦设立了新的财政机构——度支部，设专职政务官进行管理。度支部具备财务管理和处理财政诉讼案件的法庭性质的功能。各郡长每年两次到伦敦度支部向王室财务主管汇报收支情况，呈交账目，上缴税款。

在罗杰的辅助下，国王建立了一整套加强王室对地方郡法庭管理的"巡回"执法系统，将地方司法权逐渐收归王室。由于在一些案件的判别过程中，特别是涉及利益时，各领主法庭和教会法庭常常会争得面红耳赤，不肯放手。而"巡回"执法制度则明确了王室法官的主导地位及最高决策权。地方法庭可以向四处巡回的王室法庭提起上诉，王室通过到各郡巡视监督执法，将各郡长置于国王的严格控制之下。

在征服者威廉统治时期，盎格鲁-撒克逊时代的"贤人会议"逐渐被新的行政机构"大御前会议"（又称大议事会）取代。大御前会议是由教、俗贵族组成的。教会在不列颠发展壮大的过程中，修道院和基督教会不断从王室和贵族甚至平民信徒的捐献中获得土地和财物而变得富足。教会中的上层人士不仅脱离生产，教会的主教及修道院的院长更是利用自身在宗教界的影响力，常常因服务于王室或世俗贵族而跻身于权贵人物行列。因此，在国家政治决策层中，教会贵族是重要成员。

大御前会议主要负责为国王举办隆重的礼仪、集会等事务，而有些事情则需要公开或秘密讨论。为此，"王室法庭"机构得以成立，这是国王直属封臣义务出席的会议组织，虽然没有要求必须国王在场，但这个由王室巡回法官负责听审案件的法庭，主要处理涉及国王直属封臣的纠纷，以及需要向国王提出仲裁的案件等。

在对外关系上，亨利一世采用联姻的方式维持与法兰西及周边盟国的关系。其中，他的外甥斯蒂芬娶了布卢瓦国的女继承人玛蒂尔德（Matilda of Boulogne）。1110 年，亨利将 8 岁的女儿玛蒂尔达（Matilda）送往德意志与皇帝亨利五世结婚。1125 年，亨利五世去世，玛蒂尔达回到英国。

亨利一世的统治看似在有条不紊中进行着，英格兰也随之进入长达 35 年的和平发展阶段。1120 年，亨利唯一的合法继承人威廉在一次沉船事件中溺亡，这为王位继承问题带来了隐患。亨利在第二段婚姻中也获得一个子嗣。1127 年，亨利指定女儿玛蒂尔达为下一任英格兰-诺曼底王国继承人，并逼迫手下贵族宣誓效忠于她。1128 年 6 月，亨利一世将玛蒂尔达嫁给了 14 岁的安茹伯爵杰弗里（Gelffrey of Anjou）。

1135 年，亨利一世去世，英格兰-诺曼底王国的太平日子也随之结束。贵族们不希望被女人统治。

自诺曼底征服以来，不列颠的妇女在社会中的地位被大大削弱。尽管一些妇女从事着收入颇丰的外科医生或内科医生，包括助产士等职业。但无论是在教会法还是民法中，丈夫殴打妻子都被视为合法的。而且她们的丈夫在世时，女性的动产都被视为丈夫的财产，从法律上降低了妇女的社会地位。

此外，贵族们反对玛蒂尔达也在于她的丈夫是安茹伯爵，安茹是诺曼底的宿敌。

亨利一世去世时，玛蒂尔达在英格兰数百里之外的法兰西。亨利一世的外甥斯蒂芬抓住机会抢先夺得王位。斯蒂芬的母亲是威廉一世的第四个女儿。

斯蒂芬获得了实力雄厚的格洛斯特伯爵罗伯特的支持，教会和伦敦市民也接受斯蒂芬。罗伯特是亨利一世众多私生子中的宠儿，也是英格兰-诺曼王国重要的权贵之一。

只是，倚靠幸运坐上王位的人很难保持地位稳固。斯蒂芬虽然戴上了王冠，手持权杖，却不具备卓越的执政能力和智慧，也没有让权贵们忠诚于自己的手段。1138 年 5 月，斯蒂芬与格洛斯特伯爵罗伯特之间的同盟关系破裂。罗伯特转而支持同父异母的妹妹玛蒂尔达。

1139 年，玛蒂尔达登陆英格兰，与斯蒂芬展开了王位争夺战。苏格兰国王大卫一世也出兵支持外甥女玛蒂尔达，英格兰陷入内战。

1141 年，斯蒂芬在林肯战役中被俘，玛蒂尔达开始在伦敦准备加冕礼。

突然，时局反转。斯蒂芬的妻子、布卢瓦国的玛蒂尔德王后领兵攻入英格兰，并获得斯蒂芬旧部的响应。9 月，玛蒂尔德王后赢得温切斯特战役的胜利，俘获了格洛斯特伯爵罗伯特，迫使玛蒂尔达释放了斯蒂芬。11月，幸运的斯蒂芬又恢复了王位，继续对玛蒂尔达的支持者进行围剿。

王位争夺战导致英格兰封建秩序陷入混乱，王权对贵族们已不具备任何约束力。为了扩充实力，权贵们纷纷私建城堡，掠夺土地，甚至将修道院变成自己的防卫中心。贵族相互订立协议，各自铸造钱币，无论中央还是地方的行政权力均被严重削弱。

此时，罗马教皇对各国政权拥有强大的影响力，玛蒂尔达的丈夫安茹伯爵杰弗里几经运作，争取到了罗马教皇尤金（Eugenius）三世的支持。教皇承认杰弗里与玛蒂尔达的儿子亨利作为亨利一世的直系后代继承人，拒绝接受斯蒂芬的儿子尤斯塔斯（Eustace）的继承地位。

1153年，19岁的亨利以安茹伯爵、阿基坦公爵（Duke of Aquitaine）和诺曼底公爵的身份从法兰西率军登陆英格兰，为英格兰王位而来。此时的英格兰已经厌倦了战争，权贵们更是拒绝为斯蒂芬而战。最终，双方达成协议，斯蒂芬继续担任国王，死后由亨利继承王位。

1154年10月，国王斯蒂芬去世，经历四任国王的诺曼底王朝随之结束。

人们已经习惯了在君主后裔统治下生活的世袭国里保持政权。

—— [意] 尼科洛·马基雅维里《君主论》

安茹帝国

1154 年 10 月，亨利二世（1154—1189 年在位）在伦敦举行加冕仪式，正式成为英格兰国王。

新国王虽然只有 20 岁，却久经战场、富有学识，他那固执而强势的个性中又充满激情。由于亨利二世的父亲杰弗里（Geoffrey）喜欢在帽子上插金雀花做装饰，人们习惯性地称他和玛蒂尔的长子亨利二世为"金雀花"亨利。亨利二世及其后代统治的时期，史称"金雀花"王朝，或安茹王朝。

此时的英格兰，历经 20 年政治分裂，几乎处于"无政府"状况。面对"残局"，新国王展露出成熟的治理能力和统治手段。

国王按时亲自主持大御前会议，以树立国王权威；启动王室法庭和财政会议，恢复王国秩序。同时，整顿中央行政机构，组建政府统治班底，设置司法大臣（大法官）、枢密大臣、财政大臣等职务。亨利二世重用博学多才、有能力的官员。以法学知识著称全欧的伦敦主教理查（Richard de Lucy）出任司法大臣、坎特伯雷大教堂的首席执事；具有卓越管理才能的汤姆斯·柏克特

(Thomas Becket) 出任枢密大臣；理财高手罗哲尔（Roger of Sal-isluny）为财政大臣。同时，选拔有能力的亲信出任地方郡长。

亨利二世从 14 岁就领兵征战沙场，深知稳坐江山就需要一支忠诚可靠且富有战斗力的军队。而传统的兵制体现的是国王对贵族统领的骑士军队的依赖，这种兵制就如同尼科洛·马基雅维里所说："他人的铠甲不是从你的身上落下来就会把你压倒，或者把你束缚得紧紧的。"亨利二世决定重新完善军备制度，实施代役税。

代役税是一种出钱不出力的制度，部分骑士可以缴纳"盾牌钱"，免除每年 40 天服务于国王的兵役义务。国王利用这笔收入招募常备军。同时，亨利二世沿用盎格鲁-撒克逊人时期民军制。并于 1181 年颁布了《武装敕令》，规定每个英国人必须依据其财产和社会地位相应配备一定数量的武器；骑士阶层须人手一匹马及全副甲胄；低于骑士级别的人须有全副甲胄，可无马匹；平民或市民须有一身铠甲、钢盔一顶和长矛一支。所有武器不可出售或抵押，以供国王征召时执戈卫国。

针对权贵们 20 多年来形成的私建城堡的风气，亨利二世强令拆毁，并坚决收回被侵占的、属于君主的土地，以强化中央君主集权，遏制贵族领主们的势力扩张。对反抗势力给予无情镇压，对于臣服于己的贵族则为其在政权中谋得一席之地。

在政局稳定之后，亨利二世实施司法改革，以进一步扩大王权。

亨利是自诺曼底征服以来第一个受过完整教育的国王，对历史和文学有浓厚的兴趣。由于接受的是王子式教育，亨利二世对政治、外交、法律同样样样精通。

针对统治初期英格兰的犯罪数量过多，侦查、抓捕、审判和处罚犯罪等司法机构不健全的现状，亨利二世进一步完善"巡回"司法制度，颁布了巡回审判法令，正式建立王室巡回法庭；规定民事和刑事审讯中，王室法庭高于领主法庭；规定凡涉及自由人（骑士、市民和自由农民）土地所有权问题所发生的纠纷案件，都必须交由王室法庭判决。而王室法庭作为高级司法裁决机构，其诉讼费用也高于其他地方法庭。因此，这一法令不仅提高了王权，也增加了国库收入。

同时，自亨利二世时期起，王室法庭的法官秘书会把审判过程记录在申诉案卷上，这些内容不断影响着后来法官的审判，并成为法官判决的依据。这种对过往法庭判例经验的积累，逐渐形成了新法律，并适用于整个不列颠，影响了后世的英国普通法的形成。

1164年，为了完善陪审团制度，国王颁布了《克拉伦登法令》。但是，法令中的部分规定与教会法相冲突。法令规定：经王室同意禁止向罗马教廷上诉；教会债务诉讼由王室法庭处理；国王掌握教职任命权，否认教皇逐出教会中国王的封臣及官员的特权；教会法庭发现的犯罪的教职人员应交至王室法庭处理；等等。

一直以来，教会法影响着不列颠人的生活，其法律内容涉及婚姻、遗嘱、契约、异端、伪证和性侵等事务。亨利二世在司法改革之时，决心将王室法庭置于教会法庭之上，进而控制教会。《克拉伦登法令》引起了亨利二世的重臣柏克特的强烈反对。

柏克特身为坎特伯雷大主教，无论在政治界和宗教界都极具影响力。柏克特本是亨利二世的拥护者，自从升任大主教之后，柏克特则成为教会的保护者，在诸多事务上与亨利二世意见相左。《克拉伦登法令》颁布之后，柏克特公开反对亨利二世将王权置于教权之上的做法。与国王对立，导致柏克特被迫流亡法国。之后，亨利二世两度召回柏克特试图与之和解。

1170 年 12 月，柏克特回到坎特伯雷时发现，在他离开的这段时间，亨利二世为了确保长子继承王位，让约克大主教为王子主持了加冕仪式，这种剥夺坎特伯雷大主教权利的做法令其不满，遂将参与加冕仪式的辅助主教们逐出教会。由于亨利二世从来都忙碌异常，当其身在诺曼底公国得知此事后，勃然大怒。而亨利二世身边的骑士为了平息国王的怒火，擅自行动，渡海前往坎特伯雷刺杀了柏克特，轰动了整个基督教世界。面对舆论压力，亨利二世被迫在一些问题上做出让步。同意不再阻挡不列颠人向罗马教廷上诉，允许牧师不经国王许可即可进入其王国境内。

亨利二世统治时期，英格兰农业生产技术也在缓慢进步发展。随着人口增长，敞田制已经无法适应社会发展的需要。11 世纪，休耕制被普遍采用。人们将土地分为两部分，一半种植小麦、黑麦、大麦或燕麦等谷物，一半休耕蓄养，这种耕作制度又被称为二圃制。到了 12 世纪晚期，三圃制在不列颠逐渐盛行起来，即土地被分为三块，一块休耕，另外两块轮作冬季或春季作物。新的土地耕作制增加了土地利用率，提高了粮食产量。加之水力风力被广泛运用，人们制作了水车和风车，农业生产能力进一步提高。

这时的英格兰依然以农牧混合的经济模式为主，以盛产优质羊毛闻名于欧洲大陆各国，羊毛出口更是历届王室的主要收入来源。除此之外，英格兰还输出煤炭、粮食、兽皮、锡、铅和白镴，进口毛料、铁、香料和葡萄酒。

相比对外贸易的发展，不列颠国内贸易增长更强劲。公路和水路的货物运输量日渐增多，货物通过船运和马车送往全国各地。各地市场日常生活用品丰富多样。从 12 世纪开始，国王相继授予或批准各地开设市场特许状，允许各城镇除了固定的市场之外，开设规模不等的周市、年集等交易集会。商业的发展带动了手工业的发展，并初具规模，在伦敦、林肯、温切斯特、牛津等城镇，国王特许成立了商人行会。当时，伦敦设立了呢绒商业行会、面包师行会、制革行会，诺丁汉和约克建立了呢绒纺织业行会等。城镇内市民可加入行会，城外的商人需花钱购买市民资格方可入会。同时，城镇也从国王手中购得自设法庭的特许状，如伦敦城逐渐拥有了独立于郡法庭管辖范围之外的司法权，国王则无权干预。

为了促进商业和贸易发展，亨利二世对葡萄酒、麦芽酒、面包的度量衡实行审查制度，以确保经营的公平性。

对于亨利二世来说，英格兰只是其帝国的一部分。他从父亲手中继承了安茹公国以及曼恩伯国和图赖讷伯国；从母亲那里继承了诺曼底、英格兰和布列塔尼（Brittany）公国。又通过婚姻关系得到了阿基坦（Aquitaine）公国、普瓦图（Poitou）和奥弗涅（Auvergne）、维克辛。在他 34 年的国王生涯中，有 21 年时间留居在法国。

但对不列颠，亨利依然怀有统一爱尔兰、苏格兰和威尔士的野心。1157 年、1165 年，亨利二世先后两次发动入侵威尔士的战争，都没能如愿将其征服。1170 年和 1171 年，亨利二世又开启了征服爱尔兰的战争。

这时的爱尔兰，三分之二的地区被盎格鲁-撒克逊人占有，发展远远落后于英格兰，经济和军事实力均无法与英格兰抗衡。1171 年，亨利二世亲率骑士和弓箭手登陆爱尔兰，在武力威慑下，确立了英格兰对爱尔兰的领主权。从此，英格兰国王的头衔上又增加了"爱尔兰君主"的称号。亨利委任一名总督及数位官吏常驻爱尔兰。

1173 年，苏格兰国王威廉发动入侵英格兰北部的战争。在兵败被俘后，威廉臣服于亨利二世。

亨利二世的帝国版图几经扩展，已从比利牛斯山脉延伸至苏格兰，成为西欧最强大的统治者。

亨利二世是安茹帝国的缔造者，帝国的文化、言语、时尚甚至教育都受"12 世纪文艺复兴"的法国影响。此时，欧洲的"大学"已兴起。大学最初是学生和学者为了保护自身利益而成立的行会组织。行会选举会长，会长组织学者和学生进行教学活动，并按照不同学科设立院系，现代意义的大学由此出现。由于亨利二世与法王有隙，因此，在巴黎大学的英格兰的许多学生回到英格兰在牛津创立了大学。后因牛津学生与市民之间近乎杀戮的私斗，导致部分学生离开牛津到剑桥另设大学。

大学的产生打破了教会对教育和知识的垄断。最初的牛津及剑桥可谓穷人的学校，学生大部分为自由农民、市民子弟以及无法继承财产的贵族的"家人"。大学更成为"穷僧侣""穷学士"脱离宗教进入世俗化职场的必经之路。

亨利二世的帝国发展得顺风顺水，在对外政策上同样采取联姻方式，分别将三个女儿嫁入德国、卡斯提尔和西西里王室，并计划继续扩张安茹帝国的版图，将目光投向意大利的罗马。未曾想，他的人生最终毁在自己儿子手中。

亨利二世原计划将安茹帝国分给四个儿子，并给予他们相应的头衔和土地。但在亨利的长期统治中，既没重用儿子赋予他们实权，也没有退位的打算，不耐烦的诸王子们对父王极其不满。同时，亨利二世专宠情妇罗莎蒙德（Rosamund），和埃莉诺王后的关系也疏远了。

1173 年，亨利二世正在平叛苏格兰的战役中征战，他的妻子埃莉诺则联合前夫法兰西国王路易七世和儿子们发起了一场针对亨利二世的叛乱。叛乱最终被平息，埃莉诺被监禁，亨利二世与长子亨利王子的关系也破裂了。

1183年，长子亨利再次叛乱，不久去世。1186年，三子杰弗里（Geoffrey）去世。王位继承问题终成困扰亨利二世的难题。

1188年，亨利二世打算将王位留给幼子约翰，这一决定却惹怒了次子理查（Richard）。法王腓力二世趁机介入安茹帝国事务，全力支持理查继承王位，双方结成军事同盟，发动反叛战争，理查还得到一些英国贵族的支持。让亨利二世气愤的是，小儿子约翰也因领地问题对父亲不满，参与了谋反行动。

1189年夏季，亨利二世兵败，被迫接受了法王腓力的全部要求。7月，亨利二世在悲愤中去世。理查（1189—1199年在位）如愿继承王位。

理查出生在英格兰的牛津镇，但在他成为国王之前，仅仅两次短暂地到访过英格兰，甚至不会讲英语。同样，理查在位的近10年里，留居英格兰的时间也仅有5个月。

理查勇武善战，拥有军事才能，热衷参与十字军东征。战场上有着无人能抵挡的勇气，拥有"狮心王"的称号。但对于不列颠来说，理查是位缺乏政治能力和责任心的国王。

为了筹集参加第三次十字军东征的经费，理查将亨利二世时期夺取的苏格兰权位和城堡都还给了苏格兰国王威廉，让苏格兰再获独立，换回了10000马克（1马克约为2/3英镑）的东征军费。

1190年夏天，理查把英格兰的政务交给亲信大臣，自己领军出发，一路直逼耶路撒冷。1192 年 9 月，理查无功而返。由于在十字军远征过程中，理查与法王腓力和德国亨利六世皇帝有过争执，所以在回途经过维也纳时，被奥地利公爵俘获，转交给亨利六世。这位德国皇帝丝毫不留情面，要求安茹王国交纳 150000 马克，相当于英格兰国库十年收入的赎金，才肯放人。

理查急令休伯特·沃尔特（Hubert Walter）筹钱。沃尔特是亨利二世时期的官员，因其出色的行政管理才能，被理查任命为索尔兹伯里大主教及首席政务官，并随军参加了十字军东征。1191 年，沃尔特回到英格兰出任首席政务大臣，全权处理英格兰事务。

沃尔特未辜负国王的信任，他沿袭亨利二世时期的改革措施，确保国家机器正常运转：及时召开御前会议，遇事主动征求贵族意见，依靠乡绅阶层维护治安，稳定社会发展。理查虽远离国土，英格兰臣民对其忠诚度依然不减。

沃尔特继续给城镇颁发特别许可状，提高王室收入，努力给国王筹集赎金。在这一时期，城镇经济在发展，城镇的政治地位也因国王颁发特别许可状而提高。随着经济增长，市民也有了摆脱领主控制的能力，他们用钱和固定的年租从领主手中购买特许状，获得自由和独立。1191 年，市民协会性质的公社组织兴起，为日后城市获得自治权打下了基础。

为了尽快凑足国王的赎金，沃尔特在全国开征各种名目的税收，对骑士征收 20 先令的代役税，从耕地中征收犁头税，从每个英人的动产中征收 25%的财产税。最终在忠诚的贵族和国王的母亲埃莉诺的支持下，理查获救。

1193 年，沃尔特因出色的表现被晋升为首席法官和坎特伯雷大主教，掌控着英国的政权和教权。同年，理查的弟弟约翰与法国国王腓力二世，密谋叛乱夺取王位。沃尔特在诸贵族的支持下，击败叛乱。1194 年 2 月，沃尔特主持御前会议，判处约翰背叛国君之罪，没收其全部土地和城堡庄园。3 月，理查回到英国，约翰表示臣服，兄弟和解，约翰被赦免。这也是理查作为国王第二次来到英格兰。

归国后，理查并未做安居图治的打算，而是继续对臣民强征暴敛，为发动新的战事做准备。为了保护领地，理查再次亲征欧洲大陆。此一去，成永别。

1199 年 4 月，在一次战役中，理查被一支弩箭射中身亡。理查无子，其弟约翰继承了王位。

> 欲望只是风险的一部分，风险是中轴，围绕着这个中轴，原本是威胁的东西立刻转变成了希望。

> —— ［法］莫里斯·布朗肖《那没有伴着我的一个》

自由大宪章

约翰不是法定王位继承人。1190 年，国王理查曾指立侄子、弟弟杰弗里的儿子布列塔尼公爵阿瑟（Arthur）为王位假定继承人。但不列颠的贵族和诺曼底人都支持约翰，约翰本人更是觊觎这顶王冠太久了。

理查去世后，约翰迅速在诺曼底的鲁昂自封为诺曼底公爵。5 月，在御前会议贵族们的推举下，正式成为王位继承人，并在伦敦举行了加冕仪式。此时的伦敦城已经取代了旧时威塞克斯的都城温切斯特的地位。

即位之初，法王腓力二世承认约翰在诺曼底、安茹及布列塔尼等地的统治权。1202 年，腓力二世开始利用约翰与其在法领地的男爵之间的矛盾，宣布取消约翰在法领地的统治权，支持 14 岁的阿瑟王子为诺曼底和安茹的合法统治者。在腓力二世的支持下，阿瑟出兵攻占了约翰的领地。

约翰不肯示弱，出兵阻击。1202 年 8 月，在米尔博战役中俘虏了侄子阿瑟和 200 名反对自己的男爵。半年后，约翰以残忍的手段杀害了阿瑟，同时活活饿死了 22 名囚犯。约翰由此得来暴君的恶名。

约翰的残暴激怒了法王腓力二世。1204 年，法王以绝对的优势征服了诺曼底。1205 年，法王占领了安茹。1206 年，法王又夺取了布列塔尼。约翰的残暴令布列塔尼、阿奎丹、普瓦图等地贵族失望，纷纷宣布脱离约翰，与法王腓力二世保持臣属关系。约翰节节败退，接连丢掉了祖辈在欧洲大陆上的领地，逃回英格兰。至此，亨利二世一手缔造的安茹帝国被解体。

约翰心有不甘，试图夺回失去的一切。在英格兰贵族们的支持下，很快建立了一支由 51 艘王家军舰组成的舰队，并加强了地方防御力量。只是，打造强劲的军事实力和出征欧洲大陆都需要雄厚的财政支持。为此，约翰在全国范围内增加各种税赋。其中，将代役税从最初 1 个骑士 1 马克，1204 年增加到 2.5 马克，1213 年增至 3 马克；提高英格兰人的继承税和动产税；对出入港口的商品征收 1/15 的税。约翰甚至掠夺教会的财产以充实国库。仅 1209—1211 年，就从教会中掠夺财产 2.8 万英镑。直至 1213 年，约翰发现，若要抵抗腓力二世就需要教会的支持，才逐渐归还教会财产，并答应作为罗马教皇的封臣统治不列颠，向教皇交纳贡奉。

通过苛政统治和无休止的榨取，约翰的年均收入大幅提升。此前，亨利一世年均收入约为 2.67 万英镑，亨利二世约为 1.9 万英镑，理查一世约为 1.9 万英镑，而约翰则约为 4.34 万英镑。

为了复兴金雀花王朝"跨海而治"的盛世，更为了战胜日渐强大的法兰西王权，约翰先后与罗马帝国皇帝、布拉班特（Brabant）公爵、林堡伯爵、佛兰德伯爵、布伦伯爵结成名为"大陆联合力量"的联盟军。1214 年 7 月，联盟军向腓力二世发起进攻，却不堪一击。约翰收复法兰西失地的希望彻底幻灭。兵败的打击，令民众对约翰的统治愈发失望，一向支持国王的城镇贵族及骑士纷纷与国王对立，部分贵族拒绝上缴代役税。

1215 年，英国的小麦、羊毛价格上涨两倍，银价却下降了三成。沉重的生存压力，迫使臣民们起来反抗约翰的统治。5 月，几位贵族以约翰未能保护封臣和王国利益为由，联合对王权不满的骑士和城镇上层阶级发起了一场大规模武装起义。

起义军从斯坦福行军至伦敦城，城中市民打开大门，誓约共同讨伐国王。迫使约翰与贵族们坐下来谈判。经过漫长而艰辛的讨价还价。6 月，在伯克郡的尼米德（Runnymede），约翰被迫答应了起义军的要求，在协议上加盖了封印。这份协议就是历史上著名的《自由大宪章》（以下简称《大宪章》）。

《大宪章》是将王权关进法律的"笼中"的开始，是贵族们为了限制王权，将王权置于封建法律约束之下的文件。文件中规定，国王不能向封建主和骑士征收超过常规的贡税，不得随意逮捕和没收他们的财产；不能强迫骑士额外服役；教会有选举神职人员的自由；国王承认伦敦等各大城市已享有自治权并保护商业自由；

不经依法判决，不得抓捕、监禁自由人；如果国王违反有关规定，封主有以武力进行反抗的权利。

为了督促国王履行条约，《大宪章》中还附加了一项条款，规定选出由 25 名贵族组成的国王监督委员会。若国王违反《大宪章》，他们有权"扣押"国王。约翰对此愤怒地称："他们在我身上压了二十五个国王！"

《大宪章》签署之后，斯坦福的骑士们为了庆祝他们的胜利，举行了一场规模盛大的比武大会。武士们骑马枪战，比赛结束后，取胜的骑士和观战的贵族们一起参加黄昏宴会。获胜的骑士有权亲吻一位可爱的女子，并接受诗歌赞颂典礼，以赞扬骑士在战场上表现出来的勇气、忠诚和坚贞等品质。

骑士虽为男爵之下的低阶层贵族，却并非人人都有资格成为骑士。按照长子继承制，只有军事贵族的长子才拥有优先成为骑士的资格，其他孩子只能分得有限的财产。骑士的等级不同，至少拥有 24 名佃户和 250 英亩土地，同大贵族们一样，财富来自土地和庄园。自代役税实施之后，骑士们有了更多的时间和精力从事农牧业或经营工商业，使其经济实力不断增强，财力逐渐接近城镇市民阶层。1213 年，约翰国王曾召集各郡骑士代表参加牛津大会，与朝臣共商国家防务要事。此举，不仅体现了国王对这一新兴势力群体的重视，也为日后中产阶级进入大会议参政议政开了先河。

约翰并不甘心接受《大宪章》对自己的限制。为了维护王权，约翰招募雇佣兵，企图废除《大宪章》。贵族们也不再退让，决心与国王对抗到底。英国内战随之爆发。

1216 年 10 月，约翰在内战中病逝，长子亨利三世即位。

君主政体，不是由人民建立，就是由贵族建立……当贵族看见自己不能够抗拒人民的时候，他们就开始抬高他们当中某一个人的声望，并且使他当上君主，以便他们在他的庇荫下能够实现自己的愿望。

——［意］尼科洛·马基雅维里《君主论》

贵族政变破王权

1216 年 10 月，9 岁的亨利三世（Henry Ⅲ）（1216—1272 年在位）即位。因国王年幼，大会议成立了摄政委员会，先后由权臣威廉·马歇尔（Marshall，William）和首席政法官休伯特·德布格（Hubert de Burgh）执掌摄政大权。

在摄政委员会的辅助下，英格兰政局稳定。摄政大臣秉持着以大局为重的原则，协调与贵族之间的合作关系，避免统治阶层的权利冲突。

1217 年，法国王子路易率军入侵英格兰。在休伯特统领下，英军成功地击退了法军对多佛尔城堡的围攻，并且指挥英格兰舰队在桑威奇战役中获得胜利。同年，《大宪章》的内容在稍加修改后以国王亨利三世的名义颁布。1225 年，经过再次修改，新版本《大宪章》再度由亨利三世正式颁布。

在摄政大臣们的努力下，英国政治秩序平稳运行，内战中男爵们擅自修建的城堡被拆除，全国逐渐从纷乱中走向安定平和。然而，亨利三世亲政后，政治清明的摄政时代结束，抑制王权的斗争再度掀起。

亨利三世同父亲一样，不接受《大宪章》对王权的压制。亨利还有收复失地、重振安茹帝国雄威的野心，但这一想法直接遭到休伯特·德·布格的制止。在休伯特看来，英格兰之外的王土与己无关，守住英格兰就守住了整个世界。其实，在休伯特近十年的摄政生涯里，早已形成了独断专行的作风，其牢固的政治地位一直束缚着国王。

直到 1229 年，亨利三世亲政，开始有意减少甚至不召开由大贵族们控制的御前会议，也不向贵族们咨询国事，使用国王私玺代替摄政大法官的官印。

1230 年，法兰西王国在王位更迭之际引发内战，亨利三世认为收复失地的时机成熟了，率军侵入法国，却以兵败告终。这时，参加十字军东征归来的温切斯特主教、法国图赖讷人彼得·德罗什受到亨利三世的青睐。在彼得的怂恿下，1232 年，亨利三世以侵占皇家财产罪将休伯特囚禁。启用彼得为首席大臣，同时还兼任 20 余郡的郡长。彼得大权在握，顺应亨利三世的喜好，亨利三世继续疏远英格兰本土贵族，任用法兰西人为官吏。亨利三世的独断专行，引起贵族们的不安。

亨利三世钟爱艺术，在绘画、建筑、圣物、陶瓷、饰品上倾注全部精力，更不惜挥霍大笔财富，满足自己的喜好。亨利三世还是一位虔诚的教徒，当他听说路易九世花巨资购买了耶稣受难所戴的荆冠和真十字架的碎片时，就投入巨资购买了所谓的耶稣在十字架上受难时流下的血液，放在威斯敏斯特最显眼的地方。在国库财力不足的情况下，投入巨资重新修建威斯敏斯特大教堂，并正式将该教堂确定为王室墓地。

亨利三世早年由罗马教皇的专使抚养长大，对罗马教廷的臣服始终不曾改变。随着罗马教皇在欧洲诸国政治影响力的增强，教权也日渐强大。亨利三世认为，若想收回法国的失地，就离不开教皇的支持。于是延续约翰时期向教皇纳贡的政策，还纵容彼得依托教会控制政府。

罗马教廷也希望借此机会在英格兰获得更多的利益。教廷向英格兰教士征收捐税，并数次向教士及俗众募捐，还要求亨利三世必须先任命300名意大利人为英格兰教会官员，才可提拔其他人任教职工作。教皇指派的教士只为领取教禄，并不在英格兰工作。尽管英国教众极力反对，但国王却全盘接受教皇的要求，令英格兰人不堪重负。

亨利三世的肆意妄为激怒了大贵族。1234年，权贵们联合起来，迫使亨利三世罢免了彼得等人，允准贵族反对势力进入御前会议，参政议政。

英格兰内部的所有阻力都没能让亨利三世放弃光复欧洲大陆的梦想。1236年1月，亨利三世娶了法国普罗旺斯伯爵的女儿埃莉诺为妻,将姐姐伊莎贝拉(Isabella)嫁给了罗马皇帝腓特烈二世。亨利以联姻的方式不断扩大联盟网络。同时,亨利三世引入越来越多的法国贵族进入宫廷,甚至公开声称,英格兰贵族比法国贵族地位低。

1242年,亨利三世的继父拉马什伯爵休·德·吕西尼昂(Hugh de Lusignan)① 在反法兰西国王的战争中失败,亨利说服吕西尼昂家族迁往英格兰,并赋予其高官厚禄。吕西尼昂家族迁入后,在男爵中逐渐居于核心地位,且干涉王室政治,与英格兰贵族之间的冲突不断。

为了加强对国王的约束,1236年,大贵族们召开御前会议,通过了《默顿法规》,在《大宪章》的基础上,进一步明确了国家立法、司法、行政权以及维护土地所有权等至高权力的归属问题,并规定所有自由人均可通过法律代理人进行诉讼。随着法律地位的提高,也带动了中小贵族,特别是骑士、乡绅家庭子弟们对法律知识学习的热情。

1245年,罗马皇帝腓特烈被教皇英诺森四世废黜,亨利担心自己的地位受影响,更加积极迎合教皇的发展计划。1250年,教皇英诺森四世再次发动十字军东征,并计划将西西里岛作为十字军东征基地,但西西里却在腓特烈儿子的控制之下。1254年,教

---

① 约翰死后,亨利的母亲伊莎贝拉回到法国,于1220年与拉马什伯爵休·德·吕西尼昂结婚,而她之前曾与休·德·吕西尼昂的父亲订过婚。

皇与亨利三世达成一项协议，亨利三世的次子埃德蒙（Edmund）被授予西西里王位，条件是亨利要承担教皇征服西西里岛的全部开销。

此时，英格兰已经连续三年农业减产，民生艰难，国库虚空。亨利三世依然固执己见，不顾贵族们反对支持教皇的西西里岛计划。同时，亨利三世还支持弟弟康沃尔公爵理查德（Richard of Cornwell）争夺罗马帝国王位，并承诺所需贿赂资金也都由英格兰贵族承担。

协议签署不久，教皇英诺森去世，亚历山大四世成为罗马教皇。亚历山大四世将征服西西里战争变成亨利三世的责任，要求亨利三世支付在战争中花掉的近十万镑。并强调，亨利如果不偿还所欠的巨额债务，将面临被开除教廷的危险。慌乱中的亨利不得不向英国权贵们伸手求助，而大贵族们对他的忍耐却到了极限。

1258 年 4 月，亨利在威斯敏斯特召集会议，准备筹集欠款。以亨利三世的妹夫、莱斯特伯爵西门·德·孟福尔为首的贵族则借机发起武装叛乱。

6 月，亨利被迫在牛津召开会议。这是一次由贵族和骑士组成的联盟大议事会，又被称为"议会"①。会上 24 名议会代表提出了《牛津条例》，要求建立由大贵族成立的限制国王、监督政府的

---

① 议会（Parliament）一词来自法文的 Parley，原为"讨论""谈判"的意思，在英格兰是指"谈判的地方"。

委员会；要求政府主要大臣对委员会而非国王负责；国家的一切税收交付度支部而不是交给王室国库或其小金库；郡法庭设立由四名骑士组成的陪审小组，听取关于王室官员的指控；每年举行三次议会。

当时英格兰和威尔士边境时有战事，参加议会的骑士因时刻为战争准备，个个身穿盔甲，手握利剑。这种与之前完全不同的会议风格被称为"疯狂议会"（Mad Parliament）。

1259 年，议会迫使亨利颁布了《威斯敏斯特条例》，目的在于限制男爵们滥用土地权力剥削骑士阶层。同年，法王路易九世承认亨利三世是加斯科涅的合法公爵，条件是亨利三世放弃对法国领地权的要求，安茹帝国时代结束。

安茹帝国梦断，亨利三世只想守住英格兰。在《牛津条例》签订后的 4 年里，国王拒不执行条例。1261 年，亨利获得教皇的声援，声称国王可以不受《牛津条例》和《威斯敏斯特条例》的束缚。此时，众多贵族已经聚集在西门·德·孟福尔周围，与国王对峙。

内战一触即发之际，双方决定接受法国国王路易九世的调解。法王自然倾向于亨利三世，1263 年 10 月，宣布《牛津条例》和《威斯敏斯特条例》为非法条例。西门贵族拒绝接受这一裁决结果，组织起新的反抗力量。

1264 年 4 月，由大贵族、骑士和市民组成的联军击败了国王军队，英格兰政权转到了大贵族西门手中。西门成立了九人委员会，先后召开两次议会。其中，在 1265 年 1 月的会议中，参会人员不再只是男爵和大主教，还增加了由各郡选派的两名骑士和各城派出的两名自由民。会议由西门伯爵主持，故而又称"西门会议"。此次会议被认为是后来国家议会的雏形，也是议会成为常设机构的起点。

但西门政权并没能维持太久。8 月，亨利三世的长子爱德华率军与西门在伊夫舍姆交战，西门兵败，尸体被肢解。《牛津条例》被废除，亨利三世的王权得以恢复。亨利三世把实权交给了爱德华王子，命其监国。

虽然西门改革运动以失败告终，但国事交由议会审议的机制却被保留下来，国王与贵族之间有效合作的理念也渗入不列颠的政治中，影响着此后历任国王的统治。

如果说亨利三世是"议会之父"的话，那么爱德华一世便是议会诞生的"助产士"。

——［英］西蒙·詹金斯《英格兰简史》

铁腕国王爱德华一世

1272 年 11 月，亨利三世去世，35 岁的爱德华一世（1272—1307 年在位）被贵族们推举为王位继承人。当时，爱德华一世正在参加第八次十字军东征。1274 年 8 月，回到英格兰，在威斯敏斯特教堂举行加冕礼，正式即位，成为金雀花王朝的第五位英格兰国王。

爱德华一世聪明有才学，文武兼备。当年，在他的率领下，镇压了西门·德·孟福尔领导的反叛，王室权威得以重振。在爱德华成长过程中，他目睹了贵族们为权力而抗争的坚持，也深深体会到王权在抗拒被贵族割据中的挣扎。同时，数年的监国将爱德华锻造成一位成熟又睿智的政治家。

爱德华一改父辈们被贵族挟持而被动立法的局面，施以铁腕政治。主动抓住立法权，通过立法，重振王室权威，绥靖桀骜不驯的贵族，从而强化国王掌控国家秩序的权力。

爱德华抓住"王国一切司法权均源于国王，国王是公平正义的根源"这一原则，对英格兰全境的王室权益进行一次大规模的彻查。这个被称为"百户邑普查"的调查对象是各郡治下的百户区，是继《末日审判书》之后最大的一次财产调查。

经过半年的摸底调查，结果被记录成卷，称为"百卷"文件。该文件界定了王室的权利和财产。同时，经此次调查，各级行政滥用职权的现象被揭示出来。为此，爱德华在1275年第一次威斯敏斯特会议上颁布了第一部《威斯敏斯特法》。法令涉及要求制约王室官员、律师和法警的勒索行为，规范民事和刑事诉讼程序等51项条款。与之前国王颁布的训令条例不同，这部法令是国王与法官及法律专家公认的成文法，所涉事项都经专人负责制定核实，再由国王在议会中正式颁布。

为了确保王室的财政收入，爱德华还在这次议会中签署法令，要求伦敦等13个港口，对英格兰和外国商人出口的羊毛、羊皮和皮革等产品征收关税，史称羊毛补助金或磅税。英国羊毛出口关税自此产生。磅税每年给爱德华一世带来了约1万英镑的收入，为爱德华维护王权提供了强大的资金支持。

1278年，爱德华又颁布了《格洛斯特法》，明确了立法机构的授权原则，建立新的巡回法庭制度，在全国调查侵犯王室权益的行为。1285年，《温切斯特法》制定了维持公共秩序的警察制度，规定每个行政区或百户区都要对未破案件负责，必要时人人都要拿起武器加入"喊捉声"①的行动。

同时，为了适应社会经济发展，确保兵役税的征收，爱德华有意将传统的封建制从属关系加以调整。在《温切斯特法》中规定，凡占有价值 15 英镑以上的土地者，无论其地产源自哪里，均需为国家提供一个骑士所需要的马匹和装备。

1285 年、1290 年，爱德华相继颁布了第二部、第三部《威斯敏斯特法》，限制了贵族处理财产的权力，并禁止封臣将土地依次层层分封给下级封建领主；租户被限定为终身租户，不能将财产出售给其他人；如果国王的封臣将土地割让给下级领主，那么接收土地的领主就要对国王负责，而不再受制于封臣。这一法规的出台，导致直接归属国王的土地领主数量激增，扩大了国王掌控的土地范围，也令封建制度日渐衰退。

1277 年 7 月，爱德华发动了对威尔士的战争。

当时的威尔士，由几个互不统属的小国组成。其中，卢埃林·阿普·格鲁菲兹（Liywelyn ap Gruffydd）拥有威尔士亲王头衔，大多威尔士领主都视其为宗王。1265 年 6 月，卢埃林利用英格兰内战自顾不暇之机，与西门·德·孟福尔签署了《瓦伊河畔皮普顿条约》，实现了对威尔士中部边境的控制。西门战死后，亨

---

① "喊捉声"是早期英格兰普通法中捉拿重罪犯的程序，要"吹号角和大声呼喊"。维护治安的官员或普通民众都可以首先高喊捉贼；听到喊捉声音，无论何人，均有义务骑马或徒步搜查和捉拿罪犯。

利三世与卢埃林达成了《蒙哥马利条约》，确定了卢埃林在威尔士的地位。作为交换，卢埃林需要向亨利三世效忠并缴纳 25000 马克的年贡金。1274 年，卢埃林没有参加爱德华的加冕典礼，不仅拒行臣服礼，也拒绝交纳年贡金。

为了证明自己才是威尔士的最高统治者，爱德华一世集结15000 名精兵强将，配备着精良武器、战马和充足的给养从切斯特出发，直入威尔士北部。战争从 1277 年 7 月开始，11 月就以卢埃林兵败结束。双方签署了《阿伯康韦协议》，将卢埃林的统治权范围缩小至威尔士北部西圭内斯公国内。1282 年，战事再次爆发。卢埃林的兄弟大卫在进攻霍瓦登城堡之后，号召威尔士人一起反抗爱德华的统治，并与卢埃林一起，向爱德华发起新一轮攻击。12 月，卢埃林在比尔斯附近被杀，次年，大卫被处决。爱德华占领了威尔士北部、卡迪根郡和卡马森郡，并将英格兰法律引入控制区，将威尔士占领区纳入英格兰郡制管理。为了防范威尔士人的反抗，爱德华在威尔士建造了大量的巨型石砌城堡，在威尔士构筑了新的防御工事。当时，威尔士东部和南部地区尚不归其管辖。

1301 年，爱德华一世封长子爱德华为威尔士亲王，意味着不列颠王室正式接管该区域。从此，英格兰君主的长子受封为威尔士亲王头衔的传统持续至今。

威尔士战争之后，爱德华一世相继对法国的加斯科涅和苏格兰发起战争。加斯科涅在亨利二世时期曾经转归英格兰国王所属，失于约翰统治时期。1293年，英格兰与法国加斯科涅的商船在英吉利海峡发生冲突，法王腓力四世以加斯科涅领主的身份，要求爱德华到巴黎出庭受审，爱德华拒绝了腓力四世的要求。次年，对法国宣战。为了筹集巨额的对法战争经费，爱德华将羊毛出口关税提高到约为1275年税率的5倍。

战争初期，英军节节胜利，似乎胜券在握。这时偏偏苏格兰节外生枝，与法国结盟。

1290年，苏格兰王位唯一的女继承人玛格丽特（Margaret）去世，爱德华以苏格兰封建领主及仲裁者的身份介入苏格兰王位争端。1292年11月，爱德华和他的104名评审员判定最接近王室的约翰·巴利奥尔（John Balliol）为苏格兰王位继承人。但爱德华的控制欲太强，坐上王位的约翰·巴里奥尔难有作为。在爱德华眼里，苏格兰没有独立自主的权力，他就是苏格兰的领主，苏格兰的一切法律事务都应交由伦敦的威斯敏斯特法庭处理。

1294年，爱德华一世要求巴里奥尔和苏格兰所有最有名望的贵族为英格兰发动的加斯科涅战争筹集军费，并服兵役。在爱德华的统治下，巴里奥尔在苏格兰毫无威信可言，他曾数次当面请求爱德华顾及一下苏格兰人的不满情绪。1295年7月，苏格兰贵族成立了一个12人委员会，剥夺了约翰·巴里奥尔的国王权力。10月，12人委员会与法国腓力四世结盟，准备以武力抵抗爱德华一世的统治。苏格兰与英格兰关系破裂。

爱德华怎肯对苏格兰放手。1296年春，英格兰军深入苏格兰腹地，占领贝里克郡（Berwick），包围了邓巴城堡。4月，爱德华一世宣布自立为苏格兰国王，并将苏格兰国王加冕仪式上使用的"命运之石"石椅①从斯昆（Scone）运到了伦敦威斯敏斯特教堂。

苏格兰拒绝被爱德华一世统治，反抗斗争此起彼伏。1297年，爱德华一世将苏格兰事务交由三名英格兰伯爵管理，领兵继续为夺取加斯科涅而战。不久，法国不想打了，双方决定休战，开启了长达5年的谈判。1303年，双方签订了和平条约，法国国王将加斯科涅领地归还给爱德华，但须承认腓力四世为该领地的大领主。

在与加斯科涅谈判的过程中，爱德华征服苏格兰的战事从未停止。1297年9月，苏格兰反叛力量在威廉·华莱士（William Wallace）的领导下击败了英格兰军。

威廉·华莱士是苏格兰王室总管詹姆斯·斯图尔特（Stewat James）的侍从，在一次骚乱中杀死了英格兰拉纳克郡的郡长。此后，反叛行动在苏格兰扩大，大批乡绅阶层融入反抗英王统治的队伍中。1298年，华莱士被拥立为爵士，成为苏格兰国唯一的监护人。

爱德华一世不肯放任苏格兰脱离自己的掌控。7月，英格兰军队集结在福尔柯克（Falkirk）击败了华莱士的军队。华莱士逃至法国。在腓力四世的支持下，1303年，华莱士卷土重来，继续

---

① 直到1996年归还苏格兰。

在苏格兰南方与英军作战。

频繁的战事让爱德华陷入严重的财政危机。据估算，仅威尔士的两次战争就耗资 17.3 万英镑，而在威尔士建造的每一座防御城堡要 1.4 万镑左右。

但是为了稳定经济，巩固王权，爱德华尽力采取措施稳定物价。当时，英格兰银币的含银量充足，因此常被人为剪掉一角，只为积攒贵金属。针对伪币、劣币肆虐货币市场，爱德华决定进行货币改革，先后于 1279 年、1280 年，两次重新铸币。重新铸造的银币银含量下降，铜含量略有增加。面额也由原来单一面值的 1 便士银币，增加了半便士和 1/4 面值的法辛便士。在以旧换新的过程，按旧币银含量兑换，而非按面值进行兑换。

而为了筹措资金，改善财政状况，爱德华不得不强行立法进行财政改革。除《威斯敏斯特法》之外，爱德华又分别在 1283—1285 年颁布了涉及债务问题的《阿克顿伯内尔法》《里兹兰条例》和《商人条例法》。

由于每次战争前，爱德华需要召集议会筹集军费。这让爱德华意识到主动操控议会的重要性，于是规范议会制度，要求每年召开两次。为了确保议会批准新的军费计划，爱德华决定扩大会议规模，以获得更多支持力量。

1295 年，爱德华召集了英格兰有史以来最全面的议会。在召集令中，爱德华称"事关全国民众利益，不可不让全国民众同意"。因此，与会人员达 400 名，包括贵族、主教、御前会议代表、各郡骑士、市民，及下级教士代表参加。

参会人员分别代表三个重要阶层：教士、贵族和市民。虽然这次会议是此前牛津大会形式的延续，但各阶层代表的再参与，促使议会由最初的贵族议会向代议制机构转变。当然，这一时期的骑士和市民代表位卑言轻，在被征求意见的过程中，往往流于形式。尽管如此，这次议会的规模和形式，为英国下级阶层的教士和社会其他人士争取到了参政议政的机会，这也是后来下议院的雏形。此次议会被史学家们称之为"模范议会"。1296 年，议会又获得了批准赋税的权力，而爱德华每年的战争开销高达 25 万英镑。

但爱德华一世统治时期已是"铁马长鸣不知数"，频繁开征新税赋招致众多工商业者和神职人员的不满。以赫里福德伯爵和诺福克伯爵为代表的贵族开始抵制在加斯科涅服役。1297 年 8 月的议会上，议员们又要求爱德华重申并遵守《大宪章》和《森林宪章》，爱德华为了获得所需资金，被迫同意。1297 年 10 月，最后一次修订的《大宪章》颁布，"大宪章"制度最终得以确定。

尽管议会试图阻止国王无休止征收课税的要求，却无法阻止爱德华征服苏格兰的野心。1302 年，苏格兰的卡里克伯爵罗伯特·布鲁斯（Robert Bruce）与爱德华和解，缓解了苏格兰的紧张局势。1305 年，爱德华终于击败了华莱士，在伦敦将其处决。但1306 年 3 月，布鲁斯突然发动政变，加冕为苏格兰国王。抱病在身的爱德华一世毅然再次出兵苏格兰。1307 年 7 月，在奔赴金沙堡的途中，爱德华一世病逝，长子爱德华二世即位。

爱德华二世未能完成父亲未竟的事业，在苏格兰的战争中节节败退。1314 年 6 月，布鲁斯在相继夺回爱丁堡和收复罗克斯堡之后，赢得了班洛克帕（Bannockburn）战役，确定了其统治地位，苏格兰终获独立。而爱德华一世倾其余生却只得到了威斯敏斯教堂中的那个墓志铭——"苏格兰之锤"。

所有的权贵名流都被能享有优先权的自豪感、骑士纹章和骑士精神守则，以及与之相随的忠诚、荣誉、勇气和礼貌所吸引。社会开始变得更加等级森严，更加迷恋"血统"。

——［英］阿萨•布里格斯《英国社会史》

王朝之乱

爱德华二世（1307—1327年在位）成长于崇尚骑士精神的时代。骑士精神被视为国王、贵族建立社会关系的纽带。在国人眼中，一位理想中的国王应该具备骑士风度——保持忠诚、维护个人荣誉、举止礼貌和军人勇武的品质。而爱德华二世偏偏是一位与时代格格不入的君主。

爱德华二世不喜欢融入贵族和骑士的生活圈，只喜好游泳、划船，或与工匠们在田间地头一起用茅草盖屋顶、挖水渠。这位"接地气儿"的国王，同样也不具备胜任一国之君的政治才能。

君主不贤，必不会重用贤人。爱德华二世无心打理政务，所有的精力都用在宠臣皮尔斯•加韦斯顿（Piers Gveston）身上，并试图将国家治理要事都交给皮尔斯处理。

皮尔斯的父亲是加斯科涅的一位骑士，爱德华一世时期在王室做服侍官。皮尔斯聪明狡黠，谄媚逢迎，深得爱德华一世的信任，被纳入王子的内庭。但爱德华二世与皮尔斯成为男性好友，两人不仅言行轻佻，甚至在爱德华二世的婚宴上，皮尔斯身穿王室专用的镶有珍珠紫色衣服出席婚礼，更与爱德华二世举止怪异，惹得众人无法直视而愤然离席。

爱德华登基之后，封皮尔斯为康沃尔伯爵，授予其更多的土地和财富。皮尔斯野心勃勃，依仗国王对他的迷恋将王权操控在手，肆意妄为。

1308 年 4 月，权贵们采取行动，在议会上迫使爱德华二世驱逐皮尔斯，并提出臣民效忠的誓言"只针对王位，而非国王本人"的新理念。议会的主张得到了两位实力最强的兰开斯特伯爵托马斯和格洛斯特伯爵吉尔伯特的支持，这两位分别是爱德华二世的堂兄和外甥。同时，坎特伯雷大主教温奇尔西也站在大贵族们的立场反对爱德华二世。迫于压力，爱德华二世将皮尔斯赶出英国。但转年又将其召回。皮尔斯返回英格兰之后并未有所收敛，反而变本加厉，越发胡作非为。1310 年 3 月，权贵们成立了一个由 7 名主教、8 名伯爵和 6 名男爵组成的立法委员会，负责制定政府改革新法令。为了提高立法委员会的影响力，自 1311 年起，立法委员会开始吸收平民代表参加。

1311 年 8 月底，由立法委员核心成员、兰开斯特伯爵托马斯主导起草的 41 条改革法案完成。11 月，国王极不情愿地将改革法案昭示天下，皮尔斯再度被流放。

改革法案力求束缚国王的权力，提出国王不经与议会协商，无权发动战争；在贵族和议会的建议和同意下，国王才可任命各部门的官员、王室官员甚至各郡郡长等职务。但爱德华二世同其父辈们一样，不甘愿被法案束缚。于是，再次召回流放中的皮尔斯。

国王一意孤行，激怒了大贵族。1312 年，皮尔斯在沃里克郡的布莱克洛山被处死。爱德华与贵族之间的矛盾发展到不可调和的程度。

爱德华二世也清楚，若想减少对议会的依赖，就需要提高王室财政收入，实现财务自由。而磅税是国王的主要收入来源。1313 年 5 月，爱德华二世强制颁布了《贸易中心条例》，将商品交易中心限制在指定的英格兰城镇或国外的某个地点，并规范交易中心内可买卖交易的商品质量，要求提高可交易的羊毛、呢绒、皮革和锡等商品品质，确保王室的税收。该法令的执行，加强了国王对海外贸易的控制，也促进了城镇经济的发展。爱德华二世因此被后世称为"英国的贸易中心之父"。

皮尔斯死后，贵族休·德斯潘塞（Hugh Despenser）父子成为爱德华二世的狂热支持者，也是国王最亲密的宠臣。德斯潘塞家族作为保王派，不断得到国王的奖赏，无论是地产还是权力都随之迅速扩张。

1315 年 5 月至 10 月，洪水淹没村庄，耕地被冲毁，在约克和诺丁汉的低洼地区甚至形成了巨大的湖泊。全国多地庄稼被暴雨摧毁，大饥荒随之而来。农业歉收，牛羊染病，英格兰的羊毛收入减少和肉食供应不足，而税收和面包价格却居高不下。加之苏格兰不断向英格兰北部实施军事扩张，给英格兰驻军增添了极大的压力。

在令人灰心丧气的大环境下，国王与贵族的斗争依然在继续。1316年年初，在林肯召开的议会上，以兰开斯特伯爵托马斯为首的反对派成为议会的主导者，受命执行改革条令，改革王国的行政体系。保王派与反对派的斗争进入白热化，改革派试图操纵议会，驱逐国王的新宠。而国王为了加强王权，则下令召集平民代表出席议会，拉拢更多群众参政给自己投票。

鹬蚌相争，渔翁得利。1322年，英国平民代表终于拥有了与贵族平等的决议权。无论是关于立法的评议，还是弹劾不法官吏的处罚，平民都与贵族权力相同。这一权力被落实到文件中。

爱德华二世在不知不觉中推动着英国议会两院的形成，却未能保住自己的王位。

1321年，威尔士边境的各领主发生叛乱，兰开斯特伯爵托马斯乘势起兵，与北方诸贵族结成联盟，将休·德斯潘塞父子驱逐。1322年秋季，托马斯在马勒布里奇战败，被处决。随后，爱德华二世展开疯狂的报复，对反对派进行大清洗。一时间，伦敦、布里斯托等地的绞刑架上挂满了尸体，几乎每一座大城市都能看到令人触目惊心的惨景。休·德斯潘塞父子则重新登上政治舞台，反对派的土地和财产充盈了王室的金库。接着，爱德华分别在1324年、1325年发动了对苏格兰和加斯科涅的战争。

就在爱德华二世剑拔弩张之时，1326年秋，王后伊莎贝拉与情人罗杰·莫蒂默（Roger Mortimer）发动叛乱。最终，德·斯潘塞父子被处决。1327年1月，爱德华二世被议会废黜，9月，在伯克利城堡被谋杀。爱德华二世的儿子、15岁的爱德华三世（1327—1377年在位）在逆境中继承王位，接受其母后伊莎贝拉和罗杰·莫蒂默的"垂帘听政"。

伊莎贝拉是法王腓力四世的女儿，嫁给爱德华二世之后一直受冷落。尽管他们生育了四个孩子，但两人的关系却很疏远。1325年，爱德华二世为了争夺加斯科涅，在圣萨尔多战役中出师不利。随后派王后伊莎贝拉前往法国和谈。而王后则选择了留在法国避难，并与流亡巴黎的罗杰·莫蒂默相遇。罗杰·莫蒂默是1321年反对爱德华二世叛乱的参与者，后来从伦敦塔脱逃至巴黎。1326年，二人召集兵马，发动叛乱，轻而易举地毁掉了爱德华二世的政权。

只是，这二人徒有政治野心，却无统治能力。爱德华三世更憎恨他们对其父亲的残忍行为。

1330年，年轻的国王发动政变，在诺丁汉包围了莫蒂默。经过议会审判之后，莫蒂默被处决。伊莎贝拉则被迫过上隐居生活，最后在修女院度过了余生。

爱德华三世拥有法国血统，受过传统的贵族式教育，陪伴他成长的是牛津大学的学者和教士们，因此有较高的文化涵养，懂得为君之道。同时，爱德华三世精通英语、法语和拉丁语，还是第一位有御笔墨迹留存至今的英格兰国王。

爱德华三世崇尚英雄，喜欢打猎、比武和马上决斗，亲政后就急切地奔赴战场，为稳定王位建功立业。

1329年，罗伯特·布鲁斯去世，其子戴维二世尚幼。爱德华三世乘机出兵干预苏格兰事务，扶持亲英格兰的爱德华·巴利奥尔（Edward Balliol）为苏格兰国王。爱德华·巴利奥尔向爱德华宣誓效忠，并把苏格兰南部大部分土地割让给爱德华三世直接统治。但爱德华·巴利奥尔在苏格兰的统治地位并不稳定，反叛势力始终未停止抗争。法兰西王国更公开以财力、人力和物力对苏格兰人施予援手，对抗英格兰。

1328年，法王查里四世去世，加佩王朝绝嗣。法国封建主推立查里四世堂弟、华洛瓦伯爵腓力六世即位，开启了华洛瓦王朝的统治。

而爱德华三世则以前国王腓力四世外孙的身份，欲夺回法国王位继承权。

同年，法国北部的佛兰德尔发生叛乱。佛兰德尔在政治上受法国节制，因此，腓力六世出兵佛兰德尔将其兼并。但是，佛兰德尔是欧洲毛织业中心之一，羊毛主要依赖英格兰进口，而出口到这里的羊毛更占英格兰出口总值的90％左右。长期的商业往来，佛兰德尔与英格兰保持着亲密的关系。为了确保原料来源、守住当地的经济利益，佛兰德尔人支持爱德华三世争夺王位，双方形成共同联盟战线。

为了消除英格兰人的影响力，1336年，佛兰德尔伯爵下令逮捕所有英格兰人。爱德华三世则下令禁止羊毛向佛兰德尔出口。腓力六世更打算将爱德华三世在法国唯一的领地阿基坦（Aquitaine）公国收入囊中。

阿基坦位于法国西南部，1154年，阿基坦伯爵的女儿埃莉诺（Eleanor）嫁给英格兰国王亨利二世之后，这里就一直是英格兰国王的领地。阿基坦包含吉耶讷（Guyenne）和加斯科涅两省。其中，加斯科涅是英国盐、酒和铁的主要供应地。腓力六世的扩张欲望迫使爱德华三世加强了内部统治。

为了保证内部团结，在外交问题上不引起分歧，1337年，爱德华三世增设了6个新伯爵爵位。自征服者威廉统治时期起，国王对封赐伯爵爵位一事都分外谨慎，唯恐伯爵人数过多，对王权构成威胁。因此，这一最高级爵位仅赐予王室近臣和军功卓著者，终其一朝，英格兰只有9名伯爵。到爱德华三世即位之初，仅剩下6人拥有伯爵爵位。但对爱德华三世来说，增设伯爵爵位，等于增加自己的支持力量，缓解王室家族内部矛盾。

1337年，爱德华三世将康沃尔郡升为公国，将公爵爵号授予年仅7岁的长子爱德华。从此以后，康沃尔公爵领地一直属于威尔士亲王，如果没有威尔士亲王，则公爵领地由国王收回。康沃尔公爵领地属私人地产，也是历任威尔士亲王的主要收入来源。

同时，为了笼络属下骑士，爱德华三世亲自参与一些骑士比武大会，与骑士们打成一片。

1337 年，爱德华三世自称法国国王。腓力六世则宣布收回爱德华三世在法国境内的所有领地，并派兵占领作为回应。英法之间的战事由此点燃，史称百年战争。

这个国家的人民希望打仗。没有战争，他们无法体面地生活。对他们来说，和平百无一用。

——［英］格洛斯特公爵托马斯

百年战争

1337 年，英法两国君主爱德华三世和腓力六世宣布开战。这场以王位争夺战开启的战争，逐渐转变为侵略与反侵略的战争，断断续续进行到 1435 年，史称"百年战争"。

战争初期，英军深入法国腹地四处劫掠，焚烧城市与乡村，驱牛羊、毁五谷。而法国则在英格兰沿海烧杀抢夺，予以报复。其实腓力六世已在佛兰德尔沿海的斯鲁伊斯（Sluys）建立了一支规模庞大的无敌舰队。

1340 年 1 月，爱德华三世正式使用法国国王的头衔。6 月，亲率一支由 200 人及 60 只战舰组成的舰队，向法军斯鲁伊斯舰队发起进攻。经过三天的激烈战斗，英格兰海军重创法国无敌舰队，控制了英吉利海峡，从而可以将军队输送至法国。

海战的胜利，让爱德华三世信心倍增，毫不掩饰地宣称："摘取一条名贵的百合花①要比拔起一把多刺的蓟草容易，且获利更

---

① 百合花象征着法国王室，蓟草指的是苏格兰。

多也更有荣誉感。"为了纪念战争的胜利，爱德华三世在纪功金币上铸制了自己身披甲胄立于船上的肖像。

然而，战场上的胜利掩盖不住英格兰王室破产的事实。对法战争让爱德华三世花费了40万镑军费，其中大部分来自意大利商人的借款。民众虽然对战争给予强烈的支持，却也承受着沉重的赋税压力。

1337年，平民代表向国王和议会请愿，要求国王接受他们的请求，否则拒绝对新税收法案进行表决。因为地方议员需要征得乡亲们同意才能通过税收法案。1339年，由各郡法院选举出来的骑士开始与市镇政府选举出来的商人一起议事。但大贵族们以骄横傲慢的态度对待平民议会代表。

1341年3月，首席顾问大臣、温切斯特大主教、大法官约翰·斯特拉特福德（John Stratford）因未完成赋税交付任务被国王免职。在国王向斯特拉特福德提出32项罪名指控时，斯特拉特福德则表示：唯有贵族有资格审判他。为此，爱德华三世要求政府筹选出由五大重臣组成的咨政院委员会，对斯特拉特福德进行审判。由此促进了贵族和平民分院议事制度的形成，议会上院和下院得以产生。1343年，议会档案中首次记载了两院议事的情况。

傲慢的斯特拉特福德不愿接受与平民代表平起平坐，却得到了平民议会代表们的支持。

最终，国王与大主教和解，并同意实施新的改革计划，进一步提升贵族的权力。改革计划提出：只有议会中的权臣才有权对贵族进行审讯；贵族应该分享任命国王的行政官员的权力。这项妥协计划让爱德华三世获得了贵族们筹集的军费支持，而无须加征新税和借款。

1346 年 8 月，爱德华三世从诺曼底登陆，突袭法国。此时的英军掌握着"进攻性反击的防御战术"，队伍由骑士和步兵弓箭手组成。交战中，半披甲胄的弓箭步兵居中，将弓箭射入敌军，两侧骑士随后冲锋至前，与敌军短兵相接。

英军主力是由自由农民组成的，他们拥有良好的纪律性和与骑士协同作战的能力，每分钟可射出十至十二支箭。而法军则由意大利雇佣军和法国封建主的重骑兵组成，彼此各自为战，缺乏协调性。同时，英军首次在战争中使用了大炮。

战场上，尽管法军骑兵表现出无畏的骑士精神和英雄气概，最终还是全部阵亡。1347 年 8 月，英军占领了加来，英格兰人得以拥有一条通往欧洲大陆的重要线路。但爱德华三世没有继续扩大战果。一场突如其来的鼠疫迫使双方休战 10 年。

进入 14 世纪，英国的农业，特别是养羊业发展强劲，庄园制度也在发生变化。随着经济的发展，农奴制出现瓦解趋势。农奴们试图通过多种方式摆脱自己的身份。有人从领主那里通过地租"折算"赎买自由；也有人逃到城镇居住。当时的城镇数量也由"末日审判书"统计时期的 100 个增加到 160 多个。

经济增长也增加了农产品的需求量。为了扩大生产，庄园主占地、圈地现象日趋严重。而频繁战争和自然灾害，导致人口锐减，庄园产能下降。

1348 年 9 月，灾难性的"黑死病"①席卷英格兰，几乎夺去了英格兰一半人口的生命。在伦敦，由于街巷路窄，人员密集，肮脏污秽，卫生条件落后，瘟疫传播更加不可控，导致伦敦各处坟场"尸"满为患，最大的一处墓地，每天要掩埋 200 多具尸体。

黑死病导致英格兰耕地面积大幅减少，劳动力严重不足，工资翻倍、租金下降。1350 年，为了维护贵族和商人的利益，爱德华三世制定了一项限制工资增长的《劳工法》，要求所有佣工和劳动者满足于现实工作中的所得。更有庄园主企图将自由农民和破产农民再次变成农奴。

在这种社会背景下，爱德华三世依然积极备战再征法国。

为了获得更多的资金，从 1347 年开始，爱德华三世在原来磅税的基础上，对进口的葡萄酒征收所谓"吨税"。将吨税和磅税一同列为国王私人终身享有的税收。为了提高收入，爱德华继续向商人颁发特许状。当时，来自德意志的沿海城市汉萨商人和意大利的城市商人最为活跃，他们通过对英格兰国王贷款，控制着英格兰的对外贸易。爱德华三世似乎并不在意谁主导贸易出口问题，只关心从哪里能拿到钱。

---

① 黑死病，又名马斯德氏鼠疫，是由跳蚤和老鼠传播而来，有一种说法是从法国羊毛里携带入境英格兰的。

1356 年 8 月，爱德华三世的长子、"黑太子"① 爱德华率领英军兵临法国中部的布尔日，在法军兵力数倍于英军的压力下，英军退至普瓦捷（Poitier）后被法军围堵。"黑太子"崭露出杰出的军事领导才能，他避实就虚，乘隙而战。爱德华将部分英军弓箭手隐蔽在战壕中和树篱后面，在法军进攻中突袭。几经交锋，法军营垒被英军攻破。法军虽然拥有五倍于英军的兵力仍惨遭失败，法王约翰二世、太子和大批贵族被俘。

爱德华三世将约翰二世关押在伦敦塔，借以兼任法兰西国王，并向法国索取巨额赎金。法王被俘在法国国内引起巨大动荡，法王约翰二世的太子查理监国，法国先后爆发了 1357 年巴黎起义和 1358 年扎克雷起义。

1359 年，"黑太子"爱德华重启战端，遭到法军顽强抵抗。1360 年 5 月，英法两国签订了《布列塔尼和约》，爱德华三世放弃对法国王位的要求，法国将西南部阿基坦的基恩和加斯科涅划归英国。法国则需要支付法王及众俘虏的赎身金，在付清赎金之前，法国须有担保品。

英法虽然签订了停战和约，但双方仍在厉兵秣马，枕戈待旦。

---

① "黑太子"的称呼与他身着的盔甲有关。当时盛行按照盔甲的特点来称呼骑士和士兵。同时，长子爱德华除了威尔士亲王之外，没有其他头衔足以把他和他的父亲及历史上其他几位爱德华区分开来，所以后人称他为"黑太子"。

1364 年，法王约翰六世去世，王子查理五世正式即位。新法王吸取多年失败的教训，励精图治，积极备战。仿效英军，以步兵取代部分骑士兵团，建立野战炮兵和新舰队。

1367 年，"黑太子"卷入西班牙王室内战，在西班牙的纳赫拉战役中取得胜利。1369 年，法王查理五世与西班牙结盟，并在西班牙的蒙铁尔战役中大败英军。同时，西班牙为法国提供了一支舰队，法军乘势逼近加斯科涅海岸。11 月，查理五世宣布收回阿基坦，法国打响复仇之战。

这时，无论在兵力还是战术上英军都不再具备优势，同时"黑太子"染上了黑死病，无力阻挡法军的进攻。1370 年，"黑太子"的弟弟冈特约翰前来助阵。"黑太子"爱德华回到英格兰。

此时的英格兰，黑死病分别在 1361 年、1368 年、1369 年及 1375 年数度流行。瘟疫持续折磨着王国的城镇和乡村，死亡的阴影笼罩着的这个世纪，甚至影响着这个时代的建筑风格。在新建的教堂中、在所有宗教捐赠中，为逝者做追思弥撒成为这个时代人们的首选。

冈特约翰不具备军事才能。1373 年，英军还在布列塔尼进行军事扫荡，法军却步步为营，眼见阿基坦公国被法军收复。1375 年，冈特约翰决定停战，并与法达成停战一年的协定。为了达成停战协议，冈特约翰请罗马教皇出面调停，以允许罗马教廷对英格兰教士征税为交换条件，引发英格兰主教们的强烈不满。

1376 年 6 月，被称为"英格兰人的希望"的黑太子病逝，国王爱德华三世深受打击。一年之后，1377 年 6 月，爱德华三世去世。爱德华三世的孙子、黑太子爱德华的长子理查（Richard）二世（1377—1399 年在位）继承英格兰王位。这一年，理查只有 9 岁。

你们以前是乡巴佬，现在仍然是。你们仍将受压迫，只不过与此前相比压迫更重而已。只要我们活着，我们就会想方设法镇压你们。

——［英］查理二世国王

理查二世时代

　　爱德华三世死后，来自全国各地的 12 个大贵族成立了一个管理政务的委员会，理查二世的两位叔父——兰开斯特公爵冈特约翰和剑桥伯爵埃德蒙被任命为理查国王的监护人，直至国王成年为止。在理查即位后的几年里，实际政权掌握在他的叔叔冈特约翰手中。

　　冈特约翰虽然没有军事才能，却执着于对法战争，虽然每场战争都以失败告终。为了支付战争费用，1377 年，英格兰开征人头税，规定凡年满 14 周岁的英格兰公民，都必须上交 4 便士税金。1380 年，政府第三次提高人头税，税金增至 12 便士。

　　沉重的税赋让生活越发艰难，人们厌倦了被国王无休止盘剥的日子。最终，这种集体性的苦难促成了众人的冒险行动，英格兰历史上第一次大规模的农民起义由此爆发。

　　1381 年 5 月，英格兰东南部埃塞克斯的福宾村农民开始拒缴人头税，并爆发起义。6 月，早先抗议《劳工法》的各行业工匠在肯特发动了声援农民的起义。起义军占领了肯特郡首府坎特伯雷，推选瓦匠瓦特·泰勒（Wat Tyler）为领袖，并迅速向伦敦进军。自 14 世纪以来，国王及王室成员多数时间都驻留在伦敦一带，越来越多的权臣显贵也在伦敦置房长住。伦敦已成为英格兰的政治、经济、司法和行政管理中心。

起义战火相继在东盎格利亚、贝里圣埃德蒙兹（Bury St Edmunds）和圣奥尔本斯（St Albans）等地点燃。在约翰·鲍尔（John Ball）、杰克·斯特劳（Janck Straw）等人的带领下，起义军最终占领了伦敦。

起义军销毁法院档案；打开监狱，放出因违反劳工法而被囚禁的农民和雇工；焚烧贵族的宅邸；抓获并处决了坎特伯雷大主教、财政大臣和法官。

年仅 14 岁的理查二世此刻表现出非凡的勇气，决意亲自同农民代表在伦敦郊外的迈尔恩德举行谈判。农民要求废除农奴制度；每亩地租只能征收四便士；确立自由贸易；大赦起义者；领主权应由所有人共享；英格兰应该只有一名主教，一名高级教士；教会的财富要分配给人民群众；等等。

第二天，理查二世与瓦特·泰勒在伦敦郊外的史密斯菲尔德（Smithfield）继续谈判，泰勒突然被伦敦市长刺杀，国王下令处罚起义群众，并收回之前的承诺。

当约翰·鲍尔在召集民众起义时，发出"当亚当和夏娃男耕女织时，何来贵族？"的口号时，农奴获得自由和解放便不再仅仅挣扎于幻想中。同样，在经历了农民起义之后，理查二世决定将权力掌控在自己手里，开始培植党羽。当时，冈特约翰正在西班牙，因为他娶了西班牙卡斯提尔国王的女儿。

1383 年，理查二世任命迈克·德拉波尔（Michael de la Pole）为大法官。保罗的父亲是富商，是爱德华三世对法战争经费的主要提供者；任命牛津伯爵罗伯特·德维尔（Robert de Vere）为世袭王室总管。迈克和罗伯特两人常伴国王左右，把持朝政。而理查二世并不热衷于政治。

理查二世精通艺术，追求时尚，对时装有着独到的见解。在他的宫廷中，男人们穿着紧身裤，紧身上衣；女人们身着精美服饰，脚穿尖头长鞋、过膝袜带。据说，手帕是这一时期被理查二世引入英国的。

理查二世是位不具备政治头脑的国王，对法战争没有兴趣。但为了显示国王的威仪，也为了建功立业，1385 年 8 月，理查二世调集英格兰几乎所有兵力进入苏格兰，驱赶那里的法国驻兵。结果耗资巨大，无功而返。同年，理查二世晋封宠臣牛津伯爵罗伯特·德维尔为侯爵，这是一个公爵之下伯爵之上的新爵位。至此，英格兰贵族形成五个等级体系，即公爵、侯爵、伯爵、子爵、男爵。

虽然国王宠臣跻身贵族行列，其能力却遭到议会的质疑。1386 年 10 月，议会认为大法官迈克·德拉波尔不具备政治能力，将其弹劾。理查二世则表态，不允许议会开除任何人，"哪怕一个厨房的仆人"。随后，理查二世再次晋封宠臣罗伯特·德·维尔为爱尔兰公爵，地位等同于王室血统的公爵。以此展示王权、挑衅大贵族，最终引发了贵族叛乱。

1387 年 12 月，由阿伦德尔、德比、格洛斯特、诺丁汉和沃克里五位伯爵组成的联盟军起兵，在莱赫雷德（Lechlade）以西的拉德科特桥（Radcot Bridge）击败了爱尔兰公爵带领的国王军队，议会掌控了主动权。

1388 年，理查二世的政治团队被大清洗，包括迈克·德拉波尔在内的王室大臣均被罢免、流放或处决，理查二世的王权遭到重创。这次议会行动被称为"无情议会"，格洛斯特伯爵等联盟集团控制了政权。遭受打击的理查二世十分明智，没有与权贵们再发生直接冲突，而是变得谨言慎行，却暗中重新培植党羽。

1389 年，冈特约翰回到英格兰，全力支持理查二世复位。同年 5 月，理查二世在议会中宣布，作为 22 岁的国王应该亲政，并当场免去约克大主教托马斯·阿伦德尔的大法官职务，迫其交出大印。同时任命了 9 名大臣。

所幸的是，国王这突如其来的主张并未引起政治骚动。在接下来的 9 年时间里，人们看到的是一位成熟稳重又理性的国王，一位处处体现着有担当、负责任的国王。他以温和的统治方式打理朝政，他常常召集议会，听取大臣们的建议，鼓励立法，一切遵从旧例，重振王权。但他坚持"法律存于国王心中，只有国王才能制定法律"的原则，所有政策都渐渐体现出其专制独裁的统治特质。

对于理查二世来说，这一切都是权宜之计，他使出浑身解数树立权威就是为了有朝一日报"无情议会"之仇。

1391 年，他争取到了上、下两院的支持，宣布国王的专制权力不受法律约束。1392 年，由于伦敦市民拒绝向他贷款，他剥夺了伦敦自治权。为了进一步体现"君权神授"，国王修改了王室纹章，在原来百合花和举右前足向前行进、面部正对视观者的狮子之上，又添加了忏悔者爱德华的纹章。并在忠诚于己的贵族骑士和乡绅侍从中组建了一支军队，军队士兵均佩戴着国王指定的白鹿标志。

1394 年，理查二世率领一支远征军，讨伐爱尔兰，用了七个月的时间恢复了英格兰对爱尔兰的控制权。更最令人意想不到的是，1396 年 3 月，理查二世与法国缔结了一项停战 28 年的协定，并于 10 月迎娶了法王查理六世年仅 7 岁的女儿。

但英法停战协定引起诸多伯爵的不满。

自从爱德华三世发起对法战争以来，英格兰从议会到贵族甚至民众都给予了极大的支持。对于贵族和骑士来说，战争是个人劫掠财富的良机。对于社会来说，可以激发民族感情。

自诺曼征服以来，英格兰的国家行政组织日趋完备，国王及议会已成为国家力量和制定行政制度的核心组织。民族意识和凝聚力也越发增强。当国王决定对外发动战争之时，首先需要促成全国上下一致对外的氛围，国王需要争取议会的同意，主教们需要在教堂对教众们进行说服，各郡需要向小贵族及民众说明征税的合法性。在对法战争一再取得胜利之时，人民对法国的抵触情绪也愈发浓烈，法语也成为众矢之的。1350 年之前，法语还是上等人的日常用语，但随着英法战争不断推进，英格兰人对提升民族语言英语地位的意识日渐增强。

数百年来，英语在英格兰一直是贫困地区下层阶级之间使用的语言，而且各地区都有自己的方言特色。拉丁语始终是学术用语，国王、官方和贵族阶层都使用法语。14 世纪，英格兰东中部地区，英语逐渐被广泛使用，因为这一带是政治经济中心伦敦城和牛津、剑桥诸所大学所在地。同时，牛津大学教师、宗教改革家约翰·威克里夫（John Wyclif）开始用英语释译《圣经》。

1362 年，议会决定将英语定为法庭用语。文学家杰弗里·乔叟（Chaucer，Geoffrey）的名著《坎特伯雷故事集》也创作于这一时期。在这部作品中，采用伦敦英语，并吸收法语的词汇、概念和表达形式，对英语发展产生了深远影响。理查二世时期，英格兰各学校放弃了法语学习，开设了英语语言课程。

因此，当英格兰全国上下都散发着浓烈的民族情结之时，理查二世的与法停战协议引发议会的强烈不满。

1397 年 7 月，格洛斯特公爵、阿伦德尔伯爵等人在议会中大肆批评理查二世。9 月，理查二世举起手中复仇的利剑，开始清算政敌。阿伦德尔伯爵被处死，沃里克伯爵被流放，格洛斯特公爵被谋杀。从此，议会一切唯国王之命是从，任由理查二世滥用王权，对民众施加重税。

1399 年 2 月，英国最大的贵族——兰开斯特公爵冈特的约翰去世，理查二世决定没收其领地，并否定了其长子——赫里福德公爵亨利·博林布罗克（Henry Bolingbroke）的继承权。还借博林布罗克与诺福克公爵发生争执之际，将二人流放。

理查二世的疯狂行为，导致贵族们与其疏离，也为其统治埋下了隐患。

1399 年 5 月，理查二世对爱尔兰发起新的远征，离开英格兰时授权其叔叔约克公爵监国。理查二世没想到，此一去竟是条不归路。

6 月，流放中的博林布罗克乘机起兵，从英格兰北部一路未遇任何抵抗。随后，约克公爵也加入博林布罗克起义的队伍。起初，博林布罗克只想着收回自己的土地和财产，但战事进展顺利得超乎预想，让他开始对王位有了要求。

此时，理查二世在爱尔兰战场损失惨重，不得不返回英格兰。在返回英格兰的途中，被博林布罗克诱俘。9 月，理查二世被迫退位，议会将其王位废黜。金雀花王朝退出了历史舞台。

让危险布满在自东至西的路上，荣誉却从北至南与之交错，让它们互相搏斗；啊！激怒一头雄狮比追赶一只野兔更使人热血沸腾。

—— ［英］莎士比亚《亨利四世上篇》

百年战争结束

1399年10月，亨利·博林布罗克被推举为王位继承者，加冕为英格兰国王，即亨利四世（1399—1413年在位）。英格兰进入了一个新的王朝时代——兰开斯特王朝。

依长子继承制的传统，亨利虽然是爱德华三世的后代，但继承王位的理由却并不充分。因此，亨利四世即位不久，1400年1月，理查的支持者发起了一场叛乱，最终被平息。没多久，理查二世死于被监禁的庞蒂弗拉克特（Pontegract）城堡。

亨利四世在位只有14年，在他短暂的统治时期里，满是动乱与挫折。执政前半期与大贵族的反叛做斗争，后半期则与疾病抗争，与法兰西王国却相安无事。

亨利四世与理查二世同岁，虽然贵为皇亲国戚，却不曾有过国王梦。他能顺利坐上王位，一切都得益于国民大议事会的成全。废旧立新，国王的人选全由国民议会决断。

随着封建制度的瓦解，人们已不再以成为国王的封臣或领主为荣，而是转而以能够被选举出席国民议会为人生得意之事。在世人眼里，拥有雄厚财力的显贵远不及主持议会的人尊贵。议会已是主宰国家命运的机器。

对亨利四世来说，即使有议会做后盾，这王位坐得也不踏实。1400 年秋，威尔士贵族发起反对英格兰统治的叛乱。直至 1405 年，英格兰每年都对威尔士发动军事行动，却始终无法阻止威尔士人的解放斗争。

1402 年，苏格兰战事再起。诺森伯兰伯爵父子，击退苏格兰军。诺森伯兰伯爵是珀西（Percys）家族的代表人物，始终是亨利四世的坚定支持者。但珀西家族出兵击退苏格兰军队后，亨利四世却不允许他们赎回囚犯。愤怒的珀西家族发起了反叛战争，联合威尔士的起义领袖欧文·格伦道尔（Owain Glyndwr）和理查二世的支持者埃德蒙·莫蒂默（Edmund Motimer）试图推翻亨利四世的统治。这次起义直至 1408 年 2 月，诺森伯兰伯爵亨利·珀西在布拉默姆荒原（Bramham Moor）战役中阵亡而结束。

如此一来，为了捍卫王权，亨利四世不得不无休止地发起战争，并要频繁召开议会提出征税议案。议会下院则借机提高地位，分别于 1401 年、1404 年和 1406 年向议会上院和国王提出改革法案，否则那些征求税捐的法案将不予通过。

改革法案涉及国家大政，对外作战与缔结条约等诸多事项。同时提出若干项提高议员权利的要求，如：议员在出席议会中，或往返议会途中不能被逮捕；议员在议会中辩论言辞不受法律制裁；等等。

1406 年春天，亨利第一次患中风，到 1410 年，中风让他丧失了行动能力。1413 年 3 月去世。长子亨利继承了王位。

1413 年 3 月，25 岁的亨利五世（1413—1422 在位）加冕为英格兰国王。

亨利五世是位野心勃勃的统治者，即位之初就计划对法战争。亨利从他父亲篡夺王位起，大部分时间和精力都用在应对威尔士的战争中。他曾与父亲并肩作战，击败亨利·珀西的叛乱。1410年，在父亲病重期间亨利开始参与内政，与权贵们建立了良好关系，在诸多国家事务上能达成共识，在处理各种事务方面都表现出优异的才干。

亨利五世热衷征伐，富有智慧不鲁莽。在对法国开战之前，无论对外还是对内，亨利五世都做了充分的准备。对外，亨利五世采取的是外交手段，要求法国履行 1360 年双方签署的《加莱条约》，将阿基坦等地归还给英格兰。对内则大力宣扬民族主义情感和国家荣誉感。1413 年，亨利五世颁布法令，称一切反对教会的行为将依照叛国罪处罚。这一法令是为了抵制罗拉德派（Lollard）的发展而制定的。

罗拉德派是反教权主义的派系，兴起于理查二世统治时期，是从约翰·威克里夫的教义中发展而来的。威克里夫认为，教会是所有信教者的社区，而不仅仅属于教会等级集团。甚至大胆地对圣经中的个别教义提出异议。这个被称为"早熟的宗教改革派"还主张对牧师的傲慢和炫耀进行清教徒式的批判。威克里夫的观点曾得到冈特约翰的支持。1395年，曾有骑士提出抑制罗拉德派发展的提案，最终被理查二世压下，以示对罗拉德派的支持。但是，1401年，亨利四世即位之初，议会颁布了《镇压异端邪说者令》，要求抑制罗拉德派的发展，甚至将违法布道者处以火刑。亨利五世因此被称为最虔诚的君主。在莎士比亚笔下，亨利五世是"所有基督教国王的一面镜子"。其实，这是为了发动对法战争，争取教会的支持。亨利五世坚决维护传统教会的利益，打击异教徒，增强了国人的凝聚力。

同时，亨利大力推广使用英语，激发着人们的爱国热情，促使更多的英格兰人心甘情愿地追随他奔赴战场，并在对法国战争中持续表现出激情。

为了争取议会对战争的支持，亨利不断提高下院的地位。1414年，下院在此前只有创议权和同意权的基础上，又争取到了立法权。到1420年，官方文件中的表述也发生了变化，由原来"在平民的请求下，经教俗贵族同意，特制定以下法规"改为"凭议会权威，经教俗贵族和平民的同意，特制定以下法规"。

亨利五世摩拳擦掌之时，法国内部却矛盾重重。法王查理六世患有精神疾病，两大贵族集团勃艮第派与阿曼涅克派之间发生内讧，农民和市民起义不断。

1414年8月，亨利派遣使节团赴法国巴黎，向法王提出了令法国人愤怒的要求：亨利迎娶法王查理六世的女儿凯瑟琳（Catherine）为王后；收回诺曼底、安茹、布列塔尼、佛兰德尔以及阿基坦等地区的主权；等等。法国人不答应，亨利便以此为借口重启战端。

1415 年 8 月，亨利五世率领 2000 名重甲骑兵和 6000 名弓箭手，从南安普敦出发。战事初期，英军处处被动挨打受围困。在法军的攻击下，英军在退至加来港时只剩下 900 名重甲骑兵和 5000 名弓箭手。10 月，5 倍于英军的法国军队袭来，亨利五世被迫应战。他重整部队，下令所有骑兵轻装徒步出征，与重型武装的法军在阿让库尔（Agincourt）森林展开了殊死拼杀。最终，在狭窄又泥泞的战场上，英军大获全胜。5000 多名法军丧命，包括奥尔良公爵在内的诸多法国公爵、伯爵和男爵被俘。

随后，亨利五世将诺曼底作为占领行省，建立大本营，并与法国勃艮第公爵结成同盟，一鼓作气占领了法国巴黎，夺得卢瓦尔河以北的广大地区。1420 年 5 月，亨利迫使法国签订了《特鲁瓦条约》。亨利五世终于被尊为法国统治者，实现了亨利二世和爱德华三世的愿望。

依据条约，亨利五世将迎娶国王的女儿，并成为法国王位继承人，法国沦为英法联合王国的一部分。6 月，亨利五世与凯瑟琳公主完成联姻。但是，由于条约剥夺了法国王子查理（Charles）的继承权，迫使亨利五世继续在法国征战，以蚕食那些忠于王子查理的势力。

在长期围攻默伦（Melun）和莫城（Meaux）的过程中，亨利五世染上了痢疾，于1422年8月病逝。数周之后，法王查理六世也去世。亨利五世身后留下了他与凯瑟琳九个月大的儿子亨利六世，这个襁褓中的婴儿，成为英格兰和法国的继承人。

亨利六世（1422—1461年和1470—1471年在位）是英格兰历史上继承王位时年龄最小的国王，也是唯一一位被加冕为法国国王的英格兰国王。但是，法国支持太子查理的贵族们不肯承认《特鲁瓦条约》的有效性，更不接受小国王。

此时，王子查理拥有法国南方大半个法兰西势力，在南方力量支持下与英军对峙，展开了王位争夺战。

亨利六世即位后，英格兰贝德福德（Bedford）公爵约翰被任命为幼王在法国的摄政大臣，格洛斯特公爵汉弗莱（Humphrey）与约翰的次子、温切斯特主教博福特（Beaufort）为在英格兰的摄政大臣。

亨利五世在法国作战期间，约翰一直在代理法国朝政。摄政之后，约翰与布列塔尼公爵约翰和勃艮第公爵腓力结盟，并娶了腓力的妹妹。由于每年维持在法统治所需的3万英镑的财政赤字，需要在法国征收各种捐税才能获得，导致法国人纷纷组织起来，对英军展开游击战。

1428年10月，英军围攻奥尔良城。这里是法国通向南方的门户，一旦失守，英军将与它在基恩的势力联合起来，法国就将全部沦陷。在法军被围困二百多天后，太子查理束手无策。危急关头，法国民众的斗志被彻底激发出来，一名 17 岁的农家女贞德（Joan of Arc），奇迹般扭转了英法战争的走向和结局。贞德是位虔诚的基督徒，她号召法国人民团结起来反抗英国人的侵略，最终获得奥尔良战役的胜利。法军收复了北方诸多领土。1429 年 7 月，王子查理在兰斯加冕登上王位，称查理七世。

1433 年，贝德福德公爵约翰的夫人去世，约翰又与法国圣波勒伯爵的女儿结婚，导致与勃艮第公爵关系破裂。1435 年 9 月，贝德福德公爵约翰去世，勃艮第公爵腓力倒戈，重新与法王联合，促使法军发动对英大反攻。1436 年，英军被赶出巴黎。

1440 年，18 岁的亨利六世将危机交给权臣处理，派遣表兄约克公爵理查·金雀花（Richard Plantagenet）出任诺曼底总督，全权负责法国事务，自己则专心于教育事业。

英格兰事务一直由格洛斯特公爵汉弗莱与首席大臣、温切斯特主教博福特掌控，两人则争执不休。1442 年，格洛斯特公爵夫人使用巫术，令其身败名裂。接着，亨利六世宠臣萨福克伯爵威廉·德拉波尔（William de la Pole）把持朝政。1444 年，萨福克伯爵在法国图尔承诺以放弃曼恩（Maine）为条件换取英法两年休战期，并促成亨利六世与法国国王查理七世的侄女、安茹的玛格丽特结婚。

1447 年，汉弗莱与博福特相继去世。博福特的侄子、冈特的约翰的孙子、亨利六世的叔叔萨默塞特公爵埃德蒙·博福特（Edmund Beaufort）被任命为驻法英军总司令，这令诺曼底总督约克公爵理查·金雀花十分懊恼。

此时，英王室每年负债 40 万英镑，而收入只有 30 万英镑。由于捉襟见肘的财政问题，不得不削减对法防御部署资金。1449 年 10 月，法军逼近诺曼底。1450 年 3 月，英军被逐出诺曼底。

诺曼底失守，亨利六世的宠臣萨福克伯爵遭到议会弹劾，驻法英军总司令博福特成为首席大臣。1453 年 7 月，节节败退的英军主力被法军赶出加斯科涅。10 月，英军在波尔多投降。至此，英法之间历经百年的战争终告结束。英格兰在法领地只剩下加莱。

人性偏偏迷恋于权势。也许因为默默无闻的寂寞是最难挨的。正如那些老人，尽管已届风烛残年，却仍然闲坐在热闹的街口，借此追忆往昔的尊荣。

——［英］弗兰西斯·培根《谈权位》

玫瑰战争

1453 年，英法百年战争结束，英格兰又陷入内战。

这是由大贵族内讧引起的王位争夺战，是在兰开斯特家族和约克家族之间展开的。因为兰开斯家族的族徽是红玫瑰，约克家族的族徽是白玫瑰，故史称"玫瑰战争"。

也许对于在襁褓中就拥有了法兰西和英格兰王位的亨利六世来说，一切来得太容易，1429 年，7 岁完成英格兰国王王位加冕礼；1431 年，10 岁完成法国王王位加冕礼。然而，亨利没有承继兰开斯特家族的尚武传统，却优柔寡断、软弱无能，对权术丝毫不感兴趣，只热衷于学术，甘愿王权旁落。

1379 年，曾任英格兰大法官、温切斯特主教的怀克姆·威廉 (William of Wykeham) 创办了牛津大学新学院，并从全国范围内挑选出优秀学者，充实到学院中。1382 年又创办了温切斯特公学，这是一所免费向公众开放的大学预备学校，更是为穷人提供受教育的平台。

1440年，亨利六世创建了伊顿公学，不久又创办了剑桥大学国王学院。国王似乎有意躲在象牙塔里，他在剑桥大学国王学院礼拜堂建造出世界上最大的扇形穹顶，而无视战乱给人们带来的不安和恐惧。

百年战争期间，英格兰大贵族势力通过战争不断强化私人武装力量。战争结束之后，贵族们继续豢养从法国战场上归来的军团。士兵们在战争中养成的粗暴行为，在回到英格兰之后毫无收敛。有些豪强利用私人武装，为夺取城堡和庄园相互混战。而英格兰最大的两个势力集团兰开斯特家族和约克家族更为王权而开战。

1453年8月，亨利六世精神病发作，陷入昏迷，直到1454年圣诞节来临之前才恢复意识。在国王昏迷期间，王后玛格丽特为他生下了威尔士亲王爱德华。不擅权谋的国王，健康状况又如此糟糕，更看不出政权已有多少忧患。

亨利六世的表兄约克公爵理查·金雀花（Richard Plantagenet）是约克家族第三代继承人，是爱德华三世的后代，是兰开斯特公爵冈特约翰的后人。1453年，亨利六世昏迷期间，约克公爵理查被任命为摄政大臣。1454年，国王恢复正常，任用叔叔萨默塞特公爵埃德蒙·博福特，冷落了约克公爵。权位大起大落，让约克公爵心理不平衡，开始以爱德华三世后人的身份，对英格兰王位提出要求。

当时，兰开斯特家族周围聚集的是英格兰经济落后的北方贵族势力，而经济发达的南方贵族则纷纷向约克家族靠拢。

1455 年 5 月，约克公爵在圣奥尔本斯发动叛乱，萨默塞特公爵在镇压叛乱中战死，兰开斯特家族战败。亨利六世让步，约克公爵再度获得摄政大权。

亨利六世的软弱和退让令王后玛格丽特深感不安。为了保住儿子亨利的王位继承权，王后走向权力斗争的前台，决定为儿子一战。1456 年，在兰开斯特家族支持下，王后成为宫廷派系的领袖，理查的摄政权被削弱。同时，兰开斯特家族与约克家族之间的斗争还在继续。

加莱统领、沃里克伯爵理查德·内维尔是约克家族的坚定支持者，更是约克派系主要财力和物力提供者。在他的召集下，越来越多的商人聚集在约克家族旗下，反而日渐形成商业政治腐败现象。

为了打击约克家族，1459 年，在兰开斯特家族的主导下，议会通过了多项《剥夺权利法》，剥夺约克家族领主和骑士贵族的财产，双方矛盾再度激化。

1459 年 9 月，沃里克伯爵的父亲、索尔兹伯里伯爵起兵支持约克家族，在斯塔福德郡的布洛希思击败了国王军队。不久在威尔士边境的拉德福德遭遇兰开斯特派的主力大军。约克家族被击溃，约克公爵逃到爱尔兰，他的儿子、爱德华及索尔兹伯里伯爵和沃里克伯爵逃至加莱。兰开斯特家族掌控了朝权。

1460 年 7 月，约克家族重返英格兰，击败了国王的部队，控制了亨利六世，处死了支持亨利六世的爱德华三世小儿子的后裔白金汉公爵。

约克家族控制了伦敦城，向议会提出继承英格兰王位的要求。玛格丽特王后以武力予以回应。12 月，兰开斯特家族集结北方军队在韦克菲尔与约克派交锋，约克军队被击溃，索尔兹伯里公爵被处死。约克公爵阵亡，首级被戴上纸制王冠悬挂在约克城墙上示众。玛格丽特决定进军伦敦。

在这场王室权力斗争中，虽然战事胶着，但英格兰其他阶层并未卷入战争。只是英格兰南北经济、文化发展不均衡，富庶的南方人对好斗的北方势力并无好感。因此，当兰开斯特派欲进入伦敦的消息传来，即刻遭到伦敦人的抵制，城门紧闭，以示对北方人的不欢迎。

约克家族的沃里克公爵则利用在伦敦的影响力，会同约克公爵的长子爱德华顺利进入伦敦城。1461 年 3 月，约克家族主导议会，并在伦敦的市民集会上宣布爱德华为英格兰国王。

此时，亨利六世和玛格丽特据守在约克郡。爱德华领兵向兰开斯特派发起反击，继续向北收复约克郡。最终，兰卡斯特派惨败，国王和玛格丽特逃往苏格兰。

1461 年 6 月，18 岁的爱德华四世（1461—1470 年和 1474—1483 年在位）完成国王加冕仪式，成为约克王朝的第一位英格兰国王。

而内战并未结束，抢来的王位并不稳定。

为了巩固地位，爱德华有意拉拢议会下院，以制衡上院的大贵族。他声称，自己是依靠下院的支持才得到应有的权力。进而继续加强下院的立法权，并坚持所有议会法案都必须得到下院的同意方可修改通过。

同时，爱德华四世全力铲除兰开斯特反对势力。在近三年的时间里，在沃里克伯爵的帮助下，粉碎了兰开斯特家族的一次又一次反叛行动。沃里克伯爵最终成为英格兰北部实际控制者。

1465 年，亨利六世在兰开夏郡被俘，被关进了伦敦塔。玛格丽特带着孩子逃回法国。此时，政局看似稳定，却再生裂痕。沃里克伯爵与爱德华四世的关系破裂。

沃里克伯爵被称为"造王者"，是约克家族问鼎王位的重要推手，在新王朝中拥有一人之下万人之上的地位。1465 年，爱德华四世娶了伊丽莎白·伍德维尔（Elizaberth Woodville）之后，伍德维尔家族势力迅速崛起。同时，爱德华四世打算与法国勃艮第公爵结盟，触及了沃里克伯爵在法国的利益。

1467 年，沃里克伯爵退出议会，在英格兰北部拉起了自己的队伍，并与逃到法国的兰开斯特家族势力及亨利六世的王后玛格丽特结盟。为了报复爱德华四世，1470 年秋，沃里克伯爵将亨利六世从伦敦塔内放出，帮助亨利六世复辟，迫使爱德华四世逃到荷兰。

1471 年 3 月，爱德华重新在约克郡登陆回到英格兰。4 月，沃里克的军队在距离伦敦以北 14 英里的巴内特被爱德华击溃,沃里克被杀。这一天,玛格丽特率领兰开斯特军队在韦茅斯登陆,向威尔士和英格兰西北部地区挺进。5 月,双方在蒂克斯伯里展开对决战。最终,兰开斯特军队彻底溃败,玛格丽特被俘,其 18 岁的儿子威尔士亲王爱德华战死,只有少数几位兰开斯特家族成员逃到法国。当月,亨利六世被杀。兰开斯特王朝结束,约克家族再度夺取王位。

爱德华四世复位,英格兰进入了十年的和平繁荣时期。但为了抑制大贵族权势,爱德华减少国会召集的次数,通过没收敌对贵族地产,增加王室收入。

这一时期,英格兰慈善事业兴起,国王鼓励臣民向王室交纳友善或慈善金,以代捐税。富商们除了捐钱给教会,也捐赠善款兴办学校。自 1440 年,亨利六世兴办伊顿公学起,贵族、平民及城镇上的团体、行会纷纷创建文法学校,打破了教会在教育领域的垄断。到 15 世纪末,英格兰已经拥有 500—600 所学校,15% 的人都具有阅读能力,迎合着文艺复兴在英国的传播。

1476 年,威廉·卡克斯顿(Willia Caxton)在伦敦创建了第一家印刷厂,并在温切斯特成立了第一家出版社。《圣徒的生活》《祈祷书》及乔叟的作品相继出版,推动着英格兰文化、教育事业的发展。

同时,英格兰的贸易和生产制造业也发生了转变。由于王室不断提高羊毛出口税率,迫使商人转变思路,将羊毛加工成呢绒再出口，因为呢绒出口税率几乎是羊毛税率的 1/4。由此带动相关纺织业、漂洗和印染业也发展壮大。

到 15 世纪，英国人口中绝大多数依然是自耕农民，随着农业利润下降和剩余劳动力的增多，人们纷纷开始转型，向手工业和织机业发展。也有农民发展成富裕户，开始雇佣劳动者，从事经营活动。手工业也从最初分散的手工作坊，向集中的手工工场转型。越来越多的劳工为了获取工资而愿意付出劳动，成为工场中的工人。随着资金投入相关产业中不断获得收益，一个区别于封建贵族阶级的资产阶级"新贵族"兴起。

新贵族阶级是推动城市发展壮大的中坚力量。城市中的码头建设和商业发展吸引着更多的人力、物力投入其中，城市也到处可见铺着石头的街道、下水道和木制住宅建筑。市民在获得皇家政府的特许状后，可参加选举成为各郡甚至国民议会的代表。商业城市的发展，也不断提升商界和财阀群体的地位，爱德华四世更是常常融入这个社交圈，疏远了封建大贵族群体。

当时，英格兰的对外贸易仍操控在外国人手中。威尼斯商船每年来南安普敦或伦敦出售意大利产品，购置英格兰的羊毛产品；在爱德华三世时期兴起的德意志汉萨商人早已建立了汉萨同盟，并购置房产长期居住在各商业发达的城镇；意大利和德意志金融业务公司更是早早入驻英格兰，向王室、教友和贵族开设贷款业务。为了确保王室的财政收入，爱德华四世不断授予汉萨同盟等外商贸易特权。

政权稳定之后，1475 年 7 月，爱德华四世带领精兵渡海远征法国，法王路易十一只想和平解决纷争，开出了令爱德华满意的停战条件。8 月，英法在皮基尼（Picquigny）缔结停战七年的条约，条约涉及双方商业自由贸易问题，即法王路易十一允许英格兰重新开始与加斯科涅的贸易活动，双方同意有争议以仲裁方式解决。最重要的是，条约规定法王立即赔偿爱德华 75000 金克朗，并每年定期向爱德华四世支付 50000 金克朗的贡金。这笔丰足的收入，让爱德华摆脱了对英格兰议会的依赖。

1483 年 4 月，爱德华四世突发疾病去世。临终前任命弟弟格洛斯特公爵理查为摄政大臣，扶助 12 岁的长子爱德华五世治国。

爱德四世去世不久，野心勃勃的理查逮捕了新国王的侍从，宣称有人密谋剥夺他的摄政大权。5 月，新国王爱德华五世与 9 岁的弟弟约克公爵理查先后被安排到伦敦塔皇家住所，为加冕礼做准备。不久，兄弟二人神秘失踪。

7 月，登上王位、完成国王加冕仪式的是格洛斯特公爵理查，即理查三世（1483—1485 年在位）。

理查三世废幼自立、篡夺王位的做法随即引来反对势力的进攻。1483 年 11 月，兰开斯特家族的白金汉公爵亨利·斯塔福德（Henry Stafford）加入了反叛队伍，与逃到法国布列塔尼施的里士满伯爵亨利·都铎结成联盟，发动反叛。不久，白金汉公爵亨利、里弗斯伯爵和黑斯廷公爵等人被捕遭到处决。里士满伯爵亨利·都铎率领的远征军也因极端恶劣天气在英格兰南部海岸登陆时失败。随后，理查三世向法国布列塔尼施加压力，迫使对方交出里士满伯爵亨利。

里士满伯爵亨利·都铎是兰开斯特家族的远亲，出生在威尔士。父亲里士满伯爵埃德蒙·都铎（Edmund Tudor）是亨利六世同母异父的兄弟，祖母是亨利五世的王后。1471 年，亨利随叔叔彭布罗克伯爵贾斯珀·都铎（Jasper Tueor）一起逃到了布列塔尼。这位被称为"兰开斯特家族中最有继承权"的威尔士人，在流亡法国的十四年里，身边已经聚集了众多重要人物，有约克派、兰开斯特派以及爱德华五世的支持者。

1485 年 8 月，亨利·都铎决再次起兵，为争夺英格兰王位而战。为了加强与约克家族的同盟力量，经爱德华四世遗孀的同意，亨利准备迎娶她的女儿约克的伊丽莎白（Elizabeth of York），以换取约克家族对其争夺英格兰王位的认可。

亨利·都铎带领 2000 人的队伍，登陆威尔士的米尔德港。在其叔叔的号召下，一大批威尔士人也加入了亨利·都铎的队伍。理查三世则集结全部军队亲自应战。8 月 22 日，双方在博斯沃思（Bosworth）附近交战。理查三世占据着有利地势，但是在战役中，部下威廉·斯坦利伯爵（Lord Stanley）临阵倒戈，发动叛变。理查三世战死沙场。亨利·都铎夺取了政权，即亨利七世。然而，约克家族中的顽固派并不甘心让出王位。

1487 年 6 月，发生了假冒第十七代沃里克伯爵、爱德华四世的侄子爱德华的军事挑战。冒充者在爱尔兰得到支持，在都柏林被加冕为爱德华六世。支持者中甚至有德意志雇佣军加入，反叛军得到了林肯伯爵的支持。经过苦战，亨利·都铎击败了叛军，林肯伯爵被杀，假冒者却被宽恕，将其留在王室厨房做了仆工。

斯托克战役的结束，标志着长达 30 年之久的玫瑰战争的结束。这场混战最终成就了亨利·都铎，也为英格兰诞生了一个新王朝——都铎王朝（1485—1603）。

光荣的路是狭窄的，一个人只能前进，不能后退；所以你应该继续在这一条狭路上迈步前进，因为无数竞争的人都在你背后，一个紧迫着一个。

——［英］莎士比亚《特洛伊罗斯与克瑞西达》

亨利七世专权

1485 年 10 月，伦敦威斯敏斯特教堂里举行了国王加冕仪式，18 岁的亨利·都铎如愿戴上王冠，成为亨利七世（1485—1509 年在位），是玫瑰战争的最大赢家。

改朝换代的王国同样面临着王位继承合法性的问题。保王位，稳政权，成为新国王的头等要务。

在第一次议会上，亨利七世强调"是上帝保佑他战胜敌人"，"他的王位继承权是与生俱来的"。并表示，将保证臣民拥有原来的产业和财产，以稳定人心。而议会则迎合国王，称其是"由上帝派往人间、从暴君手中拯救黎民百姓的约书亚第二"。

此时的议会已不同旧往。在历经 30 年的内战之后，英格兰旧势力大贵族几乎亡灭殆尽。在这次议会上，上院 78 名议员中，教会贵族 49 人，世俗贵族只剩下 29 人，这 29 人中还有若干名新贵族。存留下来的议会贵族既无殷实的财力也无强大的军事实力，更无与王权抗争的野心。他们只想谄媚逢迎，希求安稳。而新贵族则附和王党，希求富贵。议会已失去监督王权的职能，国政大权任由国王行使。

1486 年 1 月，亨利七世与爱德华五世的姐姐约克的伊丽莎白完婚。为了证实自己继承王位的合法性，亨利七世承认爱德华五世为自己的前任。并要求议会通过一道法令，宣布"王位继承权寄于、归于、保于国王"。再次重申亨利及其子嗣后代是理所当然的王位继承者。

一年后，亨利七世又争取到罗马教皇英诺森的支持，教皇颁布教谕，满足了亨利想要的一切条款。甚至强制性地提出，谁对亨利国王或其继承人提出挑战及质疑，就将谁赶出教门。

尽管如此，1487 年和 1491 年，还是先后发生了两起假冒约克家族后裔的叛乱事件。

叛乱让亨利七世对约克家族越发抵触。即使与约克家族联姻，也让他心生不安。特别是在婚礼中，他发现民众对约克家族的喜爱之情，远远高于他当年进入伦敦城和加冕的场面时，极强的防范意识，让他对待贤淑温雅的王后及外戚的态度，变得越发冷漠。并采取措施剥夺大贵族的公权，特别是约克派的公权力。

一直以来，封建贵族们都享有国王授予的公权，也就是行使国家机构的职能、维护公共利益的私法权，并享有家族荣誉和封地产业权等。

亨利时期，议会控制在兰开斯特派系手中。因此，议会颁布的剥夺贵族公权的法案无疑都是针对约克派系的。

最初，亨利七世的打击对象是博斯沃思战役中支持理查三世的伯爵、子爵和乡绅等二十人。随着清除异己的力度加强，凡是约克派系的封臣都成为他铲除的目标。在履行效忠仪式时，言行中稍有不慎就可能被剥夺爵位和领地，沦为平民。1499 年 11 月，沃里克伯爵爱德华·金雀花因被指控密谋叛国罪而被处死，此前他一直被关押在伦敦塔。

同时，为了削弱封建贵族们的实力，亨利七世进行了军事改革。下令解除贵族们的私人武装，解散封建领主卫队，实施招募雇佣军制度。1504 年，又颁布限制仆从与荫庇的法令，强调未经国王允许，任何人不得豢养家兵。

在打击反对派贵族及旧贵族势力的同时，扶持新兴的资产阶级贵族是亨利七世维持君主专制统治的重要举措。新贵族多为乡绅阶层，乡绅也分城市乡绅和乡村乡绅。乡村乡绅拥有大量地产或豪华宅邸，而城市乡绅则是律师、医生、商人或神职专业人士。

在国王的扶持下，新贵族阶层崛起，并不断被允许进入议会下院。

亨利七世的两大宠臣理查德·恩普森（Richard Empson）和埃德蒙·达德利（Edmund Dudley）都出自绅士家庭，进入议会下院后又先后出任下院议长，并受封为爵士。

为了维护君主专制统治，亨利七世着手进行了多项改革，破解现实问题，将王权的"变现能力"发挥到极致。

通常，英格兰国王的收入被划分为正常收入和特别征收两大类。其中，正常收入是指国王从王家私人领地、关税、司法利润和封建特权中获得的收入。而需要由议会批准的向臣民征收的各种赋税则属于特别征收部分，比如动产税和此前曾征收的人头税等。亨利决定绕过议会，将王室正常收入进一步提高。

权力就是利益。亨利成立诸多执行律法的委员会，将议会的立法工作导出，进而提高从司法判别中获得的利润。例如，成立稽查委员会向违法人员征收罚金，即无论官员、贵族还是商人，只要触犯了法律，亨利七世都征收沉重的罚金；1487年，成立了强制执行抚养权的委员会，即国王对去世的封地领主的土地和财产在继承人年幼期间有监护权，直到被监护人成年；去世领主的遗孀在被国王监护时期，若想再婚需要向国王交纳可观的费用才可得到国王同意；1495年，又成立了监督陪审员的腐败行为的委员会；等等。

同时，亨利通过继承和没收，增加国王领地面积。通过继承，亨利七世获得了包括兰开斯特公爵、约克、康沃尔，以及都铎几大家族的土地；通过剥夺反叛贵族财产和公权法案，他得到了更多的土地，并以提高国王领地的租税来增加收入。

国王对领地的需求是无限的，稽查委员会更是不遗余力地大肆清算被贵族或官吏侵夺的王室领地的工作，有的甚至追溯到爱德华三世时期。这次清算的所得收入，让亨利七世的年收入从5.2万英镑增加到14.2万英镑。但国王对土地的争夺也加剧了贵族们对土地的占有欲。随着土地出租，由劳役地租变成货币地租的转变，土地市场化的趋势让人意识到，土地是最大的财富。国王、贵族对土地进行夺占，而庄园主和拥有土地的佃农则以圈占为主。一时间，公用森林、草地、池沼，甚至农民的耕地，都被地主和佃农用树篱围栽起来以示占有。

从 1485 年到 1500 年，北安普敦、沃里克郡、牛津郡、白金汉郡和伯克郡等地，约有 16000 英亩田地被圈占，其中 13000 英亩土地变成了牧场。当时人们流行一句话："绵羊的蹄子把沙子变成黄金。"因为比起小麦种植，养殖业需要更少的劳动力，而且运输成本也很低。同样的一块地，耕种需要 21 人，而变成牧场就只需 1 个牧羊人。牧羊人的工资还是所有农村劳工中最低的。

为了避免引发社会动荡和治安等问题。1489 年，议会出台了限制圈地的法令，禁止将耕地转变为牧场和拆除住房。可是，法案从未被认真执行过，毕竟执行者都是既得利益者。尽管在这一时期圈地运动开始盛行，却未引起社会过度动荡。

对亨利七世来说，关税是仅次于国王领地的重要收入财源。即位之初，议会就批准他终身享有磅税和吨税。为了最大限度地提高关税收入，他通过外交谈判的方式促进海外贸易的发展。

1489 年，亨利七世同西班牙签订了英西商约，两国商人在对方国家可享受该国公司的同等待遇，获得旅行、居住、通商的便利，并降低关税；同年，与意大利的佛罗伦萨的统治者洛伦佐·德·美第奇签订商业条约；1490 年，与丹麦签订了和平商业条约，扩大了英格兰在北海和波罗的海地区的商业利益；1496 年和 1497 年，又先后与荷兰、法国签订商业条约。在相关措施的带动下，关税在亨利七世统治的前 10 年中，从原来的年收入 3.2 万英镑增加到 4.2 万英镑。

同时，亨利七世加大打击走私和撤换不合格的关税征收官吏的力度。1485 年到 1509 年，共查处走私案件 1140 起。当然，亨利七世也注重国内贸易的发展，准许每年定期在英格兰举行大型集市商品交易会及每周进行小型的集市交易活动。

随着贸易发展，伦敦的经济地位进一步得到提升。1500 年，英格兰呢绒出口 60％出自伦敦口岸。伦敦不仅是英格兰的政治经济中心，也是最大的港口，各地呢绒出口须先从海路或陆路运到伦敦，再从这里输出。

相比汉萨同盟和意大利商人，伦敦商人的地位也得到了提升。1505 年，亨利七世授予伦敦"冒险商人开拓公司"特许状，以支持该公司从事羊毛等制品出口业务。这家公司是由伦敦、约克、伊普斯威奇、诺里奇等城市的呢绒商人组成，设有 1 位主管和 24 位顾问。该公司将呢绒运至法国的安特卫普和卑尔根奥普姆两处贸易集散地进行销售。在英政府支持下，冒险商人公司的出口业务量大幅增长，到 16 世纪中期，伦敦呢绒出口量已占全国的 90％。同时，整个英格兰的呢绒出口更是稳步提高，1485 年到 1510 年，从 50000 匹增长到 90000 匹。

呢绒和羊毛出口量占英国出口贸易的 90％，但出口呢绒的运输船只有一半为英格兰自有，外商运输船占据了另一半。为了保护英格兰商人的经济利益，1489 年，议会颁布法令，禁止使用外国船只进口染料，出口尽可能使用英格兰船只运输。同时，鼓励建造船舶，推动造船业发展。

1493 年，哥伦布作为地理大发现的先驱者，从新世界带回来的消息传开后，整个欧洲燃起了探索未知世界的热情。亨利七世也开始鼓励英格兰人出海探险。1497 年，亨利资助威尼斯人约翰·卡伯特（John Cabot）父子以英格兰皇家的名义，去探索不为人知的新大陆。

收入大幅提升，亨利七世对财政制度也进行了改革。他弃用了程序繁杂、效率低下的旧度支部，建立王室内廷财政机构，任用忠诚、富有经验和法律知识的大臣担任主管，对国王的所有收入账目进行管理。亨利七世亲自过目每页账目，并用亲笔签署国王名字的第一个大写字母"H"。

亨利七世以王权控制着贸易往来，使其在处理对外关系上坚持以和平为主，确保扩增贸易利益为原则。但是对内，则坚持君主专制统治。

为了提高国家决策和司法执行的效率，亨利七世仿效爱德华三世时期组建的咨政院委员会，从御前会议中选择一小部分亲信大臣，组成新的行政、司法委员会。委员会由大法官、财政大臣、御玺大臣、主教一人，世俗大贵族一人，首席法官二人组成。在亨利八世时期，咨政院委员会发展成枢密院。该委员会同样控制着各郡地方政府官吏，但郡以下的权力则集中于小型教区会议手中。

亨利七世还设置了咨政院委员会分支机构，即"星室法庭"等一系列特权法庭。这个法庭没有陪审团，被告没有辩护律师，那些"势力强大的臣民"只能自首伏法。

亨利七世摒弃大贵族，多从中等阶级教士中选拔大臣，从大臣中任命主教。1486 年，亨利任命教会律师约翰·莫顿（John Morton）为坎特伯雷大主教，1487 年，出任大法官。大法官不仅实际控制着枢密院，也负责在议会中提出法案，同时，还是星室法庭的法官。1493 年，亨利七世为莫顿从教皇那里取得了枢机主教的职位。1487 年，被提拔的还有埃克塞特主教理查德·福克斯，先后成为国王秘书、王玺掌管大臣。这是开了主教被指定为王玺执掌官之先河。

亨利在位 25 年中，只开了七次议会。议会还跟以前一样，为国王提供国家政策的建议，保持司法的公正性。不过都是按照国王的意志通过一些有利于王权和新贵族、资产阶级的法案，为是国王专制统治工作。

在亨利统治的最后 13 年里，1504 年，为了向封臣领主征收协助金召开过一次议会。协助金是指当国王的长子被授封为骑士或长女出嫁时，国王的封臣、领主必须交纳一定数量的税金以示支持，被称为协助金。

在亨利七世的统治下，英格兰国力增强，在欧洲的地位也大幅提高。

　　1492 年 10 月，亨利七世出兵法国加莱，支持布列塔尼公国。11 月，务实的亨利国王，接受了法王查理八世的和谈要求，签署了《埃塔普勒条约》。此后 15 年，法国每年向亨利支付 5000 英镑的赔款，并同意不再援助苏格兰争夺沃贝克郡的战争。这场不战而胜的战争为亨利赢得了丰厚的回报，也促使英格兰王室与西班牙王室的联姻。1501 年，亨利七世为长子亚瑟迎娶了西班牙阿拉贡王国的公主凯瑟琳。但亚瑟在婚后四个月猝死。为了不失去与阿拉贡国的同盟关系，亨利七世经过长时间的说服，将凯瑟琳留下，并将她嫁给了王位继承人、次子亨利。1503 年，亨利将玛格丽特公主嫁给苏格兰国王詹姆斯四世，改善了与苏格兰的关系。

　　1509 年 4 月，亨利七世在英国的里士满宫殿去世，给儿子留下了一个充盈富足的王国。

15 世纪以后，重大的经济和宗教变革才将英格兰送上了不同的轨道，使之变成了"资本主义的故乡"。

——［英］艾伦·麦克法兰《英国个人主义的起源》

亨利八世与宗教改革

1509 年 4 月，18 岁的亨利八世（1509—1547 年在位）继任王位，接手了老亨利拼尽半生打造的国库充盈、王权强大的英格兰。

亨利八世是英格兰第一位接受文艺复兴教育①的国王，他一表非凡，拥有极高的智商。他喜骑射和剑术，爱好打网球，擅长一切竞技运动。他"雅爱一切高尚事物"，在诗歌和音乐方面也颇有造诣，对神学有着极端的热情。

即位不久，亨利八世与凯瑟琳举行了婚礼。将父亲的两位宠臣、树敌众多的财务官理查德·恩普森和埃德蒙·达德利关进了伦敦塔，以换取民众的支持。次年，这二人以叛国罪被处决。

---

① 在 14 至 15 世纪的意大利，新兴资产阶级为了在意识形态上摆脱封建制度的束缚和教会的精神统治，从文学、艺术、科学、哲学等各方面寻找突破口，向封建制度和教会发起挑战的运动，被称为"文艺复兴"。在教育方面的改变则是课本以英语和拉丁文书写，不再以教授神学、文法和哲学为主，而是开始学习文学、艺术、地理学和博物学。

亨利七世时期对外政策本着以和平发展促进贸易为主，尽量不卷入欧洲事务争端，避免不必要的战争。而这位都铎王朝的富二代国王，却不甘心守着升平富足的盛世，只想追求个人军事光荣，相继对法开战、讨伐苏格兰和爱尔兰。

此时，欧洲大陆上法国和罗马帝国正为争夺意大利开战。亨利八世决定支持教皇一方。1511 年 11 月，亨利八世加入教皇、西班牙、威尼斯和瑞士组成的同盟，向法国宣战。1512 年，亨利派出 18000 人到达西班牙北部的比利牛斯，欲进入法国发动战争，结果无功而返。第二年 6 月，亨利八世带着在议会筹集的军资，再率 25000 名英军，从加莱登陆入侵法国，攻克小城泰鲁阿讷，9 月又攻占了图尔奈小镇。

这场战争英格兰花费了 92.2 万英镑，而国王一年的收入只有 15 万英镑。1514 年，亨利八世将妹妹玛丽嫁给年迈的法国国王路易十二，英法关系归于平静。

在战争期间，亨利八世的姐夫、苏格兰国王詹姆斯四世则选择了结盟法国对英宣战。苏格兰军占领了英格兰的诺勒姆、伊塔尔，在弗洛登与战役中，被萨里勋爵统率的英军击败，詹姆斯四世被杀，亨利的姐姐玛格丽特王后摄政。英格兰与苏格兰又得以和平相处。

战争同样给马斯·沃尔西（Thomas Wolsey）提供了"上升"渠道。沃尔西是屠夫之子，曾就读于牛津大学，1497 年成为牛津大学莫德林学院的研究员。1501 年，成为坎特伯雷大主教的随行神职人员。1507年，进入宫廷开始为王室工作。在对法战争中，沃尔西以出色的组织协调能力，配合亨利八世完成了对法战争的筹备和供给工作，受到亨利八世的赏识。在用人方面，亨利八世同其父一样，更多欣赏的是个人的才能，而非出身。1515年，亨利八世任命沃尔西为大法官、约克大主教、枢机大主教，总揽内政外交大权。1518年，罗马教皇授予沃尔西为教皇使节头衔。

沃尔西心思细腻，有着敏锐的政治头脑，在他执政过程中，全力维护王权，深得亨利八世的信任。

同样，这场战争也让亨利八世敏锐地意识到国家军事发展的重要性，尤其在与欧洲大陆诸国的军事抗衡中，加强海军建设、扩建海军规模已是当务之急。

当时，亨利八世从父亲手中继承了5艘海军战舰，其中只有两艘是排水量在500吨以上的战舰。经过研发，1514年，英格兰巨型战舰"主恩亨利号"下水，排水量达1000吨，装备43门青铜重炮和141门各式小炮；1517年，亨利八世分别在德普福德和伍尔维奇建设造船厂，并在霍尔和贝里克郡的沿海建立了一条锁链式的军事要塞；设立了负责管理航海业务的领港公司，以振兴航海事业。终其38年的统治时间内，英格兰皇家舰队已拥有战舰53艘，有13艘排水量达500吨以上。

亨利八世注重国防建设，沃尔西则将工作重点放在外交事务上。1515年年初，法王路易十二去世，年轻的法王弗兰西斯一世征服了米兰，并从玛格丽特手中夺走了苏格兰摄政权。亨利八世决定再次对法用兵。但在托马斯·沃尔西的斡旋下，两国和解。1518 年，英法在伦敦签署了涉及整个欧洲大陆的《伦敦和约》，英格兰同意将图尔奈归还给法国，法国则向英国支付 60 万金克朗（1 克朗＝5 先令）作为补偿；亨利将两岁的女儿玛丽许配给法国王太子；法国不再支持苏格兰的反英派。

在沃尔西精心安排下，双方约定，未来将签订一份集体安全公约，并发动针对土耳其人的十字军远征。但和约带来的和平仅维持了 3 年。1521 年，罗马帝国与法国的强权争霸战再度开启。当拥有强大的西班牙、尼德兰、奥地利和勃艮第的国王查理五世，成为神圣罗马帝国皇帝，亨利八世怀着对战争的热情，决定与查理五世结盟，并取消了女儿玛丽与法国王子的婚约，将玛丽嫁给查理五世，并承诺出兵 4 万攻打法国。

为了支持战争，1523 年，英格兰议会在停会八年后再度忙碌起来。在沃尔西的专断立决、强势要求下，议会同意对民众征收五分之一的土地税及物品税法案。这项税收为亨利八世筹得了 80 万英镑，但对于长期战争来说，这笔收入仍是杯水车薪。

1525 年，法王战败，亨利八世也没钱再战，甚至连玛丽的嫁妆钱也拿不出来。查理五世很现实，立刻取消了与英格兰的联姻。亨利八世与查理五世的关系破裂。

亨利八世耗尽父亲遗留的财产，却未能在欧洲大陆占据优势地位。入不敷出的财政，让大臣们绞尽脑汁地提高王室收入。1526 年，沃尔西实行货币贬值政策，同时又禁止物价上涨，国王成为唯一受益方。

亨利八世不关注政治和议会，除了战争，他的主要精力都用在娱乐中，政务都交给沃尔西打理。这也导致沃尔西权倾朝野，特别是成为红衣主教之后，沃尔西极力要求教会不受习惯法约束，导致王权与教权之间的矛盾越来越深。亨利八世虽然无心政务，却不能容忍王权被操控。

1527 年年初，人们开始讨论亨利八世与凯瑟琳的婚姻是否合法的问题，因为凯瑟琳曾是亨利八世的嫂子。亨利八世与凯瑟琳婚后只生了玛丽一个女儿。1525 年，40 岁的凯瑟琳无法再生育，而亨利则希望都铎王朝有位王子能顺利继承王位。同时，亨利八世公开与大臣托马斯·博林（Thomas Boleyn）爵士的女儿安妮打得火热，迫切需要通过一场新的婚姻得到一个合法的王位继承人。

1527 年 5 月，亨利决定与凯瑟琳离婚。但亨利的离婚申请需交由罗马教皇负责审理。恰恰这时，查理五世入侵罗马，将罗马教皇克莱门特七世控制在手。而凯瑟琳又是查理五世的姑妈，亨利八世想离婚，查理五世坚决反对。罗马教皇受制于查理，又不敢提出异议。

作为一国君主，不能决定自己的婚姻，不能决定王位继承的问题，亨利八世的王者尊严受到了挑战。亨利国王决定与罗马教皇决裂，对英格兰教会进行改革。

在亨利决心突破罗马教廷的束缚之前，欧洲各国的宗教改革派早已开始活动。

一直以来，基督教士都是特权阶级，教会内部存在着严格的教阶制，即高级教士和低级教士。但教会有独立的法官、法庭和监狱。也就是说，再低级的教士犯了罪也不会受到世俗法庭的审判，甚至能逃脱绞刑，只需被关上几个月就可获得自由。教会中的大主教、主教、修道院长等高级教士更是特权阶层，他们拥有大量土地和财产，又身兼世俗高位，结党营私，生活奢侈，与世俗大贵族无差别。同时，高级教士还可利用宗教权力，搜刮民脂民膏，不断从民众微薄的收中榨取利益。到 16 世纪初，罗马教廷每年从各国剥夺的钱财是各国国王的几倍。1517 年，罗马教廷又巧立名目，向教徒出售赎罪券。宣称：购买赎罪券的钱一敲响钱柜，购买人的灵魂就立即可以升入天堂。

教会通过对教众精神和灵魂绑架进行敲诈，激起了民怨。德国人马丁·路德公开反对教廷售卖赎罪券，并先后发表了《九十五条论纲》《致德意志基督教贵族公开书》等小册子，斥责教皇的勒索行为，而成为宗教改革运动的倡导者。随之，这种自下而上的宗教改革之火燃遍了欧洲各国。

当时，亨利八世还是教皇坚定的追随者，反对宗教改革。他对马丁·路德十分厌恶，将路德派学说称为异端邪说。而托马斯·沃尔西既是坚定的王权维护者，也是罗马教廷的最大受益者，同样反对路德派学说。

1524 年，作为罗马教皇使节，托马斯·沃尔西又获得了终身使用这个头衔的特权。他常常借助教皇的名义发号施令，并任意保留一些主教职务的空缺，便于将这些教区的税收纳入私囊。当时，沃尔西的年收入达到 35000 英镑，是最富有贵族的 6 倍。沃尔西中饱私囊的集权统治，不仅引起教士的不满，世俗贵族也反对他以教皇使节的身份插手英格兰事务。

这时，德国路德派的宗教改革思想与英格兰早期的罗拉特派融合成一种新思潮，在剑桥的年轻人中广泛传播。1520 年，宣传路德派的教义进入英国，剑桥学子们常在当地的白马酒屋讨论路德的思想，时人称这些学者为"德意志"。同时，受意大利文艺复兴的影响，无论是在剑桥还是牛津，学者们开始接受人文主义的新学术，从赞扬上帝的逻辑学转向语言学，从神学转向修辞学。牛津兴起的一批改革家，更以学术、宗教及道德的名义，批判教会法院对教众的勒索。人们反对教会的特权，嫉妒教会的财富，掀起教会改革的舆论浪潮。而不断从教皇那里受益，却无法帮助亨利八世获得离婚许可的托马斯·沃尔西便成为众矢之的。

1529 年，亨利八世决定将离婚案从罗马教会法庭收回，在英格兰法庭进行审理，从此不再将英格兰的宗教及婚姻法律问题交给外国人处理。

亨利八世清楚，完成宗教改革仅凭国王一己之力是无法实现的，必须与社会中反教会力量合作，支持反教权主义思想，反对教会干预政治。

1529 年 10 月，亨利解除了沃尔西的一切职务，并指控他犯有以教皇使节的身份侵犯王权罪。同时，任用议会下院议长托马斯·莫尔（Thomas More）为大法官，召开议会，在英格兰发起一场自上而下的宗教改革。

11月，托马斯·克伦威尔（Thomas Cromwell）被推选为新的下院议长，并配合国王抨击教士的腐败和滥用职权，在议会上通过了一系列宗教改革法案，内容涉及减少教士的薪资；限制教士数量；调整死亡停棺费等内容。

继沃尔西之后，托马斯·克伦威尔成为亨利八世最为信任的重臣。克伦威尔出生制衣工家庭，没有接受过正规教育，当过兵，做过商人和律师，全靠自学掌握了法律知识。1516年，克伦威尔进入大主教沃尔西家族服务，1523年，进入议会。在成为议会下院议长之后，克伦威尔成为帮助亨利八世摆脱离婚僵局的重要推手。

1532年5月，在第三次宗教改革的议会上，托马斯·克伦威尔提交的进一步限制教士特权的法案获得通过。这部称为《教士的屈服法》的法案规定：教会在没有国王批准的情况下，不再享有独立立法权；现存教会法规提交给国王指定的委员会进行修订等新措施。

在亨利发起教会改革之时，大法官莫尔却并不希望国王离婚。他希望亨利八世能与凯瑟琳延续婚姻，并惩治异教徒。莫尔是位执着的人文主义者，也是最负盛名的学者。他能在长篇著作《乌托邦》中建立一方乐土，却无法在现实中说服亨利八世国王。《教士的屈服法》通过之后，托马斯·莫尔被迫辞职。

1533 年 1 月，亨利八世秘密与安妮·博林结婚，5 月与凯瑟琳离婚。罗马教皇在此前已经将亨利八世开除教籍。同年 4 月，英格兰议会在托马斯·克伦威尔的推动下，通过了《限制向罗马教皇上诉法》，该法案禁止任何人因离婚问题向罗马教皇提起上诉，强调了英格兰是一个主权国家，不再受国外权力的管辖，将亨利八世的王权置于至高无上的地位，将英格兰的世俗生活和宗教生活一手掌控。

同年，亨利下令禁止英格兰教会向罗马教廷缴纳岁贡。1534 年 11 月至 12 月的宗教改革议会上，又通过了《至尊法案》，正式宣布"英格兰圣公会"① （Church of England） 为英格兰国教，标志着英格兰与罗马教廷彻底决裂。

改革后的英格兰圣公会成为国教，教会的管理人员都是王室代理人。但主教制度和教义、仪式，以及在法律和行政管理方面都保留不变。直到 1536 年，议会又颁布了更多的法案，从财政、法律和信仰上切断与罗马教廷的联系。

在亨利推动宗教改革的运动中，马斯·克伦威尔成为亨利国王的宗教事务代理人，职位也从议会下院议长升至玉玺掌管大臣及首席国王秘书。

除了克伦威尔，坎特伯雷大主教托马斯·克兰麦（Thomas Cranmer）也是亨利八世宗教改革成功的重要支持者。克兰麦来自

---

① 英国国教，又称安立甘教。

诺丁汉郡的一个绅士家庭，毕业于剑桥大学耶稣学院。为人沉稳谨慎且深谋远虑，深得亨利八世的信任。在亨利八世离婚问题上，克兰麦在其主持的法庭上，旁征博引以证明"离婚"的合法性，并宣告亨利和凯瑟琳的婚姻无效。

这场为了离婚而发起的宗教改革，也影响着社会力量的平衡。

在自上而下的宗教改革运动中，有众多小修道院拒绝接受改革法令。马斯·克伦威尔是路德派改革的支持者，更是宗教改革激进派。为了在全国彻底推进改革，克伦威尔成立改革委员会，下令调查估算教会资产。委员会调查报告结果显示：小寺院腐败至极，无改革之必要。

为此，1536 年 4 月，在最后一次宗教改革会议上，通过了一项新法案，关闭了年收入在两百镑以下的修道院共 376 所，并没收其全部财产。1538—1539 年，又关闭了约 200 所。

这是亨利八世政府打着宗教改革的旗号对教会实行的掠夺政策，僧侣们或被迫还俗或投奔罗马教廷。而国王则把没收的土地和财产赏赐给宠臣或廉价售卖给新兴贵族、富商和庄园主。这不仅为新兴贵族提供了扩大财产的机会，也在英格兰掀起新的圈地浪潮。

与相对奢靡挥霍的大贵族阶层相比，新兴贵族阶级更加务实、注重发展个人实力。他们看重地产投资，借助造富的过程提高权力地位。特别是在王室供职的爵士们以及在地方担任治安法官的乡绅和常年在修道院任管事的乡绅，都能敏锐地从社会变革中抓住积聚财富的机会。

直至亨利八世统治结束时，有三分之二的新财富转化到土地市场运作中。此时的英格兰，虽然海外贸易及手工业和商业处于充分发展中，但经济依然以农牧业为主，大部分的闲置资金仍然被投入到购买土地中，并以牧场取代耕地的新资本主义方式经营土地。同时，在土地资产被易手后，也有教堂变成了农舍，修道院变成了工厂。哲学家培根的父亲尼古拉斯·培根（Nicholas Bacon）就是借助在王室供职的便利，以 6500 英镑购买了大宗教会土地。

宗教改革加剧了社会动荡中无家可归、无地无根的"自由"贫民引发的治安问题。王室并没有着手从根本上解决问题，而是自 1530 年起颁布一系列迫害流浪者的法令。法令规定：给予年老和丧失劳动能力的乞讨者特许状，而身强力壮的人或流浪者乞讨，则一律逮捕，并系于马车后面，鞭打至流血为止。1536 年出台《济贫法》，规定：凡第二次因违犯此令被捕者，除鞭打之外，还要割去一半耳朵；三次违法者，判处死刑，同时也批准地方政府使用公共资金救助无劳动能力的流浪者。

马克思说："在 16 世纪，宗教改革和随之而来的对教会地产的大规模的盗窃，使暴力剥夺人民群众的过程得到新的惊人的推动。"

1536 年秋天，英格兰爆发了一场反抗亨利八世宗教改革的"求恩朝圣"起义。起义由林肯郡的律师罗伯特·阿斯克发起，起义队伍声势浩大，从林肯郡蔓延到约克郡。1537 年春，起义军被亨利八世血腥镇压，阿斯克被执行死刑，在镇压起义过程中立场不坚定的达西勋爵（Lord Darcy）被斩首。

1537 年 10 月，英格兰政府成立了北部委员会权力机构，继续巩固王权的控制范围。1536 年、1542 年和 1543 年，议会相继颁布了《合并法》，将威尔士 6 个公国及两个郡级领地和 5 个新建郡①纳入英格兰版图。威尔士人被赋予了平等的法律权力，英语替代威尔士语成为官方语言，英格兰法律成为威尔士官方通用法。

关于爱尔兰。亨利七世统治时期，英格兰人爱德华·波伊宁斯爵士（Sir Edward Pdynings）担任英王派驻爱尔兰的总督。1494 年 12 月，爱尔兰独立立法权被终结，英格兰法律适用于爱尔兰。

1534 年，波伊宁斯的后人在爱尔兰的英占区发动叛乱，被英军镇压。克伦威尔建议亨利八世在爱尔兰推行反教皇政策。1536 年，爱尔兰改革议会宣布，亨利为教会的至尊。1541 年，爱尔兰改革议会赋予英格兰君主爱尔兰国王的头衔。

随着宗教改革的推进，英格兰议会上院的地位也发生了变化。虽然推动宗教改革的主体为议会下院，但亨利同样需要上院的支

---

① 威尔士包括卡马森（Carmarthen）、安格尔西岛（Anglesey）、卡迪根（Cardigan）、卡那封（Carnarfon）、梅里奥尼思（Merioneth）、弗林特（Flint）6 个公国；两个郡及领地为彭布罗克（Pembroke）和格拉摩根（Glamorgan）；5 个新建郡，蒙茅斯郡（Monmouth）布雷肯郡（Brecon）、拉德诺郡（Radnor）、登比郡（Denbigh）、蒙哥马利郡（Montgomery）

持。为此，国王在发给贵族的议会召集令中强调，"各位世俗贵族都应收到议会召集令状"，也就是凡拥有公、侯、伯、子、男等封号的贵族都有权成为上院议员。此前，贵族能否接到召集令，完全由其等级、地位以及与国王的亲疏远近所决定。宗教改革之后，贵族们都有了出席议会的权利。同时，贵族爵位是长子世袭制，这使得其政治特权也可世代相传。

随着议会人员数量的扩充，行政运作效率也随之降低，反而突显出枢密院作为核心委员会的重要性。在马斯·克伦威尔的控制下，1540年，枢密院的成员由最初的几名发展到20人，其中包括一名书记员，开始将每次会议记录在册。枢密院因此成为都铎王朝时期英格兰政府的主要行政机构。

枢密院的地位越发巩固，克伦威尔树敌也越多。由于克伦威尔是路德派的支持者，又一直致力于与德意志王公贵族们结盟，被反对势力抓住把柄。1540年7月，诺福克公爵和主教斯蒂芬·加德纳联手抨击克伦威尔是叛国者和激进的新教异端分子，并得到亨利的信任。7月，克伦威尔被处死。

在克伦威尔被处死的前几天，亨利八世结束了第四段婚姻。克伦威尔被处死的当天，国王又娶了诺福克公爵的外甥女。亨利八世以离婚为契机推行宗教改革，而与安妮的婚姻却不是最终的归宿。

1536年5月，安妮为他生了一个女儿伊丽莎白，而后安妮被捕，接着被处决。5月底，国王娶了安妮的侍女简·西摩（Jane

Seymour），随后颁布了《继承法》，剥夺了玛丽和伊丽莎白公主的继承权。1537 年 10 月，西摩在生下王子爱德华六世的 12 天后去世。1542 年 2 月，亨利八世的第五任王后、诺福克公爵的外甥女也被处死。

1543 年 7 月，亨利八世第六次结婚，娶了 31 岁的寡妇凯瑟琳·帕尔（Catherine Parr）。凯瑟琳是托马斯·帕尔爵士的女儿，是一名新教徒，性格沉静，让亨利八世找到了归属感，玛丽和伊丽莎白也喜欢帕尔。同年，亨利宣布了恢复两位公主王位继承权的法令。但玛丽和伊丽莎白的继承权都排在爱德华王子以及凯瑟琳可能生下的任何孩子之后。

婚姻大事终有了着落。亨利八世又将注意力转移到外交和战争之上。1542 年 10 月，沃顿勋爵取得了对苏格兰战役的胜利，但亨利没有乘胜追击，因为法国一直在支持苏格兰。这时，查理五世重新向亨利示好，与亨利结盟入侵法国。1544 年 6 月，亨利带领 48000 人从加莱出击攻下法国小城布洛涅（Boulogne）。不料，查理五世又反悔，私下与法国单独签订了有利可图的和平协议。导致法国集中兵力对英格兰发起反击。法军集结 200 艘战舰，搭载 3 万陆军在怀特岛登陆入侵英格兰。亨利八世投入巨资打造的皇家海军舰队终于派上用场，在斯比海德一战中小挫法军，迫其无功而返。但英军也为此付出巨大代价：排水量 800 吨的战舰"玛丽玫瑰"号沉没，400 人丧生。

此后，英法战争持续了两年，双方都消耗巨大又毫无收获。

1546 年，英格兰和法国缔结了和平条约，允许亨利占有布洛涅八年，八年后由法国出资 8 万金克朗赎回。

在战乱中，英格兰海盗乘机活跃于海上，对各国商船进行大肆抢掠。1545 年，英格兰海盗劫掠了一艘运送美洲白银的西班牙商船。激怒了查理五世，导致英格兰商人在西班牙被扣押，货物被没收。英西关系再度紧张。

两年的对法战争，英格兰投入了约 300 万英镑军费，而每年的财政收入仅 25 万英镑。为了解决财政危机，亨利八世继续解散大批修道院，出售教会地产；要求铸币厂降低金币成色 10％、银币成色 11％，继续通过货币贬值的方式，确保自己对货币量的需求；通过强迫贷款和向法国安特卫普的金融市场大举借债缓解危机。

1538 年，亨利八世首次委任斯蒂芬·沃恩为王室代理人，负责王室外债筹借与偿还事务。后来该职务继任者开始兼做情报、买卖军火、出访大使等工作。沃恩在 1545 至 1546 年期间，为亨利筹借了约 27.2 万英镑，但每半年的利率高达 14％。

1547 年 1 月，亨利八世去世，与第三任王后简·西摩合葬在一起。这位英格兰历史上第一位被称为"陛下"的国王，留给后代的是一个铸币系统崩坏，经济受到严重损害，陷入外债泥沼的王国。而宗教改革引起的统治阶级内部新旧两派势力的斗争，更将英格兰推向了动荡不安的年代。

时间乃是最大的革新家，它的革新经验让我们懂得：如果似箭如梭的时间停滞不前，那固守旧俗的做法也会像开创新风那样引起动荡。

——［英］弗兰西斯·培根《论革新》

血腥玛丽反宗教改革

临终前，亨利八世遗命萨默塞特公爵爱德华·西摩（Edward Seymour）为摄政大臣，辅佐 10 岁的爱德华继承英格兰与爱尔兰王位。1547 年 2 月，爱德华六世（1547—1553 年在位）完成加冕仪式，成为都铎王朝第三任君主。

摄政大臣爱德华·西摩是小国王的舅舅、简·西摩王后的哥哥。1541 年被授予嘉德勋位[①]，此后历任海军大臣、北方军队中将等职务。亨利八世去世几个月后，王后凯瑟琳·帕尔嫁给了爱德华·西摩的弟弟托马斯·西摩（Thomas Seymour）。

在亨利八世统治的最后几年，宗教改革在英格兰的思想文化

---

① 1348 年，爱德华三世设立的勋位，是授予骑士的最高荣誉。被授予嘉德勋位的成员仅限于君主、威尔士亲王以及 24 名骑士。嘉德骑士总部设在温莎城堡。受勋者的重要装饰是：佩戴嘉德之星，左膝部下方穿有皮袜带，斜着佩戴一条蓝色绶带。

领域掀起了波澜，新旧信仰导致改革派和保守派的斗争越发激烈。

　　萨默塞特公爵是改革派，支持以大主教克兰麦倡导的广泛发行英文圣经的举措，在旧的礼拜仪式上采用一些新教教义，并破除了偶像、神龛、朝圣等迷信的宗教形式，继续推行宗教改革。改革派在新兴的资产阶级中被广泛接受，特别是一些城市居民，他们反对陈旧又刻板的基督教观点，倡导新的宗教生活，被称为下层人民的觉醒。

　　萨默塞特公爵反对宗教迫害，在摄政后第一次议会上，鼓励议会废除亨利八世时期颁布的诸多苛法，废止了《叛国法》《六信条法》，还有 1414 年的《焚烧异教徒法》。

　　针对与苏格兰旷日持久的战争，萨默塞特公爵希望促成爱德华六世与苏格兰未成年的女王玛丽的联姻，使双方和平相处。但苏格兰选择了与法国联姻。1547 年 8 月，萨默塞特公爵发起对苏格兰的战争，在爱丁堡东部的平其克鲁（Pinkie Cleugh）战役中，英军依靠骑兵的优势和军舰的实力，大败苏格兰。

　　苏格兰战争巩固了萨默塞特公爵的摄政地位。但英格兰沉重的债务压力和严重的财政危机令摄政政府束手无策。

　　1547 年，为了获得更多财政收入，议会通过了《小教堂法》，关闭了 2374 个小教堂，查禁了 90 个教会学院、110 家收治穷人的社区医院和救济院。通过出售没收地产，政府获利 61 万英镑。1548 年，萨默塞特公爵支持大主教克兰麦出版《祈祷书》，决定在全国推行统一的新礼拜仪式。但民间诸多传统宗教势力始终抗拒接受改变，无论在思想上还是宗教形式上。

同年，凯瑟琳·帕尔因难产去世。托马斯·西摩准备向伊丽莎白公主求婚，却在1549年1月，因叛逆罪被处死，伊丽莎白也因此遭到反复审讯。宫廷内部乱作一团，社会矛盾却进一步被激化。

1549年6月，英格兰西南部的康沃尔和德文郡发动反叛运动，村民拒绝采用新礼拜仪式。8月，枢密院发布镇压令，最终平定了叛乱。接着，英格兰东部的诺福克郡又发生一起大规模骚乱。领导者是一位富裕的制革匠罗伯特·凯特（Robert Kett），起义原因是修道院和小教堂被解散、圈地现象严重。

在凯特兄弟的号召下，大批失业工人、破产手工业者和农民加入起义大军，并迅速集结了两万多人。起义军攻占了诺福克郡首府诺里奇。诺里奇是英格兰著名的呢绒业生产中心之一，是伦敦之后的第二大城镇。凯特起义让英格兰政府手忙脚乱，派出沃里克勋爵约翰·达德利（John Dudley）统领15000名德、意雇佣军，联合当地贵族镇压起义。最终起义军溃败，3500人被杀，凯特兄弟被绞死。

起义虽然失败，但农民用生命换来了拥有土地的权利，让诺福克一带自耕农民①得以存留。特别是诺福克郡的西南部，在此

---

① 自耕农通常拥有或租种100英亩或200英亩的农田，额外还租用牧场，收入可能高于绅士阶层。而农夫则只耕种10英亩到30英亩的农田，很少拥有农田。

后发展中，通过改进排水工程，让上千亩沼泽变成了良田。

凯特起义最终撼动了萨默塞特公爵的摄政地位。他希望议会能通过法案以解决圈地问题，缓解农民的痛苦。但是，敌对势力则抓住时机，将暴乱原因归罪于摄政大臣的错误统治。1549 年 10 月，萨默塞特公爵被弹劾，并被囚禁。约翰·达德利成为摄政大臣，以枢密院院长身份执掌大权，并被爱德华六世封为诺森伯兰伯爵。

这一年，爱德华六世虽然只有 12 岁，却已心智成熟。他性格内敛，思维敏捷，对新教满怀热情。爱德华六世每天都用大量的时间阅读经典原著，他的指导老师剑桥学者理查德·考克斯和剑桥希腊语教授约翰·切克都是人文主义者，倾向新教改革派，爱德华也逐渐成长为坚定的新教徒。

1552 年 10 月，继第二版《祈祷书》颁布之后，各地主教齐聚坎特伯雷，与克兰麦一起编制了《四十二条信纲》，概括性地强调了英格兰教会的信仰原则，从教义上肯定了国教的地位。

这时，大多数民众还不是新教徒，玛丽公主就是坚定的罗马天主教徒。1551 年 3 月，爱德华试图禁止姐姐玛丽进行她个人的宗教仪式。玛丽则回应，她的灵魂属于上帝，她不会改变信仰。

这一年，爱德华六世患上麻疹又染上了天花，为了制止以玛丽为代表的天主教势力继续发展，也为了避免玛丽继承王位，爱德华做出了"遗赠王位"的决定，宣布简·格雷（Jane Grey）为王位继承人。

简·格雷是亨利八世妹妹的女儿弗朗西斯·布兰登的长女，与爱德华六世同岁，也是爱德华六世的堂妹。但"遗赠王位"的决定却是在诺森伯兰公爵约翰·达德利的策划下促成的。

摄政时期，达德利已将枢密院牢牢控制在手。为了巩固地位，达德利孤注一掷，安排四子吉尔福德·达德利（Guildford Doud-ley）与简·格雷结婚。1553年，爱德华六世又患上了肺结核病，诺森伯兰公爵说服体弱多病的爱德华六世指定简·格雷为王位继承人，以阻止国家落入天主教徒手中，并将他同父异母的姐姐玛丽和伊丽莎白都排除在外。

1553年7月，爱德华六世病逝。简·格雷宣布成为女王。但玛丽·都铎公主在第二天也宣布自己为女王。9天后，在支持者的拥护下，玛丽带领军队从东盎格利亚的肯宁霍尔（Kenninghall）出发，以正统都铎继承人的身份进入伦敦城，37岁的玛丽被枢密院宣布为女王。诺森伯兰公爵约翰·达德利被处死，简·格雷被幽禁在伦敦塔，次年被处死。

1553年10月，玛丽正式加冕成为英格兰女王，是为玛丽一世（1553—1558年在位）。

玛丽是虔诚的天主教徒，即位后首先致力于恢复与罗马教廷的关系。在英格兰掀起反宗教改革运动。

玛丽一世下令重塑耶稣受难像并恢复传统宗教仪式，爱德华六世时期的诸位主教，包括克兰麦、拉蒂默和里德利等人被以异端罪囚禁。在第一次议会上，女王玛丽宣布母亲与亨利八世的婚姻是合法的，并废除爱德华六世时期颁布的多数宗教改革法，也废除了亨利八世制定的《至尊法案》。但玛丽并没有放弃对教会财权的掌控，罗马教皇依然无法在英格兰行使权力，教会土地也未被归还。

37 岁的玛丽对母亲的祖国西班牙怀有深厚情感，当她的表哥、曾与她有过婚约的哈布斯堡皇帝查理五世建议她嫁给自己的儿子兼继承人腓力二世时，玛丽为能同西班牙建立紧密联系而动心，欣然同意。但这桩婚姻遭到英格兰议会的反对。查理五世是欧洲最强大的天主教国家的君主，一旦与其联姻，英国将沦为西班牙的附庸，如同苏格兰与法国的关系一样。因此，枢密院成员甚至大法官斯蒂芬·加德纳都表示反对。但玛丽执意要结下这段姻缘，并解散议会。

1554 年 1 月，玛丽签署了婚姻协议。不久，国内爆发了反对女王嫁给西班牙腓力二世的起义运动。肯特郡的托马斯·怀亚特爵士（Thomas Wyatt）聚集了一支 3000 名绅士组成的队伍，向伦敦进发，号召民众从国家利益出发，站在宗教的立场，反对女王与西班牙王室的婚姻。但起义遭到残酷镇压。玛丽借口妹妹伊丽莎白参与了起义，乘机将她囚禁起来，只是最终也没找到任何证据。

1554 年 7 月，西班牙王子腓力来到伦敦，与玛丽的婚礼如愿举行。

数月后，罗马教皇派出特使雷金纳德·波尔（Reginald Pole）

回到英格兰，宣布结束与英格兰教会的分裂。波尔是爱德华四世的弟弟、克拉伦斯公爵乔治的外孙子，因反对亨利八世离婚而被迫流亡欧洲。再次回到英格兰之后，他把恢复英格兰人的天主教信仰作为一生的追求。

玛丽同样打算彻底消除异教。1554 年 12 月，议会撤销了英格兰国王作为教会最高领袖的头衔，承认罗马教皇在教会中的权威和地位。并恢复了惩治异端的法律，又重新赋予教会法院及枢密院烧死异端教徒的权力。由此造就了一个"血腥玛丽"女王。

在玛丽女王的坚持下，在宗教顾问波尔的推动下，打击新教势力的行动一刻不停地展开了。枢密院以教士娶妻为由，罢免了全国约 2000 名神职人员。1552 年 2 月，玛丽将英文版《圣经》的翻译者、宗教改革家约翰·罗杰斯（John Rogers）推上了火场烧死。伦敦大主教尼古拉斯·里德利（Nicholas Ridley）和伍斯特主教休·拉蒂默（Hugh Latimer）在牛津被处以火刑。在此后的四年中，大约 300 名抗议天主教的新教徒都被活活烧死。被焚烧的殉难者大都为伦敦及近畿地区的劳工、工匠及小店主等平民，而富裕的新教徒纷纷逃往欧洲大陆。1556 年 3 月，坎特伯雷大主教克兰麦也未能逃脱厄运，被以异端罪处以火刑。几位主教临死之前，所表现出的无畏的勇气和坚韧，不仅让生者敬佩，更引发了英格兰人强大的个人主义和斗争精神。主教休·拉蒂默在临刑前对里德利说："今天我们将在英国燃烧这支上帝恩泽的烛光，我相信它永远不会熄灭。"

玛丽大肆诛戮异端的行为，不仅没有抑制新教的发展，反而令天主教徒们很沮丧。此前，新教徒多是些追求个人利益的政客及商人，但随着殉道者的增多，人们不仅对天主教越来越失望，更因对新教徒的同情而生发出反对因宗教思想不同而置人于死地的情感。1563 年，约翰·佛克塞（John Foxe）出版的畅销书《殉道者之书》中讴歌了这些殉道者。同时，更多的新教徒在祈祷中开始祈求"上帝保护伊丽莎白公主"，越来越多的人把他们的爱戴之情投给了未来的"新君主"。

　　同样，玛丽女王也为王位未来继承人问题而焦虑。她那段被英格兰人反对的婚姻始终未能给她带来一儿半女，反而将英格兰拖入了西法战争中。

　　1556 年 1 月，查理五世逊位，玛丽女王的丈夫腓力二世继承了西班牙王位，玛丽也就成了西班牙王后。一年后，西班牙对法国开战。腓力二世劝说玛丽支持西班牙并参战。

　　此时玛丽即位已三年，这三年中英格兰的财政刚刚有所好转。玛丽不像父亲亨利八世那般挥霍无度。即位之初，玛丽进行裁军，减少爱尔兰和法国的驻军。仅爱尔兰地区每年就节省 2.5 万英镑。同时大幅削减大臣和官员的年金及退抚费。

　　这一时期，英格兰羊毛出口贸易也出现了危机。自 1551 年，呢绒出口从前一年的 14.7 万匹下降到 8.5 万匹，大量商品积压，使得安特卫普呢绒贸易开始衰落。从亨利七世时期以来，英国呢绒出口被冒险商人公司垄断，且都输往安特卫普，再销往其他地区。亨利八世末期实施了英镑贬值政策，导致英格兰呢绒出口成为廉价货而滞销。针对这种现状，玛丽一世下令收回贬值和残缺的货币，发行面值相当的白银价值新货币。同时，为了摆脱英国外贸固定市场的限制，玛丽一世政府鼓励商人拓展安特卫普之外的呢绒市场和贸易基地。

1553 年，英格兰商人探险队向东北方向航行，与莫斯科公国建立了贸易联系，并积极准备开拓中亚市场。1554 年，经玛丽女王批准，英格兰商人建立了"莫斯科公司"，专门经营俄罗斯、中亚、波斯一带的贸易。为了提高王室收入，1558 年，政府印刷了"税率表"，针对所有进口商品设定关税。1557 年 7 月，每年的财政税收无法支付庞大的政府开支，依然需要借债来维持。

即使这样，玛丽女王还是顶住议会和枢密院的反对声势，向法国宣战。1558 年 1 月，这场战争不仅让英格兰与教皇的关系紧张起来，因为教皇保罗四世和法国亨利二世是盟友，更让英格兰失去了在法国的唯一领地加莱。而腓力却没有采取任何措施帮助玛丽收复加莱。这个被英格兰占有了 200 多年的领地，在玛丽手中丢失，令英格兰人备感愤怒。同年，苏格兰 15 岁的玛丽女王嫁给了信奉天主教的法国王子。苏格兰向法国又靠近了一步。

1558 年夏天，玛丽病重。人们对女王这个"没落的太阳关闭了大门"，枢密院迫使玛丽承认伊丽莎白为她的继承人。11 月 17 日，玛丽去世。她同父异母的妹妹伊丽莎白即位，是为伊丽莎白一世。

伊丽莎白是在被禁锢而无法公开露面之后，小心翼翼地登上了王位，她希望达到社会和谐，并想方设法去实现。

——［英］阿萨·布里格斯《英国社会史》

坎坷王权路

伊丽莎白的母亲是亨利八世的第二任妻子安妮·博林。在她3岁那年，母亲被处死。父亲亨利八世在第三段婚姻中，宣布了新的《继承法》，伊丽莎白的王位继承权被废除。在她同父异母的弟弟爱德华出生后，她继承王位的希望更加渺茫。直到1543年第三部《继承法》颁布，她的继承权才被恢复。爱德华六世时期，伊丽莎白因托马斯·西摩的叛逆罪受牵连，数次被审讯，险遭陷害。玛丽一世执政时期，伊丽莎白又因政治危机被关押，王位继承权险些被剥夺。

1558年11月，25岁的伊丽莎白终于登上了王位，成为英格兰和爱尔兰的女王，即伊丽莎白一世（1558—1603年在位）。然而，王位宝座的四周依然危机重重。

伊丽莎白是新教徒，也是人文主义者，更是才华横溢的女王。她能用希腊及拉丁文演讲，也能操流畅的意大利语，虽然她从未离开过英格兰。

关于伊丽莎白女王，西班牙大使雷纳德（Renard）称她"聪明绝顶，所以能化险为夷"。1559 年 1 月，伊丽莎白在威斯敏斯特教堂由天主教卡莱尔主教欧文·奥格尔索普加冕并涂抹圣油。

伊丽莎白懂得如何把持权杖又能获得民心。在演讲中，她除了强调王权神授的重要性，她还强调自己是"纯正英格兰人"，以增强国人的民族意识。同时，更突出个人主义责任色彩，她说："我对于我自己负有责任，犹之我父之对他自己负有责任"，"责任的重担压在我的肩上"，"我衷心希望我在履行赋予我的这个职责、担任上天意旨的执行人时，能得到上帝的帮助"。

伊丽莎白深谙政治权谋，明白宗教狂热能颠倒一切。因此，在处理宗教问题上采取中庸之道。议会通过了《至尊法案》，再次确认伊丽莎白为英格兰国教会的最高统治者，并从信奉新教的主要神职人员中重新挑选新主教；采用天主教和新教兼容的政策，在宗教仪式上不再创新，而是主张采用天主教仪式，以稳定统治基础。

在用人方面，伊丽莎白启用与自己在政治、宗教等问题上达成共识的人，提拔威廉·塞西尔（William Cecil）为枢密院首席秘书和女王私人秘书。塞西尔出身于小绅士阶层，是人文主义学者圈子里的重要成员。在玛丽执政时期，曾任枢密院首席秘书，后隐居温布尔登（Wimbledon）。塞西尔是新教徒，却不狂热于宗教信仰。与伊丽莎白一样，他们坚守信仰，但更珍视生命。

与塞西尔同朝参政的还有掌玺大臣尼古拉斯·培根（哲学家

培根的父亲）。尼古拉斯·培根与塞西尔是连襟关系。同时，伊丽莎白也保留了玛丽时期枢密院的 11 个枢密院成员，并增加了 7 个新成员，都是世俗人士。

1563 年，伊丽莎白重新恢复宗教改革法案。教士会议通过《三十九条信条》，规定英格兰国教教义，否认教皇对英格兰教会的至高无上的权力。

对于伊丽莎白来说，宗教是王权的统治工具。她努力将英格兰从过去的宗教分裂中重新统一起来，化解教派之间的对立情绪。然而，现实很难如愿。

1559 年 5 月，苏格兰玛丽女王的母亲玛丽·吉斯（Mary Guise）摄政，苏格兰新教贵族发起叛乱，并希望伊丽莎白伸出援手共同反对玛丽的统治。为了解除苏格兰与天主教国家法国联合对英格兰北部形成的压力，伊丽莎决定出钱出军火干预苏格兰危机。

1560 年 1 月，伊丽莎白派出一支舰队北上支持苏格兰反叛运动，消灭了在苏格兰海面上的法国舰队，展示了英格兰的军事实力。3 月，伊丽莎白再派遣 8000 名陆军越过边界。6 月，玛丽·吉斯去世，法军也无力再战，撤出了苏格兰。7 月，英、法和苏格兰在爱丁堡达成协议，英、法军队都撤出苏格兰。苏格兰政权由詹姆斯·斯图尔特（James Stewart）勋爵掌控。

12 月，苏格兰女王玛丽（Mary）的丈夫法国国王弗兰西斯去世，玛丽回到苏格兰。玛丽信奉天主教，父亲詹姆斯五世是英格兰国王亨利七世的外孙子。因这一血缘关系，玛丽认为自己才是英格兰王位的合法继承人。而在正统天主教徒眼中，伊丽莎白的母亲安妮与亨利八世的婚姻是不被认可的。

为了增加继承英格兰王位的砝码，1565 年，玛丽女王与玛格利特·都铎①的孙子亨利·斯图尔特·达恩利（Henry Stewart Darnley）结婚。说起来，两人是表兄妹，但婚后两人矛盾重重。1566 年 3 月，达恩利刺杀了玛丽的秘书大卫·里奇奥。6 月，玛丽生下儿子詹姆斯·斯图尔特。不久，达恩利亦被谋杀。意外的是，玛丽女王随后与谋杀达恩利的疑犯博思韦尔伯爵结婚。这一系列变故惹怒了苏格兰的新教徒，迫使玛丽在 7 月退位。1568 年，玛丽逃到英格兰，向伊丽莎白寻求庇护。

伊丽莎白并未对玛丽赶尽杀绝，而是积极与苏格兰谈判，为玛丽返回苏格兰而努力。但苏格兰摄政大臣们已经拥立不满 2 岁的詹姆斯·斯图尔特继承苏格兰王位，即詹姆斯六世。

苏格兰摄政大臣都是新教徒，无法接受信奉天主教又犯有谋杀嫌疑罪的玛丽回归。不得已，伊丽莎白将玛丽留在英格兰，软禁起来。岂料，伊丽莎白养虎为患。此后的 19 年里，英格兰反对

---

① 苏格兰国王詹姆斯四世去世之后，亨利七世的女儿玛格丽特·都铎嫁给了道格拉斯伯爵阿奇博尔德。玛格丽特·都铎与道格拉斯伯爵生有一女玛格丽特，此后嫁给了苏格兰国王詹姆斯二世的曾孙马修·斯图亚特（Matthew Stewart），并生下达恩利。达恩利生长在英格兰。

宗教改革的天主教徒，不断密谋推翻伊丽莎白，拥立玛丽。

1569年，诺森伯兰伯爵托马斯和威斯摩兰伯爵查尔斯，纠集北部诸郡贵族，发起了维护传统宗教利益、推翻伊丽莎白、拥立玛丽为王位继承人的叛乱行动。叛乱最终被平息，450名参与叛乱者被绞死。伊丽莎白的胜利触怒了罗马教皇庇护五世，教皇无法忍受异教徒控制英格兰，下令开除了伊丽莎白的教籍。教皇的表态鼓舞着天主教徒继续反叛伊丽莎白。相继在1572年、1584年、1585年和1586年策划了谋杀伊丽莎白的行动。

其中，1572年的谋杀行动的制造者罗伯特·里多尔菲是生活在伦敦的佛罗伦萨商业银行主，他的计划不仅得到了教皇、苏格兰的玛丽的同意，还有西班牙国王腓力二世的认可。在谋杀案失败之后，群情激愤的新教徒提出处死玛丽，伊丽莎白却坚持袒护她。

伊丽莎白这么做，也是有让玛丽做自己王位继承人的打算。即位以来，女王婚姻问题一直困扰臣民。伊丽莎白也清楚，作为女王，她的婚姻无论与外国联姻还是对内下嫁，都有诸多负面因素。婚姻对她来说，意味着迁就和约束。最终，她选择独身，宣称自己决定委身于子民，以此赢得民心，让臣僚们更加心悦诚服地忠君报国。

1586年，一名曾经侍奉过玛丽的绅士、天主教徒安东尼·巴宾顿与一名天主教神父密谋刺杀伊丽莎白，营救玛丽。这次谋杀事件，让伊丽莎白对玛丽的幻想彻底破灭。在议会和枢密院强烈表示"放过她就是藐视我们"的要求下，伊丽莎白最终签署了对玛丽的处决令。1587 年 2 月，议会以女王伊丽莎白的名义对玛丽执行处决。

天主教徒咄咄逼人的攻势，不仅葬送了玛丽的性命，也让伊丽莎白无法继续实施宗教宽容政策。

1581 年，议会通过了惩罚"不服从国教"的议案，对周日不参加教区教堂的活动者，进行罚款；1585 年，议会又通过一项议案，认定任何一位天主教神父只要在英格兰居住即构成叛乱罪。

在伊丽莎白全力反击天主教势力时，新教徒对英格兰国教也非常不满意。狂热的教徒发起各种反叛运动，表达对伊丽莎白的不满情绪。对新教徒来说，他们希望能进行一种没有任何天主教痕迹、"更加纯洁"的礼拜形式。能按照遵守《圣经》的要求行事。只要圣经上没有的就应废止，反对新教与天主教相融合的英格兰国教。这些主张清除国教中天主教仪式的教徒被称为"清教徒"，主要是乡绅阶层和伦敦市民。对伊丽莎白来说，反对英格兰国教就如同反抗国王的权威，伊丽莎白寸步不让，数次挫败清教徒的反叛运动。

在伊丽莎白持续实施宗教改革、维护王权统治的过程中，西班牙国王腓力二世对伊丽莎白的敌意也越来越强烈，甚至虎视眈眈，欲将"英格兰大业"纳入自己的掌控之下。

在伦敦：富人蔑视穷人。朝臣蔑视市民。市民蔑视乡下人。一种职业看不起另一种职业。商人看不起零售商。零售商看不起手艺工匠。手艺工匠看不起地位低的工匠。制鞋匠看不起补鞋匠。

——［英］托马斯·纳什

伊丽莎白时代

伊丽莎白即位之初，西班牙以绝对的军事、经济实力傲视欧洲大地。不仅垄断着诸多地区的贸易，更以野蛮之势将殖民势力扩张至欧洲、美洲、非洲和亚洲，自诩为"日不没的世界强国"。更因拥有一支强大的海上舰队，而称霸海上。

而英格兰的整体实力都弱于西班牙。为此，伊丽莎白全力发展英格兰经济，提升王国的竞争力。

此时的英格兰依然以羊毛制品出口贸易为主，英格兰各地区与羊毛相关联产业正竞相兴起，纺织业成为最大的产业。当时，英格兰的呢绒生产集中在西部地区的格洛斯特郡、威尔特郡和萨默塞特郡，东部地区的萨福克郡和西约克郡。而伯明翰的铁制业，布里斯托造船业，考文垂和诺威奇的服装贸易，以及康沃尔和德文郡的锡矿业和蒙迪普斯的制铅业，等等，也各自以绝对的优势推动着经济发展。

针对英格兰有三分之二的羊毛出口贸易集中在安特卫普的现状，在威廉·塞西尔建议下，英格兰政府决定拓展其他海外市场，鼓励发展航海业，建立了各种海外贸易公司，将英格兰的产品销往世界各国。

1565 年，伊丽莎白的财政顾问托马斯·格雷欣爵士（Thomas Gresham）倡导合理的货币政策，建议重新铸造基准货币，减少债务。提出"劣币驱逐良币"法则，并在伦敦的针线街（Thread-needlt Street）建立了以安特卫普证券交易所为蓝本的皇家交易所，用作商人和银行家相互见面的交易场所。1566 年，英格兰商人获得波斯国王授予的贸易特权，开辟了向波斯出口呢绒的市场，再从那里进口生丝、香料和药材等东方特色的商品。

但英格兰的扩张势头触及了西班牙的利益。

此时，法国与西班牙争雄，都希望拉拢英格兰。西班牙国王腓力二世甚至提出迎娶伊丽莎白的要求。英格兰女王虽然没答应，却也没彻底拒绝，让腓力二世对这个婚姻要求怀有期待。

伊丽莎白周旋于诸国王之间，若即若离，保持与西班牙和法国平衡的状态。但实力雄厚的腓力二世总是试图打破平衡，常常以正统天主教的卫道者身份自居，并借口消除异端干涉别国内政。

在苏格兰女王玛丽滞留英格兰期间，腓力二世开始参与针对伊丽莎白的谋杀事件，并制定入侵英格兰的计划。

伊丽莎白自知实力悬殊，不与西班牙正面冲突。但英格兰经济发展的需求也无法停止对外扩张的步伐。在处理与西班牙的外交问题时，议会下院曾试图提出议案，却被女王制止。伊丽莎白不假思索而又坚定地回复"切勿深干国事"。

伊丽莎白怀揣着征服世界的野心，最终决定从突破西班牙海上防线开始。英格兰政府大力支持海盗和商人的走私活动，授权敢于冒险的商人作为国家代表人，到新地区开拓新市场。海盗约翰·霍金斯爵士（John Hawking）的"事业"就是在这一政策的鼓舞下兴起的。

最初，霍金斯与西班牙商人结盟，从西非贩运奴隶到西班牙的南美殖民地圣多明各岛起家，他也是英格兰历史上贩运黑奴的第一人。霍金斯的海盗船队常年活跃于西班牙和加勒比海，对西班牙海军实力十分了解。1572 年，另一位海盗成员弗朗西斯·德雷克（Francis Drake）爵士在海上劫取了 30 吨白银运回英国。1577 年，在伊丽莎白的资助下，德雷克的探险活动深入加利福尼亚，并以伊丽莎白女王的名义宣布对加利福尼亚行使主权。

从 1571 到 1576 年，英格兰建造了 51 艘百吨级的商船，总数超过 7550 吨。在这种大型远洋商船的助力下，英格兰的海上活动轰轰烈烈展开，不仅开拓了新贸易路线，也将殖民触角伸向世界各地。

1578 年，伊丽莎白授予下院议员理查德·格伦维尔爵士北美殖民特许权。1583 年，格伦维尔率领三艘运输船和两艘护卫船开始了殖民活动。在行至纽芬兰时，宣布此地属于英格兰，此后在 1585—1586 年，又向罗阿诺克岛（今美国北卡罗来纳州）开辟英格兰殖民地。

1579年，伊丽莎白又批准成立"东地公司"，垄断着对波罗的海和斯堪的纳维亚地区的贸易。1581年，成立了垄断东地中海岛屿及沿岸的"利凡特商人公司"。1583年，东地公司获得了在波兰进行贸易的权利。1599年，为了与荷兰争夺香料群岛的贸易，在利凡特公司的推动下，英格兰东印度公司成立。第一次出海四艘商船就运回了价值100万镑的胡椒粉和香料，为投资者们带来了95％的利润。

为了抗衡西班牙，1572年，英格兰与法国签订了友好条约。1585年，伊丽莎白派遣了5000名步兵和1000名骑兵援助尼德兰的独立战争，英西矛盾公开激化。

1587年，伊丽莎白处决了苏格兰玛丽。腓力二世借口惩治异端，动用他的"无敌舰队"对英格兰宣战。

1588年5月，西班牙"无敌舰队"从里斯本扬帆出航，远征英格兰。"无敌舰队"共有舰船138艘，约水手7000多人和17000名士兵组成。此时，英格兰海军在经过几年的发展后业已今非昔比。自从海盗约翰·霍金斯被任命为海军财务总管以来，在他的推动下，英格兰海军实力大幅提升。霍金斯为英格兰海军设计了一些更长、更窄，作战灵活，可装备更多枪支的大型帆船；威廉·温特（William Wynter）爵士对作战帆船进行了改良，将船上的铁制大炮，换成威力更强的铜制大炮。从1573年开始，伊丽莎白就着手备战，要求士兵进行集中训练。

"无敌舰队"来袭，伊丽莎白派出由霍华德勋爵任统帅，德雷克任副帅，由 34 艘皇家战舰和 170 多艘私人战舰，8000 名船员和 14000 名士兵组成的皇家舰队全力迎战来敌。

7 月，西班牙的"无敌舰队"在梅迪纳—西多尼亚公爵指挥下，途经康沃尔的利泽德角时被英军发现。8 月，"无敌舰队"到达法国加莱，与西班牙驻佛兰德尔的陆军会师，在西军未做好应战的准备时，英军就发起了进攻。英格兰战舰以速度快、机动性强、火力集中、射程远的优势占据了上风。西班牙的战舰高耸在水面上，外形壮观，但加之在恶劣的天气中匆忙应战，导致"无敌舰队"船只拥挤在一起，运转不灵。

在战役中，西班牙舰队的陆军步兵和重炮无法发挥优势。几天后，伤亡惨重的"无敌舰队"只能绕开苏格兰，经爱尔兰返回西班牙。但英军紧追不放，最终"无敌舰队"30 多艘船只在赫布里底群岛（Hebrides）和爱尔兰西海岸沉没。1588 年 10 月，"无敌舰队"几乎全军覆没，仅剩 43 艘残破船只返回西班牙，死亡人数约为 11000 人。

经此一战，英格兰夺取了海上霸权，极大地提升了民族自信心。伊丽莎白也在英格兰真正树立了权威。但西班牙不肯就此罢手。随后，腓力二世将与伊丽莎白的较量转到了尼德兰、法国和爱尔兰。

伊丽莎白继续出兵支持尼德兰的独立战争。1589—1599 年，西班牙出兵干涉法国胡格诺战争，伊丽莎白则派遣了五支远征军帮助纳瓦拉国王亨利（Henry of Navarre）获得了胜利。

　　1595 年，爱尔兰北部发生了蒂龙伯爵叛乱，腓力二世派遣了 100 只战船和 1 万士兵出手援助。1599 年，伊丽莎白任命埃塞克斯伯爵罗伯特·德弗罗为爱尔兰总督。在这个过程中，伊丽莎白曾试图转移战场，进攻西班牙控制的里斯本、摧毁西班牙海军根据地加的斯。但爱尔兰的蒂龙叛乱因有西班牙的支持，始终未能被平定，牵扯着伊丽莎白的精力。爱尔兰叛乱持续至 1603 年才结束。

　　战争的需要，伊丽莎白鼓励英格兰引进先进的制造工艺，加大军需制造原材料进口。从波罗的海国家进口造船所需的绳索、桅杆、沥青和焦油；从西班牙进口帆布、铸炮所需的生铁；从意大利和尼德兰进口盔甲、火器、刀剑等产品。与西班牙海战结束之后，英格兰纺织业、煤炭业、煮盐及铸铁工业得到迅速发展。

　　国王控制着特许状、贸易进出口及商品售卖等垄断权，导致物品价格不断上涨。1601 年，议会提出反垄断权议案，抗议女王的专卖制度。尽管议会依然由王权掌控，但女王表示，她不是"一个贪婪的敛财之人"，她懂得在权力斗争中适当进退，以调和王权与民权的关系。女王决定在这次反垄断权斗争中做出让步，不仅停止出售专卖权，也终止了王权在创造专利上的特权，这为后来鼓励社会创新、发明起了重大作用。

　　伊丽莎白控制下的议会以新教徒为主。为了进一步打破上院控制地位，伊丽莎白批准全国新增设 62 个选举市，扩大王权的民众支持率，增强议会下院王党议员力量。到伊丽莎白统治晚期，出席上院会议的贵族不到 80 人，而下院议员却达到了 460 余名。标志着英格兰乡绅阶层的崛起。

在都铎王朝初期，旧贵族们延续着侈靡挥霍的生活方式，他们相互攀比，讲究排场。亨利七世时期，为了扭转这种社会风气，于 1487 年颁布了提倡节约、制止浪费、限制奢侈消费的法律，规定"凡是零售上等红花呢或其他等花呢每宽码 16 先令以上者，所售每码罚款 40 先令"。但旧贵族们对奢华生活的向往远非一纸律令能制止的。而且大多数世俗大贵族文化素质较低，甚至目不识丁，即使成为枢密院大臣也不会在公文上签字。旧贵族们坐吃山空的心态，最终导致诸多大贵族走向没落，直至变卖产业。

有资料显示，1558 年 12 月，英格兰 63 户大贵族共占有庄园 3390 处。1602 年，57 户大贵族共占有庄园 2220 处。1561 年，旧贵族在 7 个郡的 2500 个庄园中的占有率为 13.1％，而乡绅地主的庄园占有率却为 67.1％。

与旧贵族世风日下的趋势不同，乡绅阶层注重财富积累，重视教育，心怀志向。1571—1580 年，牛津大学每年的入学人数为 191 人。而 1581—1590 年，入学人数增加到 340 人。当时，具有超前意识的托马斯·格雷欣爵士在建立了皇家交易所之后，又在伦敦建立格雷欣学院（Gresham College），以讲授近代科学知识为主，成为英格兰讲授实用科学和科学家们聚会的中心。只是这一时期英格兰的教育体制依然不完善，多数学校不按年龄、学历划分班次。

伊丽莎白本着财政独立不依赖议会，与贵族和乡绅适当共治的原则实行统治。让越来越多的乡绅阶层进入议会，下院提出的法案更符合新兴资产阶级集团的利益。

1563 年，议会通过了《学徒法》，对进入各行业的穷人子弟设立了七年的务工学徒年限，并规定了工资上限；七年学徒期满后，可以成为帮工，也就是完全意义上的熟练工人；若财力允许，也可以独立营业成为师傅和店主。这一法案的出台，确定了劳动力市场的稳定，也减少了资本家的开支。同时，伦敦作为聚集了100 多种行业的大城市，《学徒法》的颁布，更促进了伦敦人口的迅速增长。

1600 年，英国人口约为 410 万人，城市总人口约为 33 万，而伦敦人口已经超过 20 万人。大量的年轻人涌入伦敦，或成为学徒或接受法律教育成为律师。当时，律师的地位介于普通人与立法者中间，也是权贵们实现个人及群体利益目标的重要手段。因此，成为律师是年轻人期待的首选职业。只是，这时的律师不在牛津或剑桥等大学接受教育，而是在伦敦律师会馆进行培训学习。

在繁华的都市工作学习之外，剧院是人们休闲娱乐的主要场所，戏剧是上到国王下至平民都喜闻乐见的艺术形式。随着文艺复兴在英格兰影响的深入，戏剧作品也由中世纪的道德剧风格向幕间喜剧转变，并涌现出诸多杰出的剧作家。继著名的戏剧家克里斯托弗·马洛之后，戏剧天才威廉·莎士比亚（William Shake-speare）出现在世人面前，为文化饥渴的英格兰注入着供人们娱乐的作品，也向公众表达了他对历史和政治的态度。

莎士比亚早期的历史剧《理查二世》《亨利四世》最受欢迎。为了满足不同观众群体的需要，莎士比亚又相继创作了喜剧作品《皆大欢喜》《第十二夜晚》和悲剧《罗密欧与朱丽叶》《哈姆雷特》和《奥赛罗》。戏剧的普及也让演员们的社会地位逐渐提升，而且在少数情况下，也获得了财富。

除了戏剧，都铎王朝时期也是诗歌、音乐和散文等领域艺术家辈出的时代。亨利八世受文艺复兴思潮的影响，宫廷中开始汇聚了诸多文学人才，其中有托马斯·怀亚特和亨利·霍华德被后人称为英格兰十四行诗的奠基人。在伊丽莎白时代，锡德尼的《爱星者与星》、斯宾塞的《小爱神》和莎士比亚的《十四行诗集》等作品，因走出宗教及政治的束缚，抒发人类的情感，而成为英国文坛最为流行的十四行组诗。1597 年，哲学家弗朗西斯·培根（Francis Bacon）的散文经典之作《随笔集》出版。随着教育的普及，民众阅读能力的提高，也促进了图书出版业的发展，1600 年，英格兰出版了 259 种图书。只是，这个文学璀璨辉煌的年代，人们依然面临着温饱和生存危机。

由于极端天气和人口增长等因素的影响，英格兰依然面临着粮食短缺的问题，1555—1556 年、1586—1587 年、1594—1597 年相继出现了严重的大饥荒。

为了稳定社会秩序，解决贫困人群的生活问题。1598 年，议会通过了《济贫法》，内容包括在每个郡以下的地方行政区，为赤贫人提供适当的住所、安排穷人的孩子做学徒等事宜。国家通过立法，加大了地方政府提供的救济，缓解了自宗教改革以来慈善捐赠有所减少的趋势。

同时，政府大力促进农业经济向农、牧、副、渔业全面发展。1563 年，政府创立了"政治性的封斋日"[①]（political lent），将星期三和星期五设定为必须食鱼日，以强制消费的方式提振海洋渔业经济。

伊丽莎白治下的英格兰，综合国力得以提升，国家走在向上发展的通道上。人们对女王的个人忠诚缓和了自亨利八世时期以来由宗教改革引发的种种矛盾。伊丽莎白宣称："当我周围几乎所有国王和国家在为生灵涂炭的战争和暴动烦恼之时，我治下和平；我主教会在受牵连之际，我的王国稳如磐石。"伊丽莎白虽然专权，却也懂得巩固王权不在于"神授"，而基于民众的拥护。她曾对臣民们说："我虽得益于上帝的厚爱，却深知能得到你们的爱戴才是今生最大幸事。"

1603 年 3 月，伊丽莎白去世。由于生前没有指定继承人，历经 118 年的都铎王朝也在她离去的那一刻画上了句号。

---

① 中世纪时期，基督教徒每年三分之一的时间都处于斋戒中。斋戒日，禁止食用可刺激人类"欲"望的肉类，而鱼因脂肪低，成为基督教斋戒中唯一可食用的肉类。英国政府为了刺激消费，促进海洋渔业的发展，重新制定了斋戒政策，将这一宗教文化上升为政治目的，因此被称为政治性的封斋日。

议会中，座位及次序的安排也不可忽视。在靠墙附近的地方摆放一些座位，摆一张方形的桌子，还是摆一张长条形的桌子，这看似只是形式的问题，但并非如此。这是一个关系重大的事情，因为在一张长条形桌子四周，大权控制在坐在桌子上端的少数人的手里。

—— [英] 弗兰西斯·培根《论叛乱》

詹姆斯一世与议会

1603 年夏天，苏格兰女王玛丽的儿子、苏格兰斯图亚特王朝第九代国王詹姆斯六世（1567—1625 年在位）继承了英格兰王位，成为英格兰的詹姆斯一世（1603—1625 年在位），拉开了英格兰的斯图亚特王朝①的大幕。

詹姆斯一世才思敏捷，有极强的记忆力，热爱学术，阅读了

---

① 斯图亚特王室起源于法国的布列塔尼。1158 年，法国布列塔尼的沃尔特·菲查伦（Walter FitzAlan）被苏格兰国王戴维一世任命为王室主管的头衔。斯图尔特这一职衔后来成为该家族世袭职位，该家族也使用"斯图尔特"这个姓氏。后来，第六代王室主管沃尔特娶了苏格兰国王罗伯特一世的女儿马乔里。1371 年，罗伯特一世唯一的儿子戴维二世去世，马乔里与沃尔特的唯一的儿子罗伯特·斯图尔特继承苏格兰王位，成为罗伯特二世。16 世纪中叶，受法国的影响，斯图尔特被改为斯图亚特。

大量关于治国之道的书籍。作为苏格兰的幼主，在位期间，经历过 4 位摄政王，最终无一不是横死在他身边。他驯服了贵族、控制了长老会①，从不怀疑自己的统治能力。

詹姆斯一世有法国吉斯家族血统，无论是从祖传遗教还是感情上，都更接受欧洲君主专制的统治理念。在他看来，只要按照统治苏格兰的方式就能成功统治英格兰，他自称是"一个经验丰富老国王，不需要任何教训"。可事实证明，詹姆斯一世对英格兰的统治"水土不服"。

詹姆斯满怀信心来到英格兰，自称是"都铎王朝的继承人，是天授神传，其国王权力神圣不可侵犯，若有人冒犯王权，其罪不可恕"。这位自命不凡的国王不仅大肆鼓吹君权神授，更认为自己可以不对英格兰议会负责，不对国民负责，只需要对上帝负责。

然而，屡经历史积累沉淀而成的英格兰政治传统，在第一次议会上就让新国王感受到了强烈的不适。

在苏格兰，无人敢与詹姆斯争论。而英格兰的议会议员，仿佛就是为了反对国王而存在的。议会上，詹姆斯宣布下议院议员的选举结果需提交给大法官，由大法官审查决定该议员是否具备选举资格。詹姆斯的决定引起下院议员强烈抗议。议会下院坚持认为，选举是议会自身的事，当由下院自行决定。议会下院为此

---

① 1559 年，约翰·诺克斯将长老会从日内瓦引进苏格兰。长老会教徒均为加尔文教派的支持者，宣扬选民的教义，鼓吹按照宫廷阶层治理教会，《圣经》是最终的权威，宗教仪式在布道中有突出的意义。

还起草了《议会下院权利声明》，提醒詹姆斯一世"君主的特权容易被扩大，而且正在日益扩大"。

议会下院坚守英格兰政治是建立在《大宪章》和普通法基础之上的原则，不畏国王的专制权威，硬生生给了新国王一个下马威。新来乍到的詹姆斯最终被说服，认可了议会下院的这一特权。

接下来，在宗教问题上国王与议会再生分歧。詹姆斯是一名"圣公会教徒"，虽然受过加尔文主义教育，但他承认主教的权威。新国王即位之后，清教徒提交了一份《千人请愿书》，寄希望于国王能施以新政，摒除国教中的天主教成分。1604 年 1 月，詹姆斯在汉普顿宫召集清教徒和国教徒开会，企图调和矛盾。但最终为了维护王权，他重申了国教的权威，确立了主教的地位，詹姆斯可以继续利用国教扩大君主专制权力。参会者就洗礼、神职授任以及教会在世俗生活里的角色达成一致意见。清教徒虽然并不十分满意，却也未进行反抗。而天主教徒则相反。

在对待天主教徒的态度上，国王采取了宽容政策，决定放宽刑法中针对天主教徒的过度惩罚。但议会反对，要求对天主教徒严其刑法，加以约束。国王认为议会不应干预宗教事务，而议会则坚持言论自由和提交各领域事务议案的权力。

1605 年，六位激进的天主教徒决定制造一起火药阴谋案①，

---

① 火药阴谋案虽然没有成功，但是这一事件却留在英国人的记忆中，篝火以及"焚烧那家伙"的想法构成了"篝火之夜"，一个在庆典活动中传统的保留项目的产生。

密谋摧毁英格兰政府。密谋者将36桶火药偷运至威斯敏斯特议会上院的地下室，不料，阴谋泄漏，共谋者都被处决。

詹姆斯作为英格兰和苏格兰的国王，一心希望将两个王国联合为一体。在1606年11月—1607年6月的议会上，议员们开始就统一英苏法律、教会，以及财政和贸易特权等议题展开辩论。但下院议员多持坚决反对态度，议员列举英、苏联合的诸多弊端，甚至称苏格兰人为乞丐、为叛逆者。詹姆斯大怒，此后一年多时间不再召开议会。

詹姆斯在与议会下院的交锋中无法获胜，只能倚重伊丽莎白时期的重臣罗伯特·塞西尔（Robert Cecil）等人协助处理政务。罗伯特·塞西尔是威廉·塞西尔的儿子，在威廉·塞西尔死后，罗伯特·塞西尔在伊丽莎白统治的末期被重用。詹姆斯一世顺利继承英格兰王位就是在罗伯特·塞西尔一手操作下完成的。詹姆斯一世对伊丽莎白时期旧臣的倚重，让他同时也赢得了议会上院贵族势力的支持。

即位之初，詹姆斯一世还发现，伊丽莎白不仅为他留下了365000英镑的债务，还有英格兰陷入支持荷兰①与西班牙之间的胶着战况。1604年，在罗伯特·塞西尔的斡旋之下，詹姆斯一世与西班牙的菲利普三世签订了《伦敦条约》。根据条约，无须召回

---

① 荷兰原是尼德兰的一个省，1579年北方各省成立联省共和国，在共和国中，荷兰省经济最为发达，也是全国政治中心，由于其提供全国57%的财政开支，因此，联省共和国亦称荷兰共和国。

在荷兰为英格兰作战的"志愿者",与"志愿者"脱离统属关系；英格兰停止对尼德兰的军事、财政支持；西班牙放弃对爱尔兰叛军的支持，承认英格兰新教国王的合法性；在西班牙的英格兰人如果没有造成公共丑闻，宗教裁判机构就不能无端找他们的麻烦。同时，詹姆斯同意停止对西班牙商船的海盗袭击行为，致力于与西班牙的和解。

为了给自己塑造一个欧洲和平缔造者的形象，詹姆斯一世打算将女儿嫁给一位新教王子，安排儿子与西班牙的女儿联姻。但他的打算遭到议会下院的反对。

为了解决与议会的纷争，詹姆斯一世利用手中的王权大肆授封爵位，拉拢和提拔忠诚于自己的统治团队。

1603 年，初到英格兰的詹姆斯乘举行加冕礼之际，开始大肆"封赐"骑士。命令拥有 40 英镑年收入者必须前往祝贺并授受骑士称号。为了提升阶级地位，人们趋之若鹜。一年的时间里，英格兰就增加了 906 名骑士，而原来只有 155 名。1604 年，又增加了 200余名。不久，支持国王统一英格兰与苏格兰的下院议员弗朗西斯·培根（Francis Bacon）向国王提出设立"从男爵"爵位的建议。

培根出身贵族家庭，父亲曾任伊丽莎白女王的掌玺大臣，但母亲是继室，所以未能继承爵位和财产，人生只能靠自己打拼。培根 12 岁时入剑桥大学三一学院，15 岁时作为英国驻法大使的随员到巴黎供职，21 岁取得律师资格，23 岁当选议会议员进入下院。1603 年，詹姆斯即位时受封为爵士，1604 年被任命为皇家法律顾问。

培根为人机智，文雅有辩才，是哲学家也是科学家，1605年，出版了以科学为主题的《学术的进展》一书。培根善于在国王遇到问题时写内参报告，为国王提出合理性建议。詹姆斯同样是一位博学之士，据称，在参访牛津大学图书馆时曾被那里丰富的藏书吸引，并叹道："若我不是个国王，我愿做这儿的囚徒。"培根的才学，得到国王的赏识。

国王有意设立"从男爵"爵位，只是需要时机。从男爵是介于男爵和骑士之间的爵位，虽也是平民身份，却因有资格参加议会下院议员选举，又比骑士地位高一点，让很多有实力的乡绅对这一爵位跃跃欲试。

1609 年，英格兰打算在爱尔兰北方的阿尔斯特省推行种植园殖民计划。自从英格兰政府平定爱尔兰蒂龙伯爵叛乱之后，蒂龙伯爵等领袖逃向国外，英格兰政府对当地领主不再信任，没收了他们的土地，鼓励英格兰新教徒移民爱尔兰，对信奉天主教的爱尔兰人进行同化影响。到 1609 年，詹姆斯相继占据了阿尔斯特 6个郡的土地，需要将英格兰和苏格兰新教徒"种植者"移民到阿尔斯特。若想确保种植园殖民计划顺利推进，就需要增加驻爱尔兰兵力，则急需解决军费问题。

为此，1611 年，詹姆斯一世和枢密院正式决定，设置 200 名可以世袭的从男爵爵位，并标价封授。爵位提名候选人标准为：有能力支付 1095 英镑；能提供 30 名士兵驻在爱尔兰的费用；每年地产收入不低于 1000 英镑；家族三代履行过军职等。这些条件对于富有的乡绅和商人来说并不苛刻。因此，封授当年就有 198 人被封为从男爵。同时，詹姆斯还出售议会上院世俗贵族的爵位，大开卖官鬻爵之风，导致宠臣们肆无忌惮地跟风交易。1603 至 1629 年间，国王和近臣从中获利 62 万英镑。

伊丽莎白一世时期社会风气简朴，而詹姆斯生活奢侈，挥金如土，以举办奢华的宴会和盛大的舞会为乐。他的妻子、丹麦安妮公主更是喜欢昂贵的奢侈服饰。詹姆斯即位仅三年，就将王室财务开支由 36.5 万英镑提升到 60 万英镑。詹姆斯的奢侈生活，被世人看在眼里，记录在文学作品中，更被莎士比亚栩栩如生地刻画在《雅典的泰门》和《李尔王》里。对此，朝中重臣塞西尔并没有提醒国王"勤俭持家"，而是为了满足国王的奢华生活，主张进一步提高产品税率以增加国王的收入。

1609 年议会重开，讨论在新的税率文书中，将规定关税从 30％提高到 40％。詹姆斯为了树立绝对的权威，撰写了一本《专制政治论初篇》，书中阐明了自己的统治思想，强调政务法律裁决均归王室决断。在议会召开之前，赠书至各地方主要官员。但议会召开后，依然引发了"议会风暴"，议会下院议员们攻击政府乱用经费，坚决反对增加"苛捐杂税"，丝毫没有附和王命的打算。

1610 年，詹姆斯再次关停议会。1614 年 4 月，议会再开，矛盾依然激化，两个月的时间里没有通过一项议案。詹姆斯大怒，将四名言辞激烈的议员投入狱中，此后七年没再召开议会。

在国王与议会的博弈过程中，培根因工作努力，又甘愿服务于国王而地位扶摇直上。1613 年，培根出任英格兰首席检察官。1616 年，被任命为枢密院顾问。令詹姆斯烦恼的是，并非所有大臣都甘愿做他的仆人，特别是大法官爱德华·科克（Edward Coke）爵士。科克一再向詹姆斯强调：国王不能用宣言制定新法，国王的特权是由法律规定的，不能任意扩大。1616 年，爱德华·科克被解职。1618 年，培根在刚刚成为掌玺大臣之后，又被提升为英格兰大法官，并被封为男爵。

由于无法与议会达成共识，詹姆斯的财政问题只能按照罗伯特·塞西尔的建议采用应急手段。例如：国王放弃传统的监护权和征收粮食权，以换来议会每年拨给国王永久性的补助金；国王用出售专卖权、借贷等方式解决资金短缺等问题。

财政不景气也没能影响詹姆斯对宠臣的大肆封赏。1612 年，罗伯特·塞西尔去世，詹姆斯又相继宠信担任国王秘书的苏格兰人罗伯特·卡尔（Robert Carr）和白金汉公爵乔治·维利尔斯（George Villiers）。其中，詹姆斯对维利尔斯一见钟情，此后维利尔斯从骑士身份升为伯爵、侯爵，并迅速登顶公爵这一贵族最高层，位极人臣。从此，各王公贵族若有求于国王，都必须先过他这一关，国王对宠臣更是授予土地财富，任其挥霍。

为满足奢侈的生活，詹姆斯不断出售专卖权和授予商人公司特权，希望从英格兰的海外殖民扩张中获得更多收益，以缓解经济压力。

建殖民地是远古时代的英雄业绩之一。在世界年轻之时，它孕育过无数的儿女，但如今世界已经年迈，所生子女也日渐稀少。所以，我们不妨将新建的殖民地比作那些年迈国家所孕育的儿女。

——［英］弗兰西斯·培根《论殖民》

殖民扩张时代

　　在伊丽莎白统治时期，商人们自愿组织起来以股份公司形式发展。这种新的成本形式和风险共担的因素，将众多投资者聚拢在一起，共同涉足海外冒险事业。股份公司也成为英格兰海外贸易和殖民扩张最主要和最有力的工具。詹姆斯一世时期，英格兰对外拓展殖民地的速度进一步加快。

　　此时，英格兰经济虽然呈现了多元化发展的趋势，却仍以农业为主。但"如果想把一个农业社会转化成工业社会，就必须有增长极快的资本积累"。而海外贸易应时兴起，为英格兰资本积累起到了积极的推动作用。

　　对于英格兰来说，劳动力和资本相对充足，自然资源、物质资料却匮乏。而北美大陆及亚非拉等地自然禀赋极佳，奴隶、香料、黄金、棉花等物资都让冒险商人趋之若鹜；对于投资人来说，只需要投入金钱而不必亲临险境，就可拥有殖民地区土地的合法权利，对那些向往"新英格兰"的移民拥有统治权；对于政府来说，只要给予冒险公司特许证，为其提供海上军事保护就可获得源源不断的经济回报是件一举两得的事。

1606 年，伦敦公司和普利茅斯公司成立，各自获得了国王颁发的特许状，获得在新领地组织防御力量、征收捐税和建立殖民统治的权力。1607 年，伦敦公司建立了永久的詹姆斯敦殖民地，将种植的烟草、棉花，及毛皮、松香和糖料等工业原料运回英国，推动了英国棉纺织业的发展。伦敦公司不久改为弗吉尼亚公司。而普利茅斯公司则多次派船到北美开拓殖民地。

同时，宗教改革的浪潮迫使大批清教徒为逃避宗教迫害而远走他乡，在英格兰形成了移民潮。

1620 年，被载入史册的"五月花号"满载着 35 名清教徒和 66 名冒险者，驶离英格兰，登陆北美科德角，建立了普利茅斯殖民地。这批清教徒得到了伦敦铁器商人托马斯·韦斯顿（Thomas Weston）等人的资助。韦斯顿拥有一家经营十余年的公司，此次资助行动是他的一次新投资行为。韦斯顿事先成立了一个由 70 名投资人组成的组织，以做善事和传播宗教为目的，为清教徒支付雇船、补给和运送的费用。受资助的清教徒们则需要在殖民地为公司工作七年，进行皮毛贸易、渔猎、伐木或者其他任何能赚钱的劳动。所得收入在满足基本生存之外，全部利润都归资助人所有。

对于清教徒们来说，此次远行是人生新的开始，也是建立宗教自治、创立政治自治体的机会。在异乡生活的风险和不确定性，迫使人们以契约形式成立可凝聚在一起的组织，确保未来在"新英格兰"的生活安全有序展开。

1620 年 11 月，清教徒们在船上签署了《五月花公约》，公约中声明："我们谨在上帝和彼此面前庄严立约，我们共同一个政治自治体……"谁也不曾料到，这竟是一个新的国家历史的开端。

"新英格兰"殖民地不断被建立，资本不断从中获得收益。商人们在海外的冒险活动中使用征服、奴役和消灭殖民地土著民的办法掠夺大量财富，再源源输送回英格兰转化为资本，以此加速国家资本原始积累的进程，英格兰资本主义的发展水平得以迅速提升。

有人说，资本的文化核心是控制资源和启动项目的个人能力。英国议会的贵族和商人议员则认为，经营贸易的公司通过建立殖民地可以提高英格兰的世界地位。为此，1623 年，议会通过了《垄断法令》（又称《专卖条例》）。法令保护新发明者的权利，规定发明设备的人拥有 14 年的专利权，以此鼓励投资者进行风险投资；法令承认公司股票等新形式的财产，巩固了自愿组成团体的所有权。同时，这项法令的颁布，更为百年后推动英格兰进行工业革命的新技术和新机器的发明出现，提供了基本保障。

与资本家们的冒险精神相反，詹姆斯一世不喜欢任何形式的对抗。在处理问题时，尽可能采取不刺激对方的态度，有争执也尽可能让步。作为英伦三岛的国王，英格兰、苏格兰与爱尔兰却不具备统一的社会条件。詹姆斯施以容忍、平衡的政策，减少三地的对立，以求和平共处。

詹姆斯在文书中频繁地使用"大不列颠之王"的自称，试图将英国三岛塑造成一个政治共同体。在詹姆斯的推动下，虽然英格兰与苏格兰没能实现将教会与法律合并，但是两个王国之间那些曾经流寇出入的边境地，已从荒芜遍野，变成了牛羊成群的牧场。

詹姆斯厌倦战争，号称和平主义者，这也导致英格兰军备废弛，伊丽莎白一世打下的海上霸主地位已被荷兰超越。荷兰虽然是蕞尔小国，其国力和科学艺术领域的发展已居世界首位，有着"海上马车夫"之称。

1623 年，英格兰东印度公司在与荷兰东印度公司的竞争中败北，失去了日本、印尼等地的贸易市场。荷兰东印度公司实力之强，主要源于国家政策的支持。荷兰在颁发特许状时，允许商人公司享有发动战争、签订条约、占据领土和修筑城堡等权利。而英格兰东印度公司的失败，除了军事防卫能力下降之外，还在于英格兰殖民政策的僵化。在英格兰，上流社会力挺海外贸易，却坚持认为：若要获得真正的国际地位，就要在世界各地传布新教。因为基督教会赋予冒险家们的道德权威就是去改变外国人的宗教信仰。与之相反，荷兰人将宗教与商业分开，他们只关心赚钱，不传播信仰。因此在日本等地，涉及布道传教的欧洲商人屡遭当地政府的禁绝。而英格兰东印度公司在竞争中败阵，最终选择转往印度发展。

对此，英格兰政府贸易委员会委员、东印度公司的董事托马斯·孟（Thomas Mun）强调，"英格兰当局无论做什么都不能带回经济繁荣，因为买卖及货币在流向海外时都是紧随私人贸易商的交易而发生的，并不是听从政府的命令"。作为重商主义者，托马斯·孟提出，"如果卖多于买，英格兰就会有更多的货币"的贸易平衡理论，并在商界流行。但是詹姆斯一世不具备跳脱常规思维去思考新经济发展的能力。在国王的认识中，坚持传统、使用强权控制经济仍是唯一可采用的手段。

1618年，"欧洲30年战争"爆发，西班牙入侵波希米亚国王、巴拉丁的选帝侯弗里德里克（Frederic）的领地引发战争。弗里德里克是新教徒，也是詹姆斯一世的女儿伊丽莎白的丈夫。弗里德里克在战争中失去了王位和选帝侯之位，法国、瑞典和荷兰等诸国支持弗里德里克并参战。这场战争不仅引发了欧洲新、旧教两派教会的对立，也让英格兰新教徒们的参战情绪高涨。

詹姆斯不为所动，继续推行妥协的外交方针，准备让儿子查理王子和西班牙公主联姻，以平息战争，并要回女婿弗里德里克的领地。当然，这些事务都全权交给宠臣白金汉公爵处理。

长期以来，詹姆斯对白金汉公爵言听计从，对枢密院的劝告置若罔闻，甚至将王室拥有的约700多项商品出售专卖权赐予宠臣。群臣对国王不满，又奈何不了白金汉公爵。只能将矛头指向詹姆斯的亲信、刚刚被封为子爵的培根。

1620 年，国王因财政陷入危机再度召开议会。这一年，被解职的前大法官爱德华·科克重返政坛进入议会下院。在科克的带领下，议会下院本着习惯法至上的原则，试图剥夺王室特权中的特别垄断权，并控告培根的行贿受贿行为。

当时，英格兰关于行贿受贿尚未有明确的法律约束。但在随后的控告和审判中，议员们收集了证据，证明培根的受贿情节较为严重，决定对其进行弹劾。最终，在法庭判决之时，培根本人也承认，此次判决"甚为公平，为改革起见，是适宜的"。被弹劾后，培根专注于科学、哲学事业。培根不仅提出了"知识就是力量"这一至理名言，也大力提倡对事物进行系统观察，推动英格兰的自然哲学不断向科学观察与分析方向发展。1626 年，培根为了观察冷冻对防腐的作用，将冰雪塞在鸡体内进行实验，结果自己受了风寒染病去世。

1621 年秋季，议会下院主战派又要求参与欧洲 30 年战争。国王则以"外交政策，不属于议会讨论范畴"为由拒绝。但议会则宣称"关乎国家利益，议会何事不能议"？詹姆斯大怒，又解散了议会。

詹姆斯之所以有底气不依赖议会解决财政困难，是因为他找到了一位理财专家、伦敦商人莱昂内尔·坎菲尔德（Lionel Cranfield）出任财政大臣。坎菲尔德出手不凡，他提倡缩减开支，很快使王室财政恢复到无债务状态。但是，坎菲尔德的工作只进行了不到三年，就被白金汉公爵维利尔斯赶下台。因缩减开支的政策触及了王室侍臣们的利益，让他们此失去了养老金和津贴。

1623 年 2 月，财政状况稍有好转，詹姆斯派遣白金汉公爵维利尔斯陪同查理王子到西班牙求亲。西班牙一行让查理明白，西班牙势力扩张只会对英格兰构成威胁，而他与西班牙公主只是两国权力游戏中的棋子。因此，查理回国没有带回西班牙公主，而是带回了建立反西班牙联盟的构想，并主张对西班牙开战。在白金汉公爵的安排下，查理准备迎娶法国国王路易十三的妹妹亨丽埃塔·玛丽亚。

1624 年，经查理王子和白金汉公爵说服，国王詹姆斯召开议会讨论与西班牙开战的事由，并期待议会批准战争经费。1625 年 3 月，一切尚无定论，詹姆斯一世就驾崩了。他为英格兰极力维持的和平世界也随他而去。

人们实际上怎样生活同人们应当怎样生活，其距离是如此之大，以至一个人要是为了应该怎样办而把实际上是怎么回事置诸脑后。那么他不但不能保存自己，反而会导致自我毁灭。

——［意］尼科洛·马基雅维里《君主论》

走上断头台的国王

1625 年 3 月，25 岁的查理一世（1625—1649 年在位）继承了王位，也继承了詹姆斯一世对于"君权神授"的狂热。

查理信奉高教会，在国教中，高教会强调自己与宗教改革前的教会保持一致性，坚持主张君权神授学说。查理一世了解法兰西、西班牙、德意志等诸国君权早已摆脱了封建贵族的束缚，实施着近乎绝对的专制统治。查理一世也坚持认为，在不列颠，君权只属于他一人，是至高无上的权力，无论议会还是教会都不能束缚王权。

新国王按照理想中的"君权神授"信条行事，欲将王权凌驾于法律和议会之上，而他的臣民则不甘心依附王权，做胆怯的仆人。他们依然效忠于国王，却不放弃为自己争取权力和获得自由的机会。

1625 年，英格兰爆发鼠疫，夺去了约 1 万人的生命。同一年，议会召开并进行议员选举。在竞选中，民众对参政议政表现出极大的热情。议会召开之时，议员出席率也为历史之最。1625 年 6 月，国王要求议会通过政府财政开支预算，却不明示资金用途，遭到议会下院拒绝。随后，在征收吨税和磅税等问题上，查理一世同议会发生冲突。但为了支持国王和白金汉公爵远征西班牙加的斯港的计划，议会还是象征性同意，为王室限供一年的吨税和磅税。

8月，议会再度召开。下院开始对政府在外交、内政、军队，以及财政和宗教各领域存在的问题进行批判，大论国王失政，攻击王室。新国王无法接受议会的指责，即刻解散议会。

不久，英格兰远征加的斯港失败。1626年，议会决定借此机会弹劾独霸朝纲的白金汉公爵。议会下院罗列出其种种罪状，称当下英格兰人民的各种疾苦、战争的失败、财政紊乱、公务废弛和皇家海军腐败，都因白金汉公爵专权所致。议案得到议会上院贵族们的支持，查理一世则愤怒地对众议院说道："我不许你们讯问我的任何臣下，更不用说允许你们讯问这样居于显要地位以及在我左右的人物。"

但议会两院不肯罢手。6月，查理决定解散议会，要求重新选举。议会经过再三选举，结果还是这些议员。此后21个月间，国王不再召开议会，通过强制性贷款的方式筹集远征军费，并监禁拒绝缴费者。国王专政心意已决，而令臣民大失所望。

1627年，查理一世支持白金汉公爵派出远征军支援法国拉罗歇尔的新教徒运动，再次以惨败告终。查理决定派出一支更强大的舰队出征拉罗歇尔。为了维持战事，增加税收，还得召开议会要钱。而臣民对白金汉公爵的专权统治的忍耐已到了极限。

1628 年 3 月，议会向国王呈递了一份尽诉王国弊政的《权利请愿书》，要求查理一世：依成文法，经国会协商方可征收租税；不能违反成文法擅自拘捕议员、监禁臣民；不可逆民意强迫民众供养士兵；不可滥用军事法律；等等。《权利请愿书》对王权的限制让查理一世耿耿于怀。查理也清楚，自 1215 年《大宪章》签署以来，英格兰开征新税的权力就属于议会。他如果不接受《权利请愿书》，就得不到拨款。

6 月，在大臣托马斯·温特沃思（Thomas Wentworth）的建议下，出于权宜之计，查理接受了《权利请愿书》，下院则以同意向王室提供急需的资金作为回应。两天后，下院提出要求国王惩处奸吏，禁止王室违法征收吨税和磅税。国王与议会冲突再起，查理下令停止议会。最终，国王的袒护也没能制止民众对白金汉公爵的厌恶。8 月，白金汉公爵在朴次茅斯被一位清教徒暗杀。

白金汉公爵的死让查理一世伤心欲绝，不仅放弃了远征计划，更对议会心生怨恨，甚至因伦敦市民对白金汉公爵的死额手称庆而对英格兰民众失去好感。

白金汉公爵死后，查理又大力提拔国教中推崇极权思想的阿明尼乌派①的牧师。阿明尼乌派鼓吹拒绝向国王支付强迫性贷款

①　在伊丽莎白统治时期，英国圣公会绕开了礼拜仪式问题，接受了更为严格的相信命定论的加尔文宗信仰。到 16 世纪 90 年代，英国圣公会中又出现了一个和加尔文宗对立的学说，由于该学说与在雅各布·阿明尼乌的推动下在荷兰出现的学说相近，英格兰的反命定论者就称该学说为阿明尼乌派。

就是违背上帝的法律。

1629年1月，议会再开，教会问题突显出来。由于议会下院议员多为国教中低教会派，低教会派是与高教会派观点对立的派别。下院起草了一项反对阿明尼乌派的决议，并为不愿意交纳吨税和磅税的商人提供援助。查理一世则百般阻挠，屡次下令延期会议。两院议员寸步不让，下院议员甚至强制下院议长坐于席中不准发言。

查理恼羞成怒，解散议会，无视议会议员言论自由的特权，将挑战王权的议员投进牢狱。直到1640年，英国长达11年没有再召开议会，这段时期史称"无议会时期"。

无议会时期，查理一世与臣民之间的矛盾主要集中在财政和宗教信仰问题上。绕开议会，查理一意孤行通过王权控制法院、政府及地方郡守，并继续强征税金。财政大臣韦斯顿和首席检察官罗伊是坚定的保王派，他们使出浑身解数，采取政治镇压和经济搜刮等手段为王室增加财政收入。虽然国王财政收入得到提高，但查理的统治加剧了新贵族和市民的反抗情绪。

强征税收、强迫贷款的政策严重打击了新兴工商业的发展。同时，受到国际金融环境及欧洲30年战争的影响，英格兰的支柱产业呢绒出口下降了2/3，加之农业连续歉收，不列颠出现了经济萧条。

经济萧条，失业率增加，查理政府不关心民众疾苦，而是加大宗教迫害力度。坎特伯雷大主教威廉·劳德（William Laud）更是利用宗教事务高等法庭和星室法庭迫害清教徒，迫使清教徒们"飞向荒野"，向"新英格兰"迁移。

1629年3月，王室授予马萨诸塞湾公司特许证，特许该公司在离查尔斯河和梅里马克河之间的土地上开创殖民点。按照英格兰的法律，特许状赋予公司拥有行政权和立法权。公司对殖民地臣民拥有"完全和绝对的惩戒、惩罚、赦免和统治权"。公司被允许"在任何时候使用陆军和海军的武力或者任何合适的方式打击、驱逐、反击和对抗破坏、侵占、损害和骚扰马萨诸塞湾成员的人"。同年，约翰·温思罗普（John Winthrop）被选为马萨诸塞殖民地总督，率领11艘船只和一批清教徒家庭约900人前往北美到达塞勒姆。当时，马萨诸塞殖民地的定居者不足700人，有人途中死亡，有人返回英格兰。而更多的清教徒坚持留在新英格兰，只为"将福音传给那些从未聆听过的人"。

1632年，曾做过詹姆斯国务大臣的罗马天主教徒巴尔的摩勋爵乔治·卡尔弗特（George Calvert），从国王手中获得了弗吉尼亚北部的土地所有权，查理又向巴尔的摩勋爵颁发了马里兰①特许状。1644年，牧师罗杰·威廉姆斯（Roger Williams）获得了建立普罗威斯登自治政府的特许权，建立了罗得岛殖民地，此后犹太人和贵格会教徒都选择在此定居。另有清教贵族布鲁克勋爵，在康涅狄格建立了一块殖民地。据统计，在无议会期间，大约有

---

① 马里兰是以查理一世信奉天主教的王后玛丽亚的名字命名的。

60000 名英格兰人移民到新英格兰殖民地。

1637 年，查理一世认为，宗教分歧是造成国家衰弱的重要根源，要求苏格兰长老会采用英格兰圣公会的祈祷仪式，并在苏格兰推行《英格兰祈祷书》。苏格兰民众则予以强烈抵触，并引发了抗议行动。

1638 年 3 月，苏格兰人为了维护长老会制起草了一份旨在捍卫"真正的宗教"的《民族圣约》。在圣约派的号召下，短短六周时间，从城市到乡村僻壤，苏格兰人群情激愤地走到一起，拒绝接受新的宗教法律和新的礼拜仪式，挑战查理国王的权威。

1639 年 2 月，圣约派又以苏格兰人民的名义对英格兰人发起宣言，号召基督教同胞团结起来共同驳斥他们的公敌。苏格兰人的反抗运动很快在英格兰得到了舆论支持，迫使查理一世采取军事行动。

4 月，查理在英格兰召集了一支军队前往苏格兰镇压起义，并引发了主教战争。

查理一世没想到，他集结的这支浩浩荡荡的贵族军队是一群没有经过任何训练的乌合之众。而苏格兰军官亚历山大·莱斯利率领的则是纪律森严、训练有素的苏格兰军。6 月，在查理一世领兵进入苏格兰之后，双方尚未交战，查理就决定停战，签订了《贝里克条约》。双方约定，各自遣散军队，苏格兰取消长老会的临时政府，召开苏格兰议会和苏格兰长老会全会。查理一世与苏格兰都清楚，这一条约不过是缓兵之计，无论是为了维护国王的尊严还是苏格兰人的执拗，战争还将继续。

从苏格兰回到伦敦之后，查理一世召回爱尔兰总督托马斯·温特沃思，封他为斯特拉福德伯爵，提升为首席大臣，并向温特沃思保证"他的生命、荣誉和财产都不会被剥夺"，以笼络保王党。

1640 年 4 月，为了筹集对苏格兰的战争经费，查理一世重开议会。但议会下院对国王查理只关心战争，不关心民众疾苦表示不满，拒绝给国王拨款。查理只能解散议会，继续采用专制暴政，强行借款、征收造船税、出售专卖权。同时，在斯特拉福德伯爵的帮助下，查理从爱尔兰议会得到了所需的人力、物力和财力。不到三周的时间，斯特拉福德伯爵就为国王募集了约 3000 万英镑。8 月，查理再次出兵苏格兰，结果英格兰军一触即溃。9 月，苏格兰战事紧迫，查理仍不肯认输。在斯特拉福德伯爵的支持下，再开议会，随即全国进行议员总选举。

此时民情激昂，民怨也难平，查理更无法操纵议会的选举结果。但围绕查理一世的统治，议员还是形成了保王党和自由党两派。同时，众多清教徒也通过竞选进入议会。

这时，爱尔兰爆发了叛乱。关于居住在爱尔兰的新教徒移民受到迫害的消息传到英格兰，愤怒的民众纷纷支持政府出兵镇压这场叛乱。但是，议会已经不信任查理国王，因此镇压叛乱的军队指挥权归属成了争论的焦点。1640 年 11 月，议会召开，却断断续续开到了 1653 年，史称"长期议会"。

议会召开之初，斯特拉福德伯爵为上院领导者，约翰·皮姆

（John Pym）领导着议会下院。为了掌握主动权，议会下院向国王递交了一份《大抗议书》提案，重申议会的要求，并以 159 票对 148 票的微弱优势通过。这是一份对国王十余年专政统治罪行的控告书，书中要求国王任用议会"信得过的"顾问；要求国王同意弹劾劳德大主教和斯特拉福德伯爵；宣布取消造船税，这是项查理自 1634 年开征以来，收益较高的税收项目；撤销星室法庭、监护人法庭；等等。1641 年 12 月，下院又通过了《民兵议案》，剥夺国王查理一世的军事控制权。

查理认为自己遭受了巨大侮辱，决不甘心做一个被剥夺权力的国王。在王后玛丽亚的怂恿下，查理采取了强硬措施，亲率人马前往议会下院，欲逮捕反对他的五名主要议员。查理一世不仅扑了个空，而且此时，激进的清教徒已经在政府中建立了公共安全委员会，并控制了城市民兵。

国王与议会已水火不相容，查理一世被迫离开伦敦，逃到约克郡，号召人们支持国王。

1642 年 3 月，议会强行将《民兵议案》变成法令，开始创建军队。8 月，查理一世在诺丁汉郡竖起了保王派的军旗，又在牛津设立了王党大本营，正式向议会宣战，拉开了内战的序幕。

事实上这是一场英格兰分裂战，下院的 302 名议员留在伦敦支持议会；236 名保守派议员随同国王逃离，成为保王派。

内战又被称为圆颅党和骑士党之争，因为一半以上的议员为清教徒。因而清教徒将头发剪到只靠近头顶一圈，显得头颅很圆，被称为圆颅党。清教徒以这种剪短发的方式表达对权贵上流阶层那种带有女性特征的长发披肩、前额卷发装扮的鄙视。保王派则自称骑士党，认为自己出身高贵，捍卫国王，是忠诚和良心的代表。

然而，王党分子多来自北部和西部贵族，虽然拥有一定的经济实力却无法维持长期战争。而议会派控制着经济繁荣和工业发达的南部和东北，拥有海军和大多数港口。民党派的支持者是坚定的改革派和训练有素的伦敦牧师，还有急切希望改革国教的清教徒以及对经济形势不满的自耕农、工匠、商人及各行会组织。同时，议会还控制着税收机构。

战争开始后，查理一世在中西部地区招募军队，议会则在埃塞克斯集结军队。国王军队向伦敦进军，1642 年 10 月，双方在班伯里（Banbury）外面的埃吉山（Edgehill）陡坡上交战。鲁珀特亲王①（Prince Rupert）率领的国王军队在首战中获得了胜利。但旗开得胜后，查理没能一鼓作气攻打伦敦城，而是放缓了进攻脚步，兵分三路从北面、西面和南面进攻伦敦。

最初，国王军捷报频传，伦敦议会则每天都收到丧城失地的消息。1643 年 9 月，国王军连续 25 天试图攻取格洛斯特（Gloucester），而城中痛恨保王党的军民则顽强死守。在国王军队人疲马乏

---

① 鲁珀特亲王是波希米亚女王伊丽莎白之子，出生在布拉格，父母在欧洲 30 年战争期间被驱逐。鲁珀特亲王随之来到英格兰，为舅父查理一世效劳，因为英勇善战，擅长利用骑兵发动突袭行动，成为内战中保王派的中流砥柱。

之际，议会派埃塞克斯伯爵领兵解围，与城中军民内外夹击，退败鲁珀特亲王大军。

尽管格洛斯特危机解除，圆颅党仍然没有决胜的把握，双方战事陷入僵局。议会主要领导人约翰·皮姆打出了苏格兰这张牌，与苏格兰合作扭转了战局。

英格兰议会承诺支持长老派教会政府，在英格兰推行长老派教会，同意在英格兰废除不得人心的主教。作为交换，苏格兰派出一支 20000 人的军队援助英格兰议会，英格兰每个月出 3.1 万英镑的补助金。皮姆不久后去世，英格兰议会也与苏格兰的联盟达成。1644 年 1 月，苏格兰军队进入英格兰，战事形成了一边倒的趋势。

7 月，议会与苏格兰联军在约克附近的马斯顿荒原（Marston Moor）荒原，以 27000 人的兵力对阵鲁珀特的 18000 人，并以绝对的优势击败国王军，议会控制了整个北方。

而埃塞克斯伯爵率领的议会军在康沃尔的洛斯特威西尔被国王军包围，导致议会在马斯顿刚刚取得的胜利果实险些损失殆尽。

形势所迫，议会决定取消议会上院和下院议员的军事指挥权，创建"新模范军"。埃塞克斯、曼彻斯特和威廉·沃勒辞去军中职务，将保守派从军中清除。

1645 年 4 月，议会任命托马斯·费尔法克斯（Thomas Fairfax）爵士为新模范军的将军。这是一支职业化的军队，士兵从全国征集，议会以充足的财力向士兵发放固定工资，确保兵源稳定。

同时，对军队实行教化管理，无论是军官还是士兵都怀着对上帝的敬畏之心，不怕冲锋陷阵不怕死。教徒都坚信，生命只有在死亡之后才会开始。

6月，新模范军在内斯比首场战役中几乎全歼王党军队。随后，在7月的兰波特战役和9月的布里斯托尔战役等几次战役中，同样打得王党军毫无还手之力。1646年3月，议会通过法令宣布在全国建立长老会制。

内战以来，王后亨丽埃塔·玛丽亚是查理一世的重要支持者。在查理面临政治危机时，1642年2月，王后玛丽亚带着王室的珠宝逃亡到荷兰。1643年7月，她带着为查理召集的军队和筹集的资金返回英格兰，与查理在牛津会合。不到一年，筹资耗尽，1644年6月，玛丽亚再次逃亡至法国，从此再也没见过自己的丈夫。

国王军在战场上节节败退，走投无路的查理一世将自己交给了苏格兰人，希望能得到苏格兰旧贵族的帮助。未料却被苏格兰人交给了英格兰议会。

1647年6月，议会出兵将国王带回英格兰，囚禁在伦敦附近的汉普顿宫。7月，军队势力起草出一份《军队建议纲目》，与查理一世进行谈判。内容包括：保留君主制；保留主教制；实行宗教宽容制度；议会控制民兵十年；必须两年召开一次议会；设立国务会议等。查里不假思索地给予拒绝。11月，查理逃到怀特岛上的卡里斯布鲁克城堡寻求避难。

此时，英格兰的政局已陷入混乱中。议会、军队和苏格兰人之间出现分歧，且纷纷希望私下与国王查理达成和解。

清教徒的初衷是改革国教，自从议会宣布在英格兰建立长老会制后，遭到部分议员的反对，军队更是坚决抵制。因此，英格兰又出现了支持长老会派和反对长老会的独立派。独立派的核心人物是奥利弗·克伦威尔（Oliver Cromwell）。

克伦威尔出身于一个地方绅士家庭，是名清教徒。1641 年进入议会下院。最初，议会控制英格兰民兵军权的主张就是由他敦促而成。克伦威尔作为曼彻斯特勋爵下属，他率领的军队在马斯顿荒原战役中起到了决定性的作用。新模范军建立后，克伦威尔担任副职，声望却高于上司费尔法克斯。克伦威尔反对控制教会会众的精神信仰，主张"国家在选择人们为它服务的时候，不应在意他们的信念"。克伦威尔也厌恶长老会教规的严酷性，要求宗教宽容。他支持从国教中分离出来的激进教派，如浸礼派、寻道宗、喧嚣派以及贵格派的礼拜自由。

长老派和独立派的分歧让查理一世看到希望，甚至认为各方都离不开自己。一边拖延与议会的和谈，一边寻求苏格兰人出兵增援国王军。

1648 年年初，肯特、埃塞克斯和南威尔士相继发生了爆发了王党分子叛乱，第二次内战爆发。

7 月，一支由汉密尔顿公爵率领的支持查理一世的苏格兰军队攻入英格兰。新模范军在克伦威尔和费尔法克斯率领下，没费吹灰之力就平息了暴乱。独立派主导的新模范军发现议会仍有意与国王进行和谈，就在平息暴乱之后，顺势占领了伦敦，决定清除国王。军方认为，只要国王不存在，英格兰就可获得永久和平。

12 月，军队发起了净化议会"政变"，将 231 名支持与国王和谈的议员和 143 名长老会教徒清洗出局，阻止他们进入议会，迫使长期议会停止与查理一世达成和约。议会剩下的议员组成"残余议会"，依然拥有完整的法律权威，并成立了新的高等法庭，用来审判国王。

独立派步步为营。1649 年^① 1 月，查理一世被带上法庭接受审判。查理国王拒绝答复任何问题，拒绝为自己辩护，更拒绝承认法律高于王权。查理坚称他只向上帝负责，依然竭力维护君主制。而法庭并不按照国王的神圣信条行事，最终判定查理一世向议会发动战争的行为侵犯了英格兰基本法，宣布查理犯有叛国罪。

1 月 30 日，与议会争斗了半生的查理一世，被拉下宝座，神态安详地向怀特岛霍尔宫前的断头台走去，被当众砍了头。围观民众就如同看一朵萎谢零落的花，没有欢呼，没有咒骂，只有沉默和叹息。

---

① 按照旧的历法，这一年为 1648 年。当时英国尚未采用格里历，因此查理死亡之日旧历为 1648 年 1 月 30 日，当年 3 月 24 日开始用新历法即格里历之后，查理死亡之日为 1649 年 2 月 9 日。

你只是消灭了君主的家族，那是不够的，因为残存的贵族将成为新的变革的首领。

——［意］尼科洛·马基雅维里《君主论》

"无冕之王"克伦威尔

1649 年 2 月，独立派以胜利者的姿态傲视英格兰。

"残余议会"颁布法令，废除英格兰君主政体和议会上院。5 月 19 日，"残余议会"宣布英格兰为共和国，强调议会是由人民选举，代表着人民利益，是英格兰最高权威机构；国家行政权力被赋予了国务会议，国务会议由 41 人组成，其成员每年由"残余议会"选举产生。当然，国务会议对"残余议会"负责。

共和政府建立之后，议会领袖奥利弗·克伦威尔继续实施军事征服，将共和政府的势力范围扩张到苏格兰和爱尔兰。

1649 年，克伦威尔率领军队入侵爱尔兰，攻占了都柏林北部的德罗赫达（Drogheda）。9 月，克伦威尔下令"凡抵抗者"一律格杀勿论，进行了大屠杀。10 月，又在韦克斯福德（Wexford）故技重施。克伦威尔和英军的极端暴行，最终征服了爱尔兰。爱尔兰人的 1100 万英亩土地被没收，分配给移民爱尔兰的英格兰人和士兵。

克伦威尔志得意满，他的下一个目标就是征服苏格兰。彼时苏格兰议会依然由长老会控制，虽然将查理一世交给了英格兰议会，却无法接受查理一世被砍头。于是，苏格兰议会拥立查理一世的长子、18 岁的查理·斯图亚特为苏格兰国王，即查理二世。查理二世在 1646 年流逃至巴黎，投奔他的表弟法王路易十四。查理一世死后，他来到苏格兰，被拥立为国王。

1650 年 9 月，克伦威尔的共和国军侵入苏格兰，在邓巴（Dunbar）与苏格兰军交手。经过一番恶战，共和军获胜。克伦威尔向议会报告说："是上帝使他们任由我们宰割。"

1651 年夏天，苏格兰发动对英格兰的反攻战争，要为查理二世夺回王权。9 月，双方战于伍斯特（Worcester），苏格兰军被克伦威尔军彻底击败，查理二世逃走。不列颠全岛并为一个共和国。合并后，苏格兰享受着与英格兰同等的海外自由贸易政策，共享英格兰海外市场的便利。

在此期间，英格兰的资本主义力量因不再受王权的干扰得以提升。国王专卖权消失，王室垄断法被废止，王室建立市场和集市的特权被取消，政府也不再对最高工资进行限制，土地摆脱了封建义务的束缚，等等。

共和政府治下的英格兰，市场经济开始自由运行，以土地税和消费税为基础的现代财政体系被政府采用。政府也将鼓励创新的专利制度写入法律，对新技术发明人的利益给予法律保护，推动技术进步。人们的经济思想也从农业经济社会的"连锁共同体"

意识，向商业化的个人主义思想转变；社会也从"宗族社会"走向"公民社会"。总之，地主、制造商、零售商以及科技发明人都成为受益群体。

资本主义力量得以提升，其扩张的性质同样加剧了对海外市场垄断地位的争夺。此时，英格兰已在美洲建立了14个殖民地。但荷兰[①]正凭借其先进的航海技术和船舶设备，保持着低价的运输费用，在海上贸易领域占有优势。

为了维护英国商人的利益，1651年，共和国议会颁布了一项《航海条例》，矛头直指荷兰的转口贸易，意将荷兰人从英国殖民地逐走。条例规定：若非用英格兰船只装载，就禁止从亚洲、非洲和美洲向英格兰进口货物；凡进入英格兰或各殖民地港口的商船，必须是英格兰或该殖民地所有，船员只能是该船所属地的臣民。

同时，共和政府积极加大了海军建设的投入，试图夺回海上霸主的地位，重振英格兰海军军威。克伦威尔将纪律严明的陆军风气注入海军舰队中。1649年，在数次战役中立下战功的陆军上校罗伯特·布莱克（Robert Blake）被提拔为海军上将。这一年英格兰海军舰队有45艘舰船，第二年就增加到了75艘。自《航海条例》颁布之后，英格兰海军派出保护地中海商船的护航船队，利用海军力量推动商业殖民扩张。

---

① 1648年，西班牙正式承认荷兰共和国独立。

事实上，令共和政府忧虑的不只是与荷兰的商业竞争，还有荷兰奥兰治家族①（House of Orange）带来的政治压力。

1641年，查理二世的妹妹玛丽·斯图亚特（Mary Stuart）嫁给了奥兰治亲王威廉二世。此后，玛丽以奥兰治家族的身份对斯图亚特王室成员给予大力的庇护和支持。1651年，共和政府提出双方成立益格鲁—荷兰贸易联盟，希望两国之间商业贸易"不平衡"的现状能做出调整，但是谈判失败。

1652年5月，一次偶然的冲突点燃了两国之间的战争。此后，在北海及英吉利海峡，两国数次海战。1652年11月，布莱克率领的海军在英吉利海峡的邓杰内斯角败给了特龙普统率的荷兰海军。1653年，英、荷又经历了三次激烈的战争。最终，英格兰海军彻底击败对手，取得了海上霸权，荷兰的海运贸易彻底瘫痪。

这时，英格兰海军舰队的规模达到了200艘，实力与荷兰海军旗鼓相当，势均力敌。但英格兰政府财力充足，每年对海军的投入高达150万英镑。共和政府的财政收入稳定，高额的赋税及专项征收的税金高过以往任何一个王朝，而且关税也只升不降。这个"昂贵的政府"不断出售国王的、国教的和保王党分子的土地获得大量资金。1649年至1653年，此项收入就达700多万英镑。所以，尽管荷兰称霸海上数十年，但在历时三十年战争后，

---

① 1566年，西班牙在尼德兰统治时期，大贵族组成以奥伦治亲王威廉为首的"贵族同盟"，以反对西班牙的政治压迫和宗教迫害。1572年7月，威廉被荷兰省议会推选为总督。

荷兰海军元气大伤，江河日下，已不是英格兰的对手。

1654年4月，由于内政的困扰，克伦威尔急于结束战争，与荷兰签订了《威斯敏斯特条约》。荷兰接受英格兰共和政府的《航海条例》，准许英格兰船只参与东印度贸易；荷兰议会同意将奥兰治家族逐出未来的政府执政管理层，流亡中的查理二世失去了援助。

克伦威尔在内外战争中树立了绝对的权威，在共和国的地位无人能够企及，权力完全超越了斯图亚特家族。与历代国王一样，强烈的权力欲使克伦威尔也走上了专权的道路。

1653年，克伦威尔利用手中的军事政权解散了"残余议会"。1653年12月，克伦威尔与全军议会指定了一个立宪机构，起草了《政府约法》①，将英格兰的共和体制改为护国政体，克伦威尔被封为"护国公"，属臣均须向克伦威尔宣誓效忠。

《政府约法》是一部成文宪法，条款包括：克伦威尔在国务会议的建议下进行统治，国务会议的成员由施政文件指定的成员组成；成立一院制议会，拥有立法权，议会由来自英格兰、爱尔兰、苏格兰和威尔士的成员组成，议会至少每三年选举一次，选举人必须拥有财产资格限制，等等。

克伦威尔为自己的专权统治建立了合法机制，却很快发现，议会站在了自己的对立面。

---

① 《政府约法》是历史上第一部在世界各地广泛传播的成文宪法，美国的三权分立制度就是在该法影响下建立起来的。

1654 年 9 月，议会召开，参加议会的 460 名议员中有近百名共和派议员拒绝向"护国公"宣誓效忠而被除名。而其他议员则秉持着以往议会独立的习性，抨击《政府约法》的非法性。克伦威尔固执地认为决不能接受议会高于自己的权力之上，遂将议会解散。克伦威尔的独裁统治，激起了全国公共舆论的愤怒，特别是共和派、王党派及第五君主派①成为护国政体统治的最大阻力。

为了避免政权失控，1655 年 6 月，克伦威尔将全国划分为 11 个军事管制区，每个区设有一名少将，统率 500 名精兵，维护地方治安。同时，下令整顿社会秩序，引入清教徒规则，废止戏剧表演和游戏，关闭酒馆和妓院，禁止咒骂。

出于政治需要，克伦威尔也改变了其执政以来的宗教宽容政策。近十年来，长老教徒、独立教徒及浸礼教徒，都可享用教会的禄位，其他会众也可以自由成立社团而不被禁止，甚至允许犹太人定居英格兰，并自由地做礼拜。1655 年 11 月，克伦威尔颁布了禁用《国民祈祷书》，叫停英格兰教会的礼拜仪式，禁止人们在公共场所举行礼拜活动，防止民众进行聚集性活动。尽管诸多派别反对护国政府，但"护国公"得到了军队、律师和政治家们的

----

① 第五君主国派，兴起于 1649 年的千禧年主义运动（相信在未来基督复临之前，耶稣将在尘世统治其圣徒的王国），是清教徒中最激进的一派，他们相信未来耶稣的"千年王国"将取代古代的亚述——巴比伦、波斯、希腊和罗马四个帝国而成为第五君主国而得名。他们反对国教，有无政府主义倾向。

支持。

1655 年 10 月，英格兰与西班牙的战争爆发。

长期以来，西班牙全力抵制英格兰到北美拓展殖民地和开展贸易活动。特别是西印度群岛，西班牙将其视为自己的属地，而大批英格兰人却在那里开拓殖民地。

为了给英国商人争取到更多的贸易自由权，打破西班牙的垄断地位，克伦威尔派出两支舰队：一支舰队前往西印度群岛占领了牙买加岛；另一支舰队进入地中海，保护英格兰商船。11 月，克伦威尔与法国结盟，共同对抗西班牙，避免节外生枝。

在与西班牙的战争中，英格兰海军将领展示出优秀的将帅才能，沉重打击了西班牙的武装力量，将不列颠在西印度的殖民统治推向一个重要的发展阶段。英格兰自此被各国敬畏，在欧洲的政治领域中拥有举足轻重的地位。

然而，国际地位的提升却加重了英格兰人的负担。1656 年 9 月，克伦威尔召开第二次议会，希望议会同意向国民征税，由国民负担这笔军费。虽然这次议会仍有百名议员攻击克伦威尔政府的统治，但总体来说，多数议员还是给了克伦威尔更多的支持。

议会不仅通过了向国民征税的议案，还通过了第二部成文宪法《恭顺的请愿和建议书》(Humble Petition and Advice)，建议书取代了此前《政府约法》，意在恢复英格兰原有的宪政体制；建议成立"第二个议院"即上院，恢复两院制；推动克伦威尔成为国王，恢复王室。

经过慎重考虑，克伦威尔选择继续做"无冕之王"，拒绝国王的称号。但是接受了建议书中提到的上院成员由克伦威尔任命；给予克伦威尔每年 130 万英镑的收入，但是不能向国民征收土地税；克伦威尔有指定继承人的权力等建议。

对于克伦威尔来说，他不需要一个国王的称号，却迫切需要拥有一部控制议会权力的宪法。因此，重新成立的上院成员均出自其信赖的支持者。1658 年 1 月，克伦威尔召回此前被驱逐的议员，让其重新回到议会。克伦威尔发现，无论自己如何努力都无法得到下院的认同。新组成的下院的议员们抵制新议会上院，质疑新宪法，全力阻止他走向专制道路。克伦威尔怅然若失，再次解散议会。

1658 年 6 月，英、法联盟的军事行动取得了新的胜利，在迪讷战役中获胜，英格兰从西班牙手中夺得敦刻尔克的控制权。然而，对于不列颠来说，这枚胜利的果实并不甘甜。战争耗资巨大，导致国家债务达到 150 万英镑，拖欠海员和士兵的工资超过 80 万英镑。

1658 年 9 月，在下一届议会即将召开之前，克伦威尔病逝。临终前指定其子理查德·克伦威尔继任护国公。

当一国民众能有一次对他们的合法权力主体说"不"时，民族自信心会得到加强，就算是——比如在英国——民众的仁慈后来又将权力主体呼唤回来。

——［德］马克斯·韦伯

查理二世复辟

第二任护国公理查德·克伦威尔（Richard Cromwell），既缺乏政治经验，也缺乏威慑力。虽然有军队、律师和政治家们的支持，议会依然是其执政的最大阻力。而克伦威尔遗留下来的各种难题，让平和愚钝的理查德·克伦威尔深感无能为力。更严重的是，军队中极端激进主义阵营突起。

自英格兰内战以来，军权借助国民意志推翻了王权，却拒绝让民权高于军权。同样，议会也倔强地维护其存在的意义，不肯放弃政治权力。

理查德试图稳定局势，利用议会制衡军队，而军队不肯就范。1659 年 4 月，军队包围了议会，将议会解散，废黜了理查德。克伦威尔建立的护国政体，在其去世 8 个月后宣告结束。理查德此后过着流亡生活，再也没有公开露面。而英格兰则群龙无首，陷入无政府状态。

1660 年 2 月，苏格兰总督乔治·蒙克（George Monck）因主张王朝复辟受到拥戴，他开始部署自己的军队，并与查理二世谈判。

在荷兰流亡的查理二世，迫不及待地抓住了蒙克的"橄榄枝"，只要能复归王位，再苛刻的谈判条件他都肯接受。

4 月，查理二世与议会签署了《布列达宣言》。在宣言中，查理二世承诺大赦；答应支付军队的欠款；保证宗教信仰自由；承认自 1642 年起的土地交易，保护被共和政府拍卖的王党分子们的财产和新主人的权益。

1660 年 5 月，议会通过恢复君主制的议案，称"依英国古代基本法律，我国政府应为国王、贵族及平民的总和"。

5 月底，蒙克在多佛海滩迎接查理二世（1660—1685 年在位）回国。30 岁的查理如同落水后被冲上岸的水手，双脚终于踏上了阔别 11 年的英格兰大地，那些逃亡的日子如狂野的海洋一般远去。伦敦市民举杯欢庆国王的回归，四处教堂钟声隆隆。

英格兰重新回到君主制。但此一时彼一时，经共和政府经营后的英格兰，无论是政治、宗教还是社会思想都发生了深度变化。君主的统治权已经被革命动摇，议会的独立性更加不可动摇。清教主义不再仅浮于表象，而是根植于人心。人们的思想不再受王权、教权及统治阶级政权的束缚，对民权的维护意识在增强。思想家约翰·弥尔顿主张出版自由，平等派领袖约翰·李尔本要求政府接受法律约束，独立派想要信仰自由，商人则希望自由经商等等。在各种社会利益诉求交错的情况下，查理二世听从重臣克拉伦登伯爵爱德华·海德（Edward Hyde）的劝告，在法律允许的范围内行使国王的权力。

爱德华·海德曾是查理一世时期的枢密院成员和财政大臣，当年他说服查理一世在牛津召开王党议会，后来随同查理二世流亡海外，不离查理左右。1660 年，海德被封为克拉伦登伯爵并晋升为首席大法官。他的女儿安妮嫁给了查理二世的弟弟约克公爵詹姆斯。与海德同时获封的还有拥立有功的乔治·蒙克，蒙克在查理二世回到伦敦的第二天就获得了嘉德勋位，一周之后受封阿尔比马尔公爵。

查理二世年少曾流亡法国，受到法王路易十四的保护，也受到路易十四生活奢华无度的影响，熏染了一身法兰西人的浪荡气质。查理二世性格外向，举止温文尔雅，喜欢寻欢作乐，不偏执。他主张为政和平，避免激化矛盾，不希望重蹈其父覆辙。

即位之初，查理二世就兑现了《布列达宣言》中的承诺，颁布大赦令，对 1637 年以来的政治犯实行大赦，只有 51 名参与刑杀查理一世的人除外。同时，议会以慎重且温和的手段处理着军队问题。因对新模范军队专权跋扈的传统心生畏忌，议会在及时偿还拖欠军人的工资后，再借军队高层内部分裂之际，解散了这支 2 万余人的军队，只为查理二世保留了由一个骑兵团和一个步兵团组成的 5000 人的常备军。在财政问题上，议会仍然牢牢把持着财政权，将王室的年收入定为 120 万镑，国王若有其他超支开销，需向议会提出申请。最后，宗教信仰自由成为难题，议会不同意。有人提出，宗教宽容是迫于清教徒和军队独裁者的压力实施的政策。而查理二世则坚持兑现承诺。双方无法调和，1660年12月，查理解散了议会。

这一时期，英格兰在科学领域取得了新成就，无论是生理学、化学、天文学、几何学，还是航海术等领域都形成了新的发展趋势，伦敦已成为研究自然科学和哲学的活动中心。而查理二世在法国期间就痴迷于炼金术等，对科学有着浓厚的兴趣。1660年11月，在查理二世的支持下，一个由科学家组成的皇家学会成立，学会旨在促进自然科学发展。早期成员包括被称为17世纪科学革命的领导者的天文学家克里斯托弗·雷恩，天才数学家、物理学家艾萨克·牛顿（Isaac Newton），物理学家罗伯特·胡克和化学家罗伯特·波义耳等人。

1662年，皇家学会获得了第一份皇家特许状，标志着皇家学会正式成立。这之后，牛顿制造了第一台镜面望远镜，并于1687年出版了著作《自然哲学的数学原理》，提出了力学定律，首次解释了引力如何使太阳和行星保持在轨道上，并证明万有引力和惯性符合物质运动的事实。

1661年5月，新一届议会再度召开。这一届议会选举中，保守派王党分子获得了大部分席位，而长老会成员仅为50名。故这次议会又被称为"骑士议会"。尽管骑士议会的大部分议员都效忠于国王，但是更看重议会自身的政治地位。骑士议会的议员多数信奉国教，因此，拒绝接受非国教教徒，反对宗教自由。

国王和大法官克拉伦登伯爵在宗教问题上保持着宽容态度，议会下院却坚持恢复主教制和《祈祷书》，并通过了《市镇机关法》，规定所有市镇官员都须按照英格兰国教会的仪式行圣餐礼。此后，但凡涉及宗教事宜，议会下院都采取强硬手段通过。

1662 年和 1664 年，议会又通过了《信仰划一法》和《非法宗教集会法》，导致英格兰五分之一的教士（约 2000 名）被免职。1665 年，又颁布了《五英里法》，规定非国教教士禁止进入城市 5 英里内，并禁止在 5 英里以内的学校执教。于是，英格兰的非国教社区产生，并在此后成为对抗议会的主要力量。

查理二世在宗教问题上无法与议会达成共识，在对外政策上依然无法摆脱议会的束缚。

荷兰和法国是与英格兰利益关联最密切的国家，荷兰与法国正在交战中。查理二世和弟弟詹姆斯在个人情感上都对法王路易十四有好感。1660 年，议会修改了《航海条例》，明确规定英格兰船员人数，并罗列出允许运输的货物清单。

随着海外贸易的发展，英格兰人的生活有了重大改变，巧克力、咖啡和茶成为英格兰人的日常饮料。自 1652 年希腊人在伦敦开设第一家咖啡店以来，到 1663 年，伦敦已有 80 多家咖啡馆。

咖啡馆成为人们聚集讨论时事的场所，报纸成为各咖啡馆的标配。英国最早的报纸《每周新闻》出版于 1621 年，在内战时期又有多种报纸出版。但是政府为了控制舆论，从 1662 年开始颁布特许状，只允许一两家报纸登载新闻。

1663 年，为了增加关税收入，也为了促进英格兰船舶制造业繁荣发展，议会再度修改《航海条例》，要求所有从欧洲进口到北美殖民地区的货物船只，必须先运抵英格兰卸载，在重新起运前付清税款。1664 年，查理二世的弟弟、海军大臣约克伯爵詹姆斯，派出英格兰海军侵占荷兰在北美的殖民地新阿姆斯特丹，并改名为纽约（今美国纽约）。同年将战火烧向荷在西非的殖民地，企图夺取那里的象牙和奴隶生意。路易十四乘机与英格兰结盟对抗荷兰。荷兰不肯示弱，英荷第二次战争爆发。

1665 年 6 月，英、荷舰队在英格兰东海岸外的洛斯托夫特（Lowestoft）交战。英格兰海军在约克公爵詹姆斯、海军高级指挥官鲁珀特亲王的指挥下打赢了这场战争，荷兰舰队损失惨重。英格兰海军书记官、后来的皇家学会主席塞缪尔·佩皮斯（Samuel Pepys）在亲历了这场海战后总结说："这是一场史无前例的伟大胜利。"只是，这场胜利未能彻底解决英荷之间的纷争。

1665 年，伦敦西北城区爆发了毁灭性的鼠疫灾害，疫情迅速蔓延到了市中心。数百年来，伦敦作为政治、经济中心，人口不断增加，城市在逐渐扩张。在资本主义扩张的过程中，贫富差距也在加大。城市的管理同样跟不上经济发展，伦敦城市卫生状况始终无法彻底改善。受屠宰业和皮革业的影响，伦敦城内"腥臭血水横溢的街衢，不断被抛入内脏的泰晤士河，污秽浊气不断引必疾病灾异"。恶劣的卫生条件，导致这场鼠疫夺去伦敦地区五分之一人口的生命，约有 10 万人。王公大臣和贵族们纷纷逃出京城躲避瘟疫，直到 1666 年 2 月，查理二世等人才回到伦敦。

瘟疫结束不久，查理二世决定再次发兵两万征战荷兰。议会以军资过多，战争无效为由反对。同年 9 月，伦敦塔附近的一家烘焙坊起火，火势在大风天中失控，燃烧了 5 天。伦敦城中世纪时所建的城内 90％的房屋被烧毁，除伦敦塔幸免外，圣保罗大教堂、伦敦市政厅、皇家交易所、87 座堂区教堂、52 座公司大楼、市场及监狱都化为灰烬。查理二世任命弟弟詹姆斯控制城市，防止出现抢劫及失控局面。为了控制人们的舆论，同年，政府批准成立了《伦敦公报》，但要求凡是与政府有关的事宜一律不得报道。作家奥利佛·高尔斯密说："你绝不可以认为编这些公报的人对政治、政府和国家有实实在在的了解。他们仅从咖啡屋的线人那里搜集到材料，而线人自己也是前夜在赌桌边从一花花公子那里听来，这花花公子也是从某大人物的脚夫那里听来，而此大人物在前夜只为自娱自乐而编造了整个故事。"

就在英国人重建伦敦之际，1667 年 7 月，荷兰海军沿泰晤士河而上，突袭驻肯特郡查塔姆（Chatham）锚地的英格兰舰队，打得英格兰海军措手不及。13 艘船被烧毁，海军旗舰"皇家查理"号也被拖走。查理二世被迫与荷兰签订了商业协议《布雷达和约》，该条约规定英格兰归还侵占荷兰在南美洲的苏里南殖民地；荷兰承认英格兰对纽约的殖民统治；英格兰修改《航海条例》，允许荷兰将尼德兰南部出口的货物运往英格兰。

此战令英格兰人备感耻辱，议会将战争失策归咎于查理二世放纵的生活和克拉伦登伯爵施政无方。克拉伦登伯爵遭到弹劾。

克拉伦登伯爵把持朝政期间，由于枢密院人数众多，因此凡遇重要事情，克拉伦登伯爵都要与两三位关系密切的大臣先议定方案，再交由枢密院及议会讨论，"内阁制度"雏形由此产生。

但克拉伦登伯爵对朝权的把控令王党分子及旧贵族势力不满。而作为新教徒，克拉伦登伯爵又是英荷战争的反对者。在议会同意对战争拨款时，克拉伦登伯爵带头质疑这笔款项的用途，令查理二世心生不快。因此，在议会弹劾的问题上，查理二世决定抛弃克拉伦登伯爵，支持议会。最终克拉伦登伯爵爱德华·海德被驱逐，逃亡到法国，在那里完成了著作《英国叛乱和内战史》。

赶走了克拉伦登伯爵，查理二世政府进入了加巴尔朋党时代。加巴尔是由五位各怀野心的大臣名字的第一个字母组合而成的，五位大臣分别是财政大臣克利福德（Clifford）勋爵，主张通过与战争夺取荷兰的商业财富；大臣阿林顿（Arlington），主张实现查理二世一世愿望的野心家；首席大臣白金汉（Buckingham），主张宗教信仰自由；阿什利（Ashley）勋爵，从财政大臣升任为大法官，后被封为沙夫茨伯里伯爵，同样主张宗教信仰自由；统治苏格兰的劳德戴尔（Lauderdale）。

1670 年，查理二世与弟弟詹姆斯在加巴尔政府大臣们的支持下，秘密与法国签订了《多佛条约》。法王路易十四承诺，若英格兰与荷兰开战，法国将向查理二世支付补贴金，并通过扩大与法国的贸易增加王室收入，让查理二世在财政上摆脱对议会的依赖。作为交换条件，查理二世要在国内恢复天主教。法王为此还承诺，一旦英格兰因查理二世改信天主教而发生叛乱，法国将给予军事援助。

1672 年，詹姆斯和克利福德勋爵改信天主教，查理二世发布了《信教自由令》。骑士议会提出抗议，并于 1673 年通过了《忠诚誓言法》，规定非国教教徒不得担任公职。查理二世做出让步，撤销《信教自由令》，詹姆斯和克利福德勋爵分别辞去海军大臣和财政大臣的公职，拒绝遵从《忠诚誓言法》。

1672 年，法王路易十四发动了法荷战争，《多佛条约》内容泄露。议会要求废除这份协约，查理二世为了保持独立于议会控制的地位，宁愿接受法国的资助，做法王路易十四的代理人，也要进行第三次英荷战争。

法军在发动陆地战争时，荷兰的奥兰治亲王威廉为了阻止法军入侵而背水一战。打开了拦截北海海域的堤口，引海水入田、入城，发誓"奋战致死"，逼退法军。

1673 年 8 月，在泰瑟尔岛海战中，荷兰舰队凭借重炮装备占据上风，英法联军放弃了从泰瑟尔岛登陆荷兰的计划。虽然荷兰海军仍有战斗力，但是旷日持久的战争导致荷兰经济遭到重创，国势渐衰。而查理二世获得的补贴金也早已消耗殆尽，同时，英格兰议会在奥兰治亲王威廉的鼓动下，拒绝为战争进一步提供财政支持。重要的是，这时英荷两国已经意识到，法兰西王国的目的就是让英、荷两败俱伤。为此，1674年2月，英国与荷兰议和。

1673年，克利福德勋爵去世，五大臣中的白金汉与沙夫茨伯里伯爵不和，沙夫茨伯里伯爵成为反对派，这个阴谋集团也随之瓦解。

这时活跃在政治舞台上的是新财政大臣托马斯·奥斯本·丹比伯爵。在丹比的斡旋下，查理二世对议会让步，支持维护国教教会，对天主教徒和不从国教者强制执行刑法。同时，信奉天主教的詹姆斯在妻子安妮去世后，娶了意大利信奉天主教的摩德纳的玛丽。由此引发以沙夫茨伯里伯爵为主的反对派的攻击，认为詹姆斯不适合做查理的继承人。只是，风流成性的查理二世情妇成群，王后也没能生下继承人，詹姆斯是唯一的合法继承人。

1679年4月，沙夫茨伯里领导的反对派敦促议会通过了《人身保护法》，旨在保障英格兰人享有自由的权利。规定政府不得随意逮捕或监禁任何人，保障了反对派的言论自由，并且不会因为发表反对政府的言论而遭到迫害。此时，欧洲各国尚未有此类法案出现。

丹比为了确保詹姆斯之后的继承人是新教徒，更为了抗衡法国，积极撮合詹姆斯的长女玛丽公主嫁给荷兰奥兰治亲王威廉，让英格兰王国和荷兰共和国化敌为友。

法王路易十四不愿看到这样的结果，他暗地收买英格兰议会反对派，搜集丹比的罪证。1679年，丹比被弹劾入狱。同年，议会要求修订《宗教改革法》，规定詹姆斯和天主教徒不得继承王位。查理二世不肯接受。1679 年 9 月，议会解散。

这时议会形成了两大党派，以丹比伯爵为首的王党派"托利党"和反对亲荷兰的"辉格党"。在民间，支持"托利党"的以乡间士绅和教士为主，他们忠于国王和教会，有田地，多为地方治安官，遵从传统旧制；"辉格党"的支持群体主要是贵族阶级，他们有产业，在各自生活区域都拥有势力和影响力，同时，城市中的商人及思想自由人士多为辉格党人。

尽管在 1680 年和 1681 年辉格党发起了两场阻止詹姆斯继承王位的议会运动，但是查理二世都顶住了压力，力保弟弟詹姆斯的王位继承权。

1685 年 2 月，在位 25 年的查理二世去世。临终前，查理二世如愿改奉天主教。而詹姆斯也在没有遭到任何反对的情况下即位，即詹姆斯二世（1685—1688 年在位）。

我确信，没有人生来就带着上帝打下的烙印，使得他高居他人之上，因为没有谁背着一副马鞍来到世上，也没有人生来就穿着马靴，踢着马刺骑在他人身上。

——［英］理查德·罗姆鲍德

光荣革命

查理二世为弟弟留下的是一个宪法日趋完善、商业贸易繁荣、学术自由、科学人才辈出的王国，还有能征善战又忠诚的常备军，和由托利党主导的友好的议会。甚至国教都默认不对天主教教徒强制执行各种惩治性的法律，以示对新国王的支持。议会为了支持国王财政自由，同意拨给每年 190 万英镑的收入。

而詹姆斯二世并没有意识到，这种有利的政治局势是王权统治的最高起点。也许一切来得太容易，詹姆斯二世很快就将一手好牌打得稀巴烂。

詹姆斯二世与查理二世的性格、执政理念完全不同。詹姆斯心胸狭窄、脾气暴躁，常常面无悦色。詹姆斯主张国王应该拥有强大的权力，其刚愎自用、独断专行的个性如同其父。最重要的是，詹姆斯二世是一个狂热的天主教徒。

虽然詹姆斯二世表示将依照法律维护王国统治，宣称维护国教，不干预财产权。但是，詹姆斯二世缺乏政治意识，即位之初就固执地要加强君主专制，极力在英格兰推行天主教。

詹姆斯二世的作为令辉格党人深感不安。1685 年 6 月，极端的辉格党分子怂恿逃亡到荷兰的查理二世的私生子蒙茅斯（Monmouth）公爵发动叛乱。蒙茅斯在英格兰西南部多塞特郡的莱姆（Lyme）登陆，在辉格党的支持下，拉起一支 3000 人的反叛队伍，蒙茅斯自称国王。只是这支队伍毫无战斗力，仅凭一腔热血是敌不过久经沙场的国王常备军的。7 月，叛乱被镇压，蒙茅斯被俘，与 300 多名反叛者一同被处死，数百名参与者被流放到殖民地。

经此叛乱，詹姆斯二世更加坚定自己的信仰，决定为上帝付出一切，直接挑衅攻击英格兰国教，全力推动天主教与国教平起平坐。1685 年 11 月，詹姆斯要求议会废除《宣誓法》，在明知议会反对的情况下，解散议会；动用国王的特免权，中止了伦敦主教的职务，任命天主教徒担任公职；将不合作的法官全部免除职务；在军队中起用十余名信奉天主教的军官，替换所有军中要职，甚至不再任命海军上将或海军委员会，国王亲理一切海军事务；派遣信奉天主教的蒂尔科纳尔伯爵去管理爱尔兰；运用法律手段让天主教徒在民事与宗教方面获得平等权利；1687 年 4 月，詹姆斯强行颁布了《信教自由令》，要求废止一切反对天主教的法律。

詹姆斯二世急于求成的举措，失去了国教徒的支持，非国教教徒也无法接受这突然而至的改变。但在爱尔兰，无论是政府、军队、法庭，还是各社会团体，都被天主教徒取代。爱尔兰的变化令詹姆斯备受鼓舞，决心操控未来的英格兰议会选举，彻底清理英格兰法官队伍中、城市社团中以及地方管理阶层的新教徒势力。

詹姆斯没想到，他的这一决定触动了中央政府与地方郡府之间的稳定关系。一直以来，无论是都铎王朝还是斯图亚特王朝，郡守之下的地方治安官都由地方乡绅担任，虽然这一职位由中央政府任命，地方治安官却是不领俸禄的官员。治安官与中央政府彼此依靠的是一种政治谅解，即地方官员凭借自身的地主地位及在当地的声望，尽力执行中央政府授予的行政及司法权。同时，乡绅们无论是在个人经济来源还是宗教信仰方面都不受中央政府的约束。中央政府也没有权力对这一群体构成任何制约。显然，詹姆斯二世忽视了这一国情，将地方乡绅纳入宗教打击范围之内，导致全国反国王的联盟迅速成立。

詹姆斯一意孤行，也激怒了忠于王党的托利党人，并与辉格党一起，将国王视为敌人。

1688 年 5 月，詹姆斯再次颁布《信教自由令》，要求所有教士在限定的时间内公开宣读该法令内容。詹姆斯的强权遭到坎特伯雷大主教等 7 位主教的强烈反对，认为国王的《信教自由令》践踏了王国的法律，联名向詹姆斯递交请愿书。最终，7 位主教被冠以"诽谤性煽动罪"受到审判。当陪审团宣布主教们无罪时，驻扎在当地的士兵们欢呼雀跃。显然，詹姆斯二世的统治已失去了民心。

令詹姆斯二世始料不及的是，辉格党在失去蒙茅斯这张牌之后，又打出一张大王牌。

在詹姆斯二世为推行天主教拼尽全力之时，辉格党和托利党人暗地里与詹姆斯二世的女婿、荷兰执政奥伦治亲王威廉建立了秘密联系，威廉也是荷兰军队的统帅。

玛丽是坚定的新教徒，是詹姆斯二世的合法继承人。英格兰政治家们决定放弃詹姆斯二世，将希望寄托在玛丽夫妇身上。威廉的母亲是查理一世的女儿、查理二世的妹妹玛丽·斯图亚特，在威廉娶了表妹玛丽之后，已经有了英格兰王位的继承权。由于荷兰与法国的战争没有停止，威廉担心詹姆斯二世再与法王路易十四结盟，也开始着手干预英格兰的事务，并准备发动军事入侵。

1688 年 6 月，詹姆斯二世的王后生下一个儿子。这位合法的天主教徒王位继承人的横空出世，促使英格兰的局面发生改变。政治精英们不想坐失良机，故主动出击。托利党的丹比伯爵托马斯·奥斯本①与辉格党人什鲁斯伯里公爵查尔斯·塔尔博、德文希尔公爵威廉·卡文迪什等七人②联名致信向威廉发出正式"邀请"，希望威廉"及时"出面干预英格兰局势，以保全人民的自由，免遭国王的虐待。同时，陆军和海军军官哗变，国教神职人员也保持中立的态度。

得知此事，詹姆斯二世犹如被惊醒的梦中人，急令恢复被停

① 1684 年，丹比获释，并成为詹姆斯二世的反对派。

② 此七人被后人称之为"不朽的七人"（Immortal Seven）。

职的教士们的职务；废除宗教法院；之前撤销的各城市特许状被恢复；准备召开议会。但为时已晚。

1688 年 11 月，威廉率领荷兰水陆大军 14000 人在治安宫西南部的托湾（Torbay）登陆，一路少有遇到抵抗，各地乡绅地主及官吏应声反叛詹姆斯二世的统治。詹姆斯军队的少将约翰·丘吉尔（John Churchill）也带领 400 名军官投靠威廉。12 月 18 日，威廉进入伦敦，内心崩溃的詹姆斯二世携妻儿逃到法国。

1689 年 2 月，非常议会起草了一份《权利宣言》，将詹姆斯的逃离行为视为退位，宣布拥立威廉与玛丽为国王和女王。二人为联合君主，由威廉掌控政府的行政权。

3 月，玛丽二世（1689—1694 年在位）与威廉三世（1689—1702 年在位）宣布即位，400 名下院议员宣誓效忠新君，史称"1688 年大革命"，又称"光荣革命"，即不流血的革命。

信贷制造了战争与和平，组建了军队，装备了海军，发起了战争，包围了城镇。总的来说，与其把它叫作金钱，还不如把它叫作战争之源更为合适。信贷迫使士兵战斗，却不付给他们报酬；让海军前进，却不给他们提供保障。但是只要它高兴或有需要，它就会给英国财政部与银行带来数百万的收入。

——［英］丹尼尔·笛福

奥兰治的威廉

威廉三世是奥兰治亲王威廉二世与玛丽唯一的儿子。1650年，威廉二世去世，荷兰陷入"第一次无执政时期"（1650—1672）。当时不满1周岁的威廉，继承了奥兰治亲王之位，在母亲和祖母的养育下长大，长期受到荷兰联省议会寡头的控制。直到1672年，英法联军向荷兰共和国发动进攻，22岁的威廉果敢决断，指挥军民奋起反击，成为反侵略英雄。赢得荷兰人的拥护，重拾执政大权。

荷兰是新教国家，商业贸易发达，能容纳异见者。荷兰不仅鼓励思想自由，出版自由，也是图书贸易发达的国家。至17世纪上半期，荷兰和英国被称为是仅有的提高了养活人民能力的两个欧洲国家。这次荷兰对英格兰的干预，演变成了王朝变更。

威廉三世以谈判高手著称，在英格兰登基称王之时，已经是位成熟稳健、有谋略的政治家。在伦敦登基那天，威廉致信荷兰议会，重申自己地位的变化不会改变他对祖国的感情。荷兰人为此欢呼而自豪，甚至自发捐赠费用开办庆典。

与荷兰人的热情与喜悦相反，英格兰人对新君主则有更多的思考和要求。

1689 年 12 月，议会下院将《权利宣言》改为具有法律效力的《权利法案》。法案增加了两项条款：一项是王位继承顺序，首先玛丽是后嗣，其次是玛丽的妹妹安妮及其后嗣；另一项是任何信奉天主教者或与天主教徒婚嫁者，均不得继承王位。此外，法案对国王的权力进行限制，如国王不能运用特权征税；未经议会同意不能维持常备军；不能干预议会选举等。

《权利法案》成为自 1215 年以来的《大宪章》，也是 1628 年的《权利请愿书》之后的又一重要法案。法案杜绝了天主教徒统治英格兰的可能，对国王在经济、政治、宗教等事务中的权力进行了严格的限定。法案保障了英格兰人的人身和财产安全，并解除了出版限制。议会还颁布了《宗教宽容法案》，维护了国教的地位，也放宽对非国教徒的迫害和限制。此后，议会每年都要召开，而且议会成为政府机构中一个固定的、不可缺少的部分。重要的是，议会合法地与国王平分统治国家的权力，控制着王室的财税收入额度。

1690 年，议会宣布永远废除国王"靠自己生活"的原则，降低王室永久性收入额度，收回了王室关税的直接征收权，规定威廉三世和玛丽只能享用 4 年的关税收入，而不是终身。不仅确保了议会的权力，也为英格兰建立集中化、公开性的财政管理制度奠定了基础。

占据议会席位的精英阶层，除了政治家、宗教领袖，还有商人和企业家。标志着资产阶级议会民主制度在英国取得了胜利，资产阶级新贵族和旧贵族一道成为英格兰的统治阶级。人们不仅在政治、宗教领域主张权利，同时也为经济共同利益去排除政治权威的限制，一个新的资产阶级君主立宪制政权在英格兰建立起来。

威廉三世没有更多的选择，要想戴上这顶王冠，只能接受《权利法案》，与议会分享权力。议会两院之间虽然纷争不断，但始终保持依据现实需要推行立法。1689 年、1694 年与 1701 年，先后通过了《叛乱法案》《三年法案》与《王位继承法》，继续限制国王的权力，将军权、立法权和司法权等国家权力牢牢掌握在手里，逐步完善君主立宪制。

辉格党是光荣革命的核心力量，是废除詹姆斯二世的主谋。在新君主确立之后，辉格党与托利党之间的联盟也自动消失，旧怨重新燃起。

辉格党具有民粹主义的思想意识，认为政治权力来自人民，国王为国民而存在，国王与国民之间存在着一种"契约关系"，国王作为行政首脑要依法而治，如果国王践踏人民的利益，就会遭到人民的反抗，就要予以废黜。对辉格党来说，与其说是拥护国王威廉，不如说他们希望拥护的是党首威廉。而托利党虽然被迫在詹姆斯二世与威廉之间选择了后者，但是多数托利党人仍然不愿意把威廉三世视为合法的国王。

面对党争，威廉不急于取悦任何一方，而是取众人所长，充分利用国王任命大臣的权力，平衡各党派的利益。枢密院主要成员为辉格党人，但托利党几位最具影响力的大臣也位列其中。比如，托利党人领袖丹比伯爵托马斯·奥斯本①因为拥立有功被任命为枢密院院长，封为卡马森侯爵，第二年丹比伯爵成为首席大臣。

威廉采纳大臣的合理建议进行内政管理，外交政策则坚持自己的主张。

威廉三世入主英格兰，自然与荷兰结为联盟，成为法国称霸欧洲的阻力。欧洲三十年战争之后，法国在军事与经济方面都具有显著优势，西班牙已失去主导地位。而法国对荷兰开战之后，欧洲新教国家有了唇亡齿寒之虞，纷纷加强维护与荷兰的关系。

1686年7月，在威廉三世的呼吁下，荷兰先后与奥地利、西班牙、瑞典、巴伐利亚、萨克森和巴拉西丁结成奥格斯堡同盟。1689年，威廉三世将英格兰拉进对抗法国的阵营，反法同盟改称"大同盟"。

---

① 1684年丹比获释，从此成为詹姆斯二世的反对派。1688年与六名辉格党议员一起提出邀请奥伦治亲王威廉进军英格兰，夺取政权。

法国是天主教国家，对外以天主教捍卫者自居，目标是称雄欧洲，同时大力向海外发展。但法国海上力量弱于英格兰。为此，在集中力量控制大陆斗争的同时，全力发展海军力量，避免同英格兰在海上正面冲突，暗中却怂恿和支持流亡中的詹姆斯二世发动叛乱。

1689年夏季，詹姆斯二世登陆爱尔兰，意在英格兰掀起内战。威廉三世亲自指挥反击，取得纽敦马特勒战役的胜利。1690年7月，威廉三世又与詹姆斯二世战于都柏林北部的博因河沿线，詹姆斯二世的25000人军队被击败，撤回法国。这次胜利，为威廉赢得了威望，英格兰议会两院表示"感谢国王在爱尔兰的胜利，感谢女王摄政治国的审慎"。并且通过决议，给予国王兵力、财力的支持。议会将拨付给国王的永久性收入做了划分，其中，每年60万英镑为王室专款，其余的则用于和平时期的军队建设。但为了支持战争，议会又拨给国王额外补助金400万镑。

威廉在英格兰、爱尔兰可以行使王权，在苏格兰却遇到阻挠。此时的苏格兰依然以农业经济为主，农业还停留在中世纪，没有资本投入到土地上，商业、航海业也远远落后于英格兰。许多苏格兰人依然基于封建法规，效忠詹姆斯二世，拒绝接受威廉二世[①]为国王。威廉三世迫切希望将英格兰与苏格兰合并，英格兰议会下院却强烈反对。

---

① 威廉三世在苏格兰为威廉二世。

1689 年春，苏格兰邓迪市市长约翰·格雷厄姆发动支持詹姆斯二世，反对苏格兰临时政府的叛乱，最终他兵败阵亡。苏格兰临时政府要求所有部落首领向威廉与玛丽宣誓效忠。1692 年 2 月，苏格兰国务大臣约翰·达尔林普尔爵士出兵至威廉堡附近的格伦科，对麦克唐纳家族及当地居民进行屠杀，理由是麦克唐纳家族超过限期才宣誓效忠。

为了缓解矛盾，最终威廉在苏格兰推行宗教宽容政策，同时将全部精力放在欧洲事务上，保持势力均衡的外交政策，努力寻找欧洲盟友。

法国从未停止征服的步伐。1690 年 6 月，法王派出由 78 艘舰船组成的舰队进入英吉利海峡，挑战大联盟。在比奇角战役中，法军击毁荷军 6 艘舰船，获得英吉利海峡的控制权。比奇角一战，路易十四深受鼓舞，进而准备入侵英格兰，詹姆斯二世也加入其中。

1692 年 5 月，威廉三世重新整顿英荷联合舰队，任命"不朽的七人"之一的爱德华·罗素（Edward Russell）为海军上将，组成 90 余艘战舰巡航队集结于海峡，与法国舰队 44 艘军舰战于在巴夫勒附近的拉乌格。英荷舰队以绝对的优势痛击法军，重新夺回制海权。詹姆斯二世目睹了一切，复辟梦也随之破灭。

法国不肯就此收手，转向劫掠英荷的海贸和渔业船队。1693 年 6 月，400 艘英荷商船和护航舰船在驶离葡萄牙南拉的拉古什途中，遭到法国海军的攻击，100 名英荷商人丧命，损失惨重。7

月，法国卢森堡公爵又率领 8 万精锐法军，在荷兰尼尔温登（Neerwinden）围攻由威廉三世率领的 5 万反法联军，威廉的人员和军备遭受了重大损失。在北美战场，"新法兰西"和"新英格兰"之间也发生了战争。

在法王路易十四的频频重击之下，威廉三世愈挫愈勇，在加强英国军事建设的同时，推进金融业发展，以确保战争军费充足。

1694 年，为了应对飙升的战争开销，威廉将荷兰成熟的长期借贷制度引入英格兰，由议会通过征税对这种借款予以保证，确保公债在英格兰发行。至此，国家的债务不再是国王的私债，而是由议会财政担保的公债。

但以丹比伯爵为首的托利党反对长期对法战争，而辉格党为了制止詹姆斯二世复辟，通过加税、借款等手段大力支持威廉国王对法战争。1694 年年初，在辉格党人财政大臣查尔斯·蒙塔古（Charles Montagu）的策划下，以 120 万英镑的资本成立了英格兰银行，首位英格兰银行总裁为辉格党人约翰·霍布伦。英格兰银行是第一家①为英格兰提供金融服务的私营公司，政府付给银行 8％的利息，授权银行发行货币、吸收存款、发放贷款。

1696 年，经威廉三世的同意，蒙塔古任命著名物理学家艾萨克·牛顿（Isaac Newton）为皇家铸币厂厂长，负责监督铸币。议

---

① 1695 年，苏格兰议会授权建立合伙性质的苏格兰银行，旨在为苏格兰提供统一的金融支持。半个世纪后，1783 年，爱尔兰银行成立，迄今一直履行着商业银行的功能。

会决定回收旧硬币，并按旧标准铸造新币。1697 年，英格兰银行通过扩大融资规模为政府提供帮助，投资者因对议会的担保有信心，纷纷认购，使得银行在原始股基础上得以发行 100 万英镑的银行股票。为了防止股票经纪人销售假股票，议会对经纪人数量加以控制，并要求在政府注册登记才有资质。

公共债务市场稳定成长及银行的兴起，意味着人们不再将硬币、金块和金银器等锁在保险箱中，或埋藏在自己的花园中。而是积极回应银行开展的私人融资业务，参与储蓄和投资。英格兰私人资本市场兴盛起来。

同时，威廉三世恢复了英格兰人的出版自由，解除了政权对人民思想的禁锢，这成为社会创新的润滑剂，为英格兰经济发展注入动力，也给海外资本带来信心，大批荷兰贷款投资到英格兰海军船舰建造和英格兰东印度公司规模扩建中。

在军队建设方面，威廉三世还从荷兰带来新的陆战技术，引入经验丰富的欧洲陆军军官，弥补了英国陆军的短板。英军开始有了统一的制服与编队训练，兵器得以改进，将刺刀也装置在火枪上，提升了长矛兵的战斗能力。

威廉三世决心将战争进行到底，法王路易十四却陷入四面树敌的困境。最终，1697 年 7 月，法国与大同盟各国签订《赖斯韦克条约》，英法"九年战争"宣告结束，也结束了两个殖民强权间的战争，殖民地的边界回归到战前状态。路易十四承认威廉三世为英格兰国王，承诺不再援助流亡法国的詹姆斯二世。

威廉三世在对法战争初期，主要居住在荷兰，英格兰政务由女王玛丽二世主持。玛丽在联合执政中始终坚持以丈夫威廉为主导，甘居次位。她曾表示："只想当个好妻子，而不是驾驭丈夫的女王。"但是玛丽与妹妹安妮公主的关系由光荣革命初期的亲密变得冷淡。因为威廉三世与玛丽没有孩子，安妮却在1689年生了儿子格洛斯特公爵威廉王子。而威廉三世对安妮的丈夫、丹麦的乔治王子的排斥，让安妮越发不满。

在大臣中，安妮最亲近的是马尔伯勒伯爵约翰·丘吉尔将军。1692年，安妮公主与玛丽女王矛盾深入，约翰·丘吉尔被女王免去一切职务。1694年12月，玛丽女王感染天花去世。

玛丽女王死后，威廉三世未再娶。1700年，安妮公主的儿子去世，而安妮之后的王位继承问题成为焦点。1701年，议会通过了《王位继承法案》，决定在安妮去世后由詹姆斯一世的孙女、汉诺威选帝侯夫人索菲娅（Sophia）继承王位。因索菲娅不是天主教徒，因而将其他50多位信奉天主教的具有王位继承资格者排除在外。

1698年，托利党主导议会。自从英法战争结束后，主张和平的辉格党失去了民众的支持。在《王位继承法案》中，托利党趁机添加了若干限制国王权力的条款：如未经议会批准，国王不得离境，不得发动战争；规定凡登上英格兰王位者均须加入国教；受到议会弹劾者，国王不得赦免；外国人不得担任重要的民政和军事职务；政府官员不得兼任下院议员等。

但是和平没有持续太久。1700 年，西班牙出现王位继承危机。哈布斯堡王朝绝嗣，王位空缺，法国波旁王朝与奥地利哈布斯堡王朝对西班牙王位展开争夺战。大同盟为了制止法国吞并西班牙，对法宣战。1701 年，詹姆斯二世去世，法王路易十四毁约，承认詹姆斯二世的儿子詹姆斯·斯图亚特为英格兰国王。

欧洲战争迫在眉睫。1701 年夏天，威廉说服议会支持对法开战。9 月，为防止法国和西班牙合并，威廉联合奥地利、普鲁士、汉诺威等国家，重组大同盟，并启用约翰·丘吉尔为英荷陆军的反法主帅。

沉寂了多年的约翰·丘吉尔终于登上施展才华的舞台，而威廉三世却没有机会目睹这位名将在战场上的风采。1702 年 2 月，威廉三世在汉普顿公园骑马时跌落，不久去世。詹姆斯二世之女安妮（1702—1714 年在位）公主继承王位。

在和一个来自那个国度的人谈到狡猾的政客经常计划合并爱尔兰的话题时，他曾这样阐述自己——"不要与我们合并，先生。我们与你们合并，只是为了抢夺你们。如果苏格兰有任何我们可能抢夺的东西，我们也会抢夺苏格兰。"

——［英］詹姆士·波斯威尔《约翰逊传》

安妮的大不列颠王国

37 岁的安妮继承了王位，英格兰又回归到斯图亚特家族手中。安妮是位勤政的女王，每周主持一至两次内阁会议，与大臣商议国是，逐步促进内阁制的完善。定期出席上院的辩论，积极支持关乎国家重大利益事项的推进。对外展开军事行动，对内推进英格兰与苏格兰合并。

安妮任命两位挚友辅政：温和派戈多芬勋爵为财政大臣，并主持内政；能征善战的马尔伯勒伯爵约翰·丘吉尔为英国军队总司令，处理外交事务。

即位后，安妮将英格兰和苏格兰合并统一一事提上日程，双方议会虽然没有积极回应，但是爱丁堡和伦敦的舆论界却针对统一展开了大讨论。为了解苏格兰政府动向，安妮女王派出作家丹尼尔·笛福（Daniel Defoe）去苏格兰侦察了解情况。笛福支持合并，积极加入引导合并的舆论宣传中，他报告女王说："99％的苏格兰人反对。"

1705年，苏格兰议会通过了一项法案，规定在安妮女王过世后，苏格兰拥有自主选择王位继承人的权利，以此作为回应合并的态度。出于政治和商业贸易的考虑，1706年4月，英格兰议会下院召开会议讨论合并事宜。

最终，在经济利益的诱导下，苏格兰政府接受了合并统一的建议。1707年5月，英格兰议会颁布《联合法案》，规定苏格兰与英格兰合并后，苏格兰议会被废止，大不列颠王国正式成立。安妮是大不列颠王国的女王，也是爱尔兰的女王。法案同时确定了汉诺威王室成员为大不列颠王国王位继承人。

大不列颠王国议会下院中，苏格兰议员占45个席位，上院中占16个席位。苏格兰北部与英格兰南部之间建立起自由贸易经济区，苏格兰保留自己的法律体系和枢密院。

英格兰和苏格兰已经确立的教会保持不变，英格兰仍为圣公会，苏格兰仍为长老会。安妮在圣保罗大教堂就两国合并一事发表谢词中称："向全世界展示，两国一心。"

此时的爱尔兰议会议员均为新教徒，但是爱尔兰人多为天主教徒。为此，新教徒以法律形式对天主教徒进行统治。比如，天主教徒的土地在死后不能平分给诸子，只有长子是新教徒才可继承土地，子女未成年只能交给新教教堂作为监护人；天主教徒即使进入大学，或成为校长，也不能送子女出国入天主教学校，只能进入新教徒学校。英国政府甚至不顾及爱尔兰的工业发展，禁止其家禽、肉类和牛油饼干等物品输入英国；禁止爱尔兰毛织品输出至任何国家。迫使爱尔兰人无法在爱尔兰生活，移民至美洲等殖民地。

1708 年，首届大不列颠王国议会召开，辉格党赢得多数席位开始执政。安妮是托利党的支持者，与辉格党政见不一，相处不融洽。但是安妮并不想被托利党控制，她所期待的是组建一个"温和"内阁，因此在政府中依然任命辉格人出任要职。

1705 年，安妮在与戈多芬勋爵就如何对待辉格党的问题上意见不合，关系紧张。

此时，约翰·丘吉尔在欧洲战场正将自己的军事天才发挥得淋漓尽致。在西班牙继承战争中丘吉尔先后发动了 10 次战役，指挥了 4 场大战，围城 30 余座，从未失败，威震欧洲。战争波及荷兰、南德意志、意大利、西班牙、法国及美洲等地，英吉利海峡、西班牙的比斯开湾、地中海及西印度群岛都是英格兰海军舰队的战场。约翰·丘吉尔的军事行动几乎摧毁了路易十四统治下的法兰西王国在欧洲的霸主地位。

但是，旷日持久的战争令各国人疲马乏，英格兰每年 900 万英镑的支出也使得托利党人及民众的反战情绪高涨。1710 年的选举中，反战的托利党人赢得多数选票，托利党领袖牛津伯爵罗伯特·哈利博得女王的信任。安妮决定抛弃戈多芬勋爵，任命哈利担任财政大臣并主政。

约翰·丘吉尔的军事行动不断取得胜利，但为了顺从民意，1711 年 12 月，安妮调整对外政策，支持托利党罢免马尔伯勒伯爵约翰·丘吉尔的议案。约翰·丘吉尔自行放逐到汉诺威，博林布鲁克亲王亨利·圣约翰（Henry St. John）负责外交事务。亨利·圣约翰是詹姆斯党人，上任后推动英国政府秘密与法国展开和谈。

1713 年，大同盟国和法国在荷兰的乌德勒支签订和约，西班牙王位继承战争结束。《乌德勒支签订和约》以遏制法王路易十四势力扩张为目的，承认路易十四的孙子腓力五世为西班牙国王，腓力五世放弃对法国王位的诉求，并割让其在尼德兰和意大利的其他领地给神圣罗马帝国皇帝查理六世。英格兰是和约最大的获益国家，获得了法国在北美的殖民地以及西班牙的直布罗陀和梅诺卡岛，并得到了奴隶专营权，确保了海上和殖民地的优势。此时，英格兰海军已称雄欧洲。

安妮统治时期政局稳定、经济繁荣，艺术、文学及建筑学领域都取得了进一步发展，文学家丹尼尔·笛福、亚历山大·蒲柏及乔纳森·斯威夫特都活跃于这一时期。同时，英国冶炼行业出现了突破性进展，1709 年，英国人亚伯拉罕·达比在将煤转化为焦炭之后，用煤焦替代木炭炼铁取得成功，既提高了生铁的产量，又降低了成本。

1714 年，安妮病重，安妮的丈夫已于 1708 年去世。安妮一直希望詹姆斯二世的后代能继承王位，保皇党人为此前往法国试图说服詹姆斯二世的儿子詹姆斯·斯图亚特（又称"老僭王"）放弃天主教信仰，却被拒绝。

围绕继承人问题，博林布鲁克亲王亨利·圣约翰和牛津伯爵罗伯特·哈利发生激烈争吵。博林布鲁克亲王有取代牛津伯爵的倾向。7月，安妮解除了牛津伯爵的职务，博林布鲁克亲王则为詹姆斯继位斡旋众议员。但不久，女王又任命政治上中立的辉格党贵族、什鲁斯伯里公爵查尔斯·塔尔博特（Chales Talbot）为财政大臣，负责处理政务。8月，安妮女王去世，在什鲁斯伯里公爵的主导下，英格兰王位按照《王位继承法》顺利转换到汉诺威王朝。

西欧不产棉布，直至 17 世纪，英国人一年四季都穿着破破烂烂、带有汗臭味的毛料衣物，内衣往往也是如此。可以想象，当商人开始从古印度进口轻便、色泽明丽的棉布衣物时，该有多么轰动。1708 年，丹尼尔·笛福回忆道："棉布悄悄来到我们的屋子，进入壁橱、卧室，窗帘、地毯、椅子、边床都是用棉布做的，要不就是印度制品，绝非他物。"

——〔美〕伊恩·莫里斯《西方将主宰多久》

不说英语的国王

依据 1701 年的《王位继承法》，汉诺威选帝侯①索菲娅夫人为王位继承人。索菲娅的母亲伊丽莎白公主是詹姆斯一世的长女，被送上断头台的查理一世的姐姐。鲁珀特亲王是索菲娅的兄长。1714 年 6 月，87 岁高龄的索菲娅去世，7 周后安妮女王也去世。

---

① 汉诺威王朝是德意志不伦瑞克王朝的分支之一，又称不伦瑞克王朝汉诺威分支，统治德意志汉诺威地区。汉诺威家族是新贵，不是与生俱来的王室家族。1692 年，哈布斯堡王朝的神圣罗马皇帝利奥波德一世，委任不伦瑞克—吕讷堡公爵为第 9 位世袭选帝侯，即德意志诸侯中有权选举神圣罗马皇帝的诸侯之一，是为不伦瑞克—吕讷堡选帝侯。此后，不伦瑞克—吕讷堡公爵及其后代便以封国为姓，改姓汉诺威。

索菲娅的长子、汉诺威选帝侯乔治·刘易斯是血缘和安妮女王最接近的新教信徒。1714 年 9 月，54 岁的乔治抵达伦敦，成为大不列颠国王和爱尔兰国王，即乔治一世。

乔治一世出生在德意志的汉诺威选侯国，汉诺威只比约克郡大一些。乔治一世能征善战，曾多次亲临战场指挥作战。1698 年，乔治一世担任汉诺威选侯，且热衷外交事务。

但英格兰人对来自德意志的新国王并不信任，早就在《王位继承法》中对新君主做了约束：国王不能任命德国人在英格兰担任任何官职，未经议会同意不能帮助汉诺威对外宣战。

而在乔治一世看来，戴上大不列颠这顶王冠，是为了帮助他解决汉诺威选侯国国内的矛盾。在抵达伦敦时，就表示"不喜欢这里"。乔治一世不会说英语，英格兰人也不说德语，君臣之间试图用蹩脚的拉丁语沟通，却总是交流不畅。这让乔治一世对亲自执政大不列颠兴味索然。

1717 年，乔治一世索性不参加内阁会议，首开国王不主持内阁会议先例。由国王信任的詹姆斯·斯坦诺普伯爵（James Stanhope）和森德兰伯爵查尔斯·斯宾塞（Charles Spencer）作为内阁首席主持会议。会议内容被以书面形式报告给国王。但大多数情况下，国王对文件的内容只是签名而不否决。

乔治一世没有意识到，这一做法意味着国王作为国家最高行政首脑将权力下放，给了内阁独立、地位提升、制度日趋成熟的机会。国王在国家政治领域中的影响力开始减弱。

1715 年 11 月，"老僭王"来到苏格兰，在苏格兰贵族马尔伯爵约翰·厄金斯的支持下发动叛乱，欲夺回大不列颠王位。苏格兰阿盖尔公爵阿奇博尔德·坎贝尔带领政府军击退叛军，马尔伯爵和"老僭王"退回法国。人们怀疑托利党是这场叛乱的支持者。在当年的议会大选中，辉格党赢得大选，确立了未来 45 年的执政党地位。

议会依然通过掌握财权，控制着政府运作。通过制定和废除法律左右国家政策的制定。甚至国王在委任高级法院法官和内阁大臣时，都要向议会主要领导征求意见。特别是在处理危机时，大臣们更是需要听从议会的决议，而不是服从国王的命令。1712年，议会创建了国家邮政服务。1715 年，贸易统计数据开始作为指导制定经济政策的依据。

乔治一世的兴趣依然在外交事务与汉诺威领地，因此大部分时间是在汉诺威度过的。

1716 年，乔治一世回汉诺威期间，任命他的儿子、33 岁的小乔治为"王国监护人"。小乔治与父亲的关系并不融洽，因为他的母亲索菲亚·多萝茜娅与一名朝臣私通，乔治一世和多萝茜娅离婚，并将她终身监禁在城堡中。而乔治在抵达伦敦走马上任之时，却带着两名情妇。

小乔治对父亲心怀怨恨，乔治一世同样不待见他唯一的儿子。1708 年，小乔治曾随父亲作为英军盟友参加了西班牙王位继承战，立下战功，却不被父亲认可。乔治一世不曾授予儿子任何官职，即使作为王国监护人，也没有任何实权。

父子俩之间的矛盾不断加深。1717 年在一场激烈争吵之后，小乔治夫妻被赶出宫廷，同时，辉格党财政大臣罗伯特·沃波尔爵士（Robert Walpole）和爱尔兰总督查尔斯·汤森（Charles Townshend）一同离开政府，成为辉格党内的反对派，与小乔治夫妻在其莱斯特宅邸集结成一股反对力量。

1720 年 4 月，乔治一世父子和好，罗伯特·沃波尔爵士和查尔斯·汤森等人重返政府，沃波尔任财政部主计长，汤森任国务大臣。

辉格党内部分裂源于乔治一世的外交和财税等政策问题。英格兰的外交政策一直以保护对外贸易和维持欧洲势力均衡为目标，但乔治一世则希望在这一基础上维护汉诺威选侯国的利益。为此，在是否支持国王和如何支付战争费用等问题上争执不休。

斯坦诺普伯爵主张以英格兰利益为主，维护大不列颠的安全与和平，保持英格兰拥有强大的军队，维持高额的税赋，并加强与同盟国之间的关系。当国债飙升到 5000 万英镑时，财政大臣沃波尔等人离开了斯坦诺普伯爵领导的内阁。

在斯坦诺普的主持下，英、法、荷结盟，英、法、荷又与奥地利结为同盟国。英格兰与各国的同盟关系，促使英、法两大强国结束了战争。英格兰在获得喘息之际，得以重建军队、发展经济。也为乔治一世解除了后顾之忧。

只是好景不长。1718 年，四国联盟卷入西班牙与意大利的战争。同年，森德兰伯爵任首席财政大臣、北方事务部国务大臣。森德兰伯爵试图减少国债计划，偏偏这时爆发了南海泡沫事件。

1713年，为了偿还不断攀升的国债，英格兰金融机构南海公司依照《乌德勒支和约》获得贸易垄断权。南海公司成立于1711年，是代表托利党利益的金融机构。1719年，该公司接管了约3000万英镑的国债，引来投资者跟风投机该公司股份。股票价格在6个月内涨幅从130%飙升到1000%。1720年9月，南海公司的股票价格虚高至不再有买家购买后出现恐慌性抛售，股票市场崩溃，成千上万的伦敦市民倾家荡产。

政府下令调查此事，多名大臣接受过贿赂，并投机了南海的股份。邮政大臣、财政大臣都因此锒铛入狱。政府对南海公司的资产进行清理，把库存股票补给股东，降低股东们的损失，以平息金融危机。1721年，斯坦诺普伯爵在上议院突发中风，当场死亡。1722年，森德兰伯爵突然去世。乔治一世任用罗伯特·沃波尔为辉格党领袖。

1727年6月，乔治一世去世。

乔治一世驾崩的消息传到伦敦，小乔治以为"这是一个弥天大谎"。44岁的王位继承人完全不敢相信已经成为大不列颠及爱尔兰国王、汉诺威选帝侯，成为乔治二世（1727—1760年在位）。

数天前，我经过一所监狱时，禁不住停下来去听一些对话，……对话发生在一个欠债人和脚夫之间，……两人好像都急于拯救国家于燃眉之危险。"对于我，"监犯大声说，"我最担心的是我们的自由，如果我们被法国征服，英国民主将何去何从？我亲爱的朋友，自由是英国人的特权，我们必须用我们的生命去捍卫它，决不能让法国人剥夺走。"

——［英］奥利佛·高尔斯密《世界公民》

英国首相初登场

乔治二世有 11 年的监国经验，对英格兰政治了若指掌。但在他之后 33 年的执政生涯中，国王虽然仍然掌控着最终决策权，但大多时间站在政治舞台中央的是重臣、内阁和议会。

乔治二世即位之初，在任用大臣时，王后卡罗琳建议新国王任用前朝原老罗伯特·沃波尔为首席大臣。理由是"沃波尔是唯一能通过议会为皇室增加薪俸的人"。在乔治一世时期，沃波尔为了能继续担任首相一职，为了博得国王的欢心，说服下院批准提高了王室的收入。

关于首相的称谓，是由于这一时期的首席大臣因具备极其重要的政治资格而被称为首相，以区别于早期首席大臣。

早期，国王在任用首席大臣人时多数情况是任人唯亲，才能虽然也是考虑的因素，但忠诚和君主的宠爱仍是首要条件。而作为首相，不仅需要有政治才能，还需要有组织管理内阁会议和敏锐观察新闻界舆论倾向的能力。但这时的首相尚不具备现代意义上的首相职能和权力，因为解散议会、任命重要大臣和授勋权依然还在君主手中。沃波尔虽然是英国历史上第一位首相，却拒绝使用"首相"一词称呼自己，因为这时"首相"是贬义词。

沃波尔人情练达、左右逢源，政治座右铭是"不生是非"。上任不久就取得了乔治二世的信任。至1732年，英国与各国终止了结盟关系，不再积极介入欧洲事务。1733年，波兰王位继承战争爆发，在沃波尔的劝说下，乔治二世按下内心对战场的向往，让英国避免了卷入战争。

在南海公司危机之后，沃波尔制定了一系列恢复南海公司信用和经济重组措施，维护金融市场的稳定，并将政府债务转移到偿债基金中，以协助减少国债。同时，政府制定政策避免战争和促进贸易。沃波尔成为执政时间最长的反战政府的首脑。

18世纪初期，英国经济虽然进步缓慢却很稳定。农业轮耕制促进农业产量不断增加，马代替牛作为牵引的畜力已被广泛运用。牛羊品种得到改良，田地排水和施肥较为普遍，土地的农业利润逐步走高。制造业也取得了进步，焦炭替代木炭熔炼出生铁，提高了生铁的产量，降低了成本；飞梭织布机的发明，将织布效率提高了一倍。

为了推进制造业进一步发展，政府降低或免除工业原材料进口关税，制定鼓励谷物、农产品和纺织品出口的相关政策。同时也制定了禁止进口与本国产品存在竞争关系的外国工业制成品的贸易政策，以推动民族工业发展。

沃波尔当政时期，税收政策也进行了调整。为了缓解阶层之间的矛盾，安抚支持托利党的地主乡绅阶层，沃波尔实施了降低土地税的政策，土地税由1727年的4先令下降到1732年的1先令。沃波尔降低了土地税却不想减少国库的税收，1733年，沃波尔又制定了一个消费税法案，提议用烟、酒的消费税替代这些物品的关税，以提高国家财政税收，阻止走私活动。

消息传出后，引起全国各地消费者的反对。伦敦发生了抵制活动，各地纷纷向下院递交请愿书，表示抗议。媒体舆论纷纷声讨谴责，沃波尔几乎失去了下院的多数支持，最终消费税法案不得不撤回。

尽管沃波尔是和平主义者，最终还是没能阻拦战争爆发。1739年，英国议会宣布对西班牙开战。

在1713年签署的《乌德勒支和约》中，英国获得了西班牙的直布罗陀。1726年，西班牙王国试图以武力夺回直布罗陀，但未能成功，此后不断在加勒比地区对英国商船进行拦截，制造事端。

1731年，罗伯特·詹金斯的商船与西班牙人发生冲突，詹金斯的耳朵被西班牙人割下。此事当时并未引起英国政府的重视，因为沃波尔的对外政策始终是息事宁人。

1733 年，西班牙与法兰西王国签署了秘密协议，协议核心内容就是要尽可能阻止英国人的海上贸易，若英国人反对，法兰西王国将对英国发动陆地和海上军事行动。有了法国的支持，无论是在西印度群岛还是西班牙控制下的美洲殖民地，西班牙更加肆无忌惮地对英国商船进行拦截，大量的英国人受到西班牙王国的贸易限制。

沃波尔在了解西、法之间的秘密协议之后，依然采取忍耐退让的姿态，希望通过谈判与西班牙和睦相处。1739 年 1 月，就西班牙与英国在欧洲和美洲之间的贸易问题签署了《帕尔多协定》。3 月，英国议会拒绝执行这一妥协性的条款，因为条款阻碍了英国的对外贸易发展。这时，罗伯特·詹金斯将自己一直保留着的被割下的耳朵在议会下院的会议中展示出来，举国震惊。一场以"詹金斯的耳朵"命名的英西战争在仓促中爆发。

这是一场无准备、无把握的战争。20 多年前称霸海上的英国海军已经衰退，无论在造船技术还是指挥作战能力上都毫无建树，远远落后于再度崛起的法兰西和西班牙王国。陆军同样缺少日常训练，战斗力匮乏。

战事骤起，英国政府一片混乱，无论是在欧洲大陆战场还是在美洲作战的英军，都表现欠佳。英国人为这场战争耗费了巨资，却寸土未收，南美洲贸易问题也没能让西班牙的掠夺有分毫收敛。

1740 年，奥地利王位继承战争爆发，法国与西班牙依然紧密联盟入侵奥地利。英国议会无视沃波尔的劝阻，强行出兵，只因不能接受法国独霸欧洲的格局。

1742年，沃波尔没能通过下院启动的不信任案，被迫辞职，开创了内阁因得不到议会信任而必须辞职的先例。新政府仍由辉格党人主导。

沃波尔辞职后，乔治二世任用懂德语的宠臣约翰·卡特里特为北方事务部国务大臣，负责外交事务。英国又恢复了以往的外交传统，继续以抑制法兰西王国在欧洲扩张势力为主线。但由于沃波尔辞职前向乔治二世推荐了亨利·佩勒姆（Henry Pelham）和纽卡斯尔公爵兄弟二人。因此，1743年，佩勒姆获得了财政大臣职位，成为首相。

同年，在奥地利王位继承战争的代廷根战役中，英军被法军围困，在乔治二世国王的亲自带领下，英军杀出重围。乔治二世是英国历史上最后一位领兵打仗的国王。这场战争直到1748年结束，英法双方签署了《艾克斯拉沙佩勒条约》，这也是一场没有明确的胜利者的战争。

1744年11月，在议会的压力下，乔治二世被迫解除了卡特里特的职位，任用纽卡斯尔公爵为外交大臣。

亨利佩勒姆与兄长和大法官哈德威克伯爵菲利普·约克为内阁的主要成员，乔治二世也逐渐赏识亨利·佩勒姆的审慎风格。

1745年，"老僭王"的儿子、波尼王子查理，纠集流亡在欧洲的余党，率领雇佣军在苏格兰竖起反叛大旗，入侵英国。乔治二世派出心爱的小儿子坎伯兰公爵迎战，并平息了这场叛乱。事后，佩勒姆未对苏格兰高地参加叛乱的詹姆斯党人过度报复，但是这场叛乱也暴露出英国军队严重的腐败问题，议会下院批准同意组建一支正规民兵部队。

佩勒姆推行的政策是在政府中使用尽可能多的政党派别，确保英国政治在平稳中发展。

1746年，威廉·皮特被委任为财政部主计长。威廉·皮特又被称为老威廉·皮特，出自大富商家庭，有"小爱国者"之称。他反对沃波尔的和平外交政策，喜欢在伦敦街头进行犀利雄辩的反法演说，拥有大批追随者，与威尔士亲王弗雷德里克私交密切。

乔治二世与王后卡罗琳都极其厌恶长子弗雷德里克，乔治二世对儿子就如同当年乔治一世对他一般冷漠厌烦。因此，威尔士亲王支持的人，乔治二世必是反对的。尽管老威廉·皮特进入了政府，却仍然被国王排斥在内阁之外。

老威廉·皮特既反对沃波尔的不抵抗外交政策，又反对纽卡斯尔公爵继续为欧洲战争拨款，更反对与英国无关的战争。他说，"鼓励大量英国人以战争为业对我们的自由而言是危险的，也会破坏贸易"。那些反对纽卡斯尔公爵的人都聚集在皮特的身边。1754年，首相佩勒姆去世，乔治二世感叹道："我以后将不再有安宁的日子。"

1756年，欧洲七年战争爆发。

欧洲七年战争是一场波及面非常广泛的战争。法国和奥地利在俄罗斯、瑞典及萨克森等国的支持下结成联盟，反对崛起的普鲁士王国。普鲁士国王腓特烈二世主动与英国和汉诺威结盟，导致法国夺去英国占领的地中海西岸的梅诺卡岛（Minorca），英国民众愤怒地走上街头，要求英国政府为夺回该岛而战。重压之下，纽卡斯尔辞职。

1756 年 12 月，在民众的呼声中，乔治二世不得不邀请被拥护为"伟大的下院议员"的老威廉·皮特出面组阁。1757 年 7 月，在战争的促使下，老威廉·皮特与纽卡斯尔组成了英国历史上最强大的内阁之一。

纽卡斯尔出任首席财政大臣兼首相，老威廉·皮特出任南方事务部国务大臣职务，负责战争事务。有人评价称"沃波尔是国王给民众的大臣，皮特则是民众给予国王的大臣"。

乔治二世虽然不喜欢老威廉·皮特，却也不妨碍两人有效合作。作为英国战争领袖，老威廉·皮特与国王保持一致的外交立场，明确支持普鲁士与法战争，但是英国的主要精力、兵力都放在海军和海外殖民战争中。

1757 年 7 月，在新内阁成立之际，英国海军为了巩固东印度公司在印度、孟加拉的既得利益，挑起了普拉西战役，击败了法国与印度联军，使得英国东印度公司在孟加拉取得霸权。到 1759 年，英国完全控制了海权，先后征服了加拿大、印度和加勒比群岛。从此展开了对全球进行军事扩张和殖民统治的蓝图。当时，英国作家霍勒斯·沃波尔（Horace Walpole）形容这一年"捷报频传，胜利的钟声响个不停"。1760 年 10 月，乔治二世去世。他的继承人威尔士王子早已于 1751 年去世。因此，继承王位的是威尔士王子的儿子、乔治二世的孙子乔治·威廉·弗雷德里克（George William Frederick），是为乔治三世（1760—1820 年在位）。

1779 年，我们谈起伦敦穷人的生活情形。——约翰逊："曾做过霍尔伯恩大法官的骚德斯·威尔克法官最有机会去了解穷人的状况。在我估算每周饿死二十人，即每年一千多人时，他告诉我，我低估了那个数字。不仅有直接死于饥饿，更有很多死于饥饿引起的消瘦和疾病。这只是发生在伦敦这样的大城市里……"

—— ［英］詹姆士·波斯威尔《约翰逊传》

美国独立

乔治三世出生于英格兰，是首个成长于英国本土的汉诺威君王。此时，首相的人选仍取决于国王的认可。乔治三世主张和平，所以摒弃了老威廉·皮特，将自己的导师比特勋爵提拔入朝，官至内阁大臣。老威廉·皮特辞职，成为一名坏脾气的议会下院普通议员。

1762 年，比特勋爵成为首相。尽管有国王的撑腰，若首相不具备领导力，执政局面就难以掌控。比特上任不到一年便不得不辞职。此后，首相一职如同走马灯，不断被乔治三世更换。直到 1770 年，乔治的童年伙伴、托利党首弗雷德里克·诺斯勋爵出任首相，这一职位才算稳定下来。诺斯的首相职位一坐就是 10 年。

1763 年，英法七年战争结束，英法签订了《巴黎条约》。条约虽然没有体现出英国为胜利方，而实际上英国获得了巨大利益。条约承认大不列颠是印度、加拿大、圣文森特、多米尼克、多巴哥、塞加尔、格林纳达和梅诺卡岛的主人。尽管战争耗资巨大，英国国债也翻了一番，但条约确立了英国海外殖民地霸主地位，进一步提高了经济发展中商业贸易的重要性，为促进英国商人阶层成长提供了肥田沃土，加强了资产阶级新贵族阶层的政治话语权。

18世纪，商业气息弥漫着英国社会。1731年，丹尼尔·笛福说："市场到周六晚上很晚的时刻依然开业，……这是我们整个商业活动生命力之所在。"也有评论家称当时的社会"从农民到国王，所有人都是商人"。

商人都是实用主义者。为了提高产能、降低劳动成本，自作主张的个体们，依靠专利法的保障，借着17世纪科学革命的东风，自发进行技术创新。而英国金融资本市场更是不遗余力地为技术成果转化提供着资金保障，伦敦也逐渐发展成为世界金融中心。

技术创新的出发点是自利的，却意外带来了社会效益。

1761年，英国皇家学会悬赏征集"同时纺6根纱线而只需1人照管的机器"。1765年，"以机器生产代替手工生产"的"珍妮纺纱机"问世，打开了人们将一切生产都用机器代替手工的思路。此后，在棉纺织业中出现了螺机、水力织布机等先进机器。

纺织业的进步，增加了机械和煤炭的需求，进而在采煤、冶金等行业陆续使用机器生产。为了保护国家工业化进程，议会于

1769 年颁布了法律，宣布将对破坏机器者处以死刑。

乔治三世接手的正是一个处于变革时代的王国，经他 60 年的统治，最终将英国变成了世界工厂。

1761 年，乔治三世迎娶了密克伦堡—施特雷利茨公国的女公爵苏菲娅·夏绿蒂为妻。1762 年，又购买了"白金汉府邸"（今白金汉宫）并进行扩建，将其作为王家成员的住宅及办公场所。

在诺思出任首相之前，乔治三世已经更换了四位首相。其中，首相乔治·格伦维尔（George Grenville）时期，因制定了《印花税》激起了北美殖民地的反抗。

在英法七年战争期间，不列颠将北美的 13 个殖民地从法国统治中剥离出来，而后美洲殖民者需向大不列颠政府缴纳较低的税捐。由于英国在美洲部署了大批军队，而军队的开销又只能取自殖民地区。1765 年，格伦维尔政府提出了《印花法案》，准备在英属殖民地对商品和服务项目（包括法律文书、公职任命书，以及船舶证件）征税。

《印花法案》遭到殖民地人民强烈抗议，引发了舆论关于政治自由的广泛讨论。北美的民主派代表提出了独立的思想，并成立了"自由之子"协会进行宣传，煽动发起反英运动，进而引发一系列群体性暴力活动，抵制英国货物事件不断发生。

英国商人向议会发起了请愿活动，迫使辉格党于 1766 年废除《印花法案》，乔治·格伦维尔内阁下台。但议会又颁布了《公告法》，重申英国对美洲殖民地的主权，为美国独立战争的爆发埋下了隐患。

1766 年，乔治三世恳请老威廉·皮特再度执政出任首相，并封他为查塔姆伯爵。1767 年 5 月，老威廉·皮特内阁的财政大臣查尔斯·汤森又承诺，将向英属美洲殖民地进口的玻璃、铅、茶叶、纸征收关税，以提高英国税收。四个月之后汤森去世，但是《汤森税法》却点燃了北美殖民地争取独立的这颗定时炸弹。

1770 年 3 月，英军与马萨诸塞的波士顿居民发生冲突，三名平民被打死。这起被称为"波士顿惨案"的事件迫使英国议会废止了《汤森税法》中大多数税目，但仍保留着茶叶税。

1773 年 12 月，波士顿人将东印度公司停泊在波士顿的三艘船上的茶叶全部倒入波士顿港，英国议会不得不在 1774 年通过了《强制法》，关闭了波士顿港，并以王室任命的委员会取代了当地民选议会，以此惩罚造反的北美人民。但是，美洲殖民地召开会议，共同抵抗英国。

乔治三世对首相诺斯说："局面已经无法挽回，殖民地不是投降，就是胜利。"1775 年 4 月，在波士顿列克星敦小镇上，美国人与英国总督率领的英军展开了激烈的战斗。

战事初起阶段，大多数印第安人选择支持英国政府，对入侵家园的殖民者进行打击。当时，英军兵强马壮，加之殖民地依然有效忠于英国王室的势力，英国军队一度占了上风。

在美洲殖民地因一场抗税起义掀起独立浪潮时，1776 年，亚当·斯密完成了政治经济学领域的首部鸿篇巨制《国民财富的性质和原因的研究》（简称《国富论》），"向世人阐释英国创造出空前财富的原因"。3月，詹姆斯·瓦特（James Watt）与他的投资人马修·博尔顿举行了一个盛大的公开展览会，向人们展示了第一台真正具有实用价值的蒸汽机。从此，蒸汽作为一种新的驱动力，打开了英国工业革命的大门。同年，激进作家托马斯·潘恩出版了《常识》一书，强烈支持美洲殖民地从英国统治中分离出去，并谴责效忠英国王室的人"胆小如鼠，只会溜须拍马"。

1776年6月，北美大陆会议通过了托马斯·杰斐逊起草的《独立宣言》，称乔治三世是"一个暴君，不配做自由人民的统治者"。并郑重宣布，美洲殖民地"同大不列颠的一切政治联系从此完全解除，而且理应完全解除"。一个新的国家——"美利坚合众国"由此诞生，简称"美国"。

英国人不愿看到北美大陆上出现一个独立的联盟，就算是在英王控制下也不行。怎奈鞭长莫及，英军即使打了几场胜仗也无法巩固胜利的果实。但乔治三世不肯放手，美国人民在乔治·华盛顿（George Washington）的领导下，更是坚持斗争不认输。

在战争前景仍不明朗之际，法国和西班牙乘机参战。

1781年，由查尔斯·康华里侯爵率领的英军最终被美军围困在约克敦，被迫投降，美国独立战争结束。1783年，根据双方在巴黎签署的条约，不列颠拥有加拿大和印度，承认美国的独立。

乔治三世国王痛失北美十三个殖民地，诺斯勋爵内阁的支持率降至个位数，被迫辞职。

英国人在经济分析上的专长是他们的优势，这是他们最有力的竞争对手法国人和荷兰人所没有的。除了英国，没有其他地方这样彻底而理智地否定了旧秩序。荷兰几乎没有关于市场的抽象讨论，而法国的经济思想家则在全力发展政府与货币政治，并没有让商业利益得势。

—— ［美］乔伊斯·阿普照尔比《无情的革命资本主义的历史》

反法战争

1783 年 12 月，乔治三世邀请老威廉·皮特的儿子小威廉·皮特出任首相。24 岁的小威廉·皮特是英国最年轻的首相，他居住的唐宁街 10 号从这一时期起成为英国的政治中心。小威廉·皮特对财政、贸易和商业等经济领域提出的一系列改革措施，都决策于此地。

小威廉·皮特的经济政策深受亚当·斯密的影响，他接受自由主义经济学说，主张实施自由贸易政策，削减关税，刺激贸易发展。将自由放任主义经济学理论付诸实践。同时建立偿债基金，以此偿还国家债务。

这也是英国工业革命的进程时期。1784 年 4 月，詹姆斯·瓦特（James Watt）发明了联动式蒸汽发动机，并确立了自己作为第一位蒸汽机设计者的地位。在他所取得的专利说明书中，将蒸汽机说成是一种用于特殊目的发明。1785 年，英国第一个完全由蒸汽发动机带动的纺织工厂开张。此后，先进技术从一个产业扩展到另一个产业，促进了更多新技术的诞生。

在乡村，因圈地运动的持续推进，越来越多的小地产所有者守不住土地，农民阶级逐渐消失。地主、租地农场主和农业工人三大阶级构成农村新的阶级结构。

从 1760 年至 1820 年，议会通过了 4000 个圈地法案，鼓励资本注入土地中，商业精神自然浸入农村地区。在资本的推动下，1790 年到 1820 年之间，地主与租地农场主的地租和盈利增长了一倍。土地主拥有稳定的土地所有权，引入先进的耕种和养殖方式，农产品和畜牧业生产量持续提高。数据统计显示，1700 年 1 英亩土地能养活 0.18 人，1800 年能养活 0.26 人。1741 年，英格兰和威尔士的养羊数为 1660 万只，到 19 世纪初已增加到 2600 万只。羊毛产量也从 1741 年的 5700 万磅，增加到 1805 年的 9400 万磅。同时，从土地中释放出来的充足的劳动力为工业革命提供了保障。

同时，英国资金也加大了对东印度、西印度群岛和加拿大等殖民地区的投入，推动殖民地的繁荣发展。1784 年，议会下院通过了小威廉·皮特提出的《印度法案》，将印度正式纳入英国殖民统治中。

1789 年，法国大革命爆发，法国君主政体崩溃，取而代之的是法兰西共和国。在法兰西社会持续动荡中，法国大革命迸发出的激进思潮迅速传播到周边邻国，直接影响到了爱尔兰。

此时，爱尔兰人口已经增长到 600 万，几乎是不列颠总人口的三分之一。1798 年爆发了爱尔兰起义，起义平息后，小威廉·皮特受美国独立战争的影响，试图放松对爱尔兰的控制，打算给予爱尔兰天主教徒以公民权利。

同时，为了保障英国的安全，免受法国的侵扰，1800 年，英国议会与爱尔兰议会通过了《联合法案》，宣布大不列颠王国和爱尔兰王国以议会决议的和平方式实现国家联合，组成大不列颠与爱尔兰联合王国，终止爱尔兰自 1782 年以来拥有的独立的立法权。但乔治三世拒绝批准解放天主教徒，小威廉·皮特辞职。1804 年皮特再次复出组阁。

英、爱实现国家联合确保了英国的安定、国内市场经济得以统一，英国也成为当时全欧洲最大的单一市场。然而，法国大革命对英国的影响远非如此。

1793 年，法兰西第一共和国政府举兵入侵荷兰共和国，小威廉·皮特选择了对法开战，法兰西也公开对英宣战，英国从此卷入长达 22 年的战争。

战争在欧洲促成了反法同盟的建立。俄罗斯帝国、撒丁王国、西班牙王国、那不勒斯王国、普鲁士王国、奥地利大公国、葡萄牙王国、托斯卡纳大公国，以及部分神圣罗马帝国的诸侯国都加入了首次反法同盟。小威廉·皮特决定为反法同盟提供资金支持，此事一度引起争议。而后来参加战争的威灵顿公爵阿瑟·韦尔斯

(Arthur Wellesley) 则明确支持说:"你也许会抱怨战争费用如此高昂,但是如果你拒绝支持这笔费用,侵略者就会在英国登陆。"

法兰西王国的对外战争成就了年轻的军官拿破仑·波拿巴。拿破仑被称为"战争艺术家"。1797 年,法国大臣将他派往埃及,意在打击地中海地区的英国势力。但是,1799 年 12 月,拿破仑·波拿巴返回巴黎发动政变,夺取了法兰西议会大权,成立了法兰西执政府,开启了横扫欧洲大陆的军事行动。

1801 年,英法战争陷入僵局,英国政府与拿破仑讲和。1802年,双方签署了《亚眠条约》。然而这仅仅是一次武装停火协议。一年后,英国再次宣战,而拿破仑则开始策划入侵英格兰。1804年 5 月,拿破仑在法国正式称帝,随后在法国北部港口城市布伦集结军队。这时,英国在南部和东部沿海地区建造了圆形石堡,英国海军上将霍雷肖·纳尔逊(Horatio Nelson)统兵出战。

纳尔逊海军上将,在 1794 年的科西嘉岛的卡尔维之战中失去了右眼;1797 年的特内里费岛之战中失去了右臂;同年的圣文森特之战中,内脏破裂;1798 年的尼罗河之战中,头部负伤。这位肉体残缺不全的统帅,凭借着强大的精神力量始终坚持为英国战斗在前线。1805 年 10 月,纳尔逊领兵出海至西班牙海边小镇加的斯外的特拉法尔加西南的浅海水域,将法国和西班牙敌军围住。

经几十年的发展,英国皇家海军本着在任何时期都要达到与其他国家的海军实力保持势均力敌水平的原则,使其海军力量已达到他国无法企及的实力。在这次战役中,纳尔逊改变了传统的作战方式，不再只是召集步兵和船只排成长排，两军前线平行进军。而是将步兵或舰队纵队排列，集中兵力，以迅猛的速度攻向敌军的薄弱环节。纳尔逊发出"每个人都要恪尽职守"的军令，最终以优秀的海上驾驶技术，将炮火的威力发挥至极致，赢得了这场战役。但纳尔逊也为此付出了生命的代价。

两个月后，拿破仑在奥斯特利茨战役中，战胜了反法同盟军。接着，拿破仑势如破竹，先后战胜了普鲁士的军队和俄国军队。1807年，法国在欧洲中部占据了主导地位，对英国实施"大陆封锁政策"。法国关闭了所有与英国进行贸易的大陆港口，欲摧毁英国的海外贸易，并要求其他各国也对英国实施封锁，对踏上欧洲大陆的英国公民均视为战犯。

1806年1月，小威廉·皮特去世，由威廉·格伦维尔和查尔斯·福克斯组成的联合执政内阁成立。这个被称为"人才济济的内阁"，在1807年5月颁布了《奴隶贸易法》，废除了奴隶贸易，让来自非洲的黑人获得了自由。

自1713年《乌德勒支和约》签署以来，英国获得了贩卖黑奴的专利权，英国成为最大的奴隶贸易国。大批黑人被贩运到加勒比海殖民地巴巴多斯和北美，种植甘蔗、棉花和烟草。英国商人在贩卖黑奴贸易中的利润高达100%—300%。

但联合内阁能给予非洲黑人自由，却无法让爱尔兰天主教徒获得公民权。联合内阁因提出解放天主教徒的议案被乔治三世否决，并解散内阁。在随后的新政府中，波特兰公爵威廉·亨利·

本廷克成为首相，乔治·坎宁担任外交大臣，威灵顿公爵阿瑟·韦尔斯为爱尔兰事务大臣。

面对拿破仑"大陆封锁政策"，英国政府采取了反制手段。对英国来说，决不允许任何动乱破坏英国制造业和商贸的稳定发展。议会颁布了《枢密令》，决定封锁易北河和威悉河，禁止任何中立国家的船只驶入法兰西控制下的港口；所有出入欧洲的船只都需要从英国购买通行证，向英国交付关税，接受英国港口检查。

虽然采取了应对措施，但"大陆封锁政策"还是令英国出口贸易遭受了打击。1808年，英国出口下降了25％。庆幸的是没有击垮英国经济。1780—1830年，在英法战争时期，英国人口数量翻了一番，工业总产值增加了近300％。而法国经济却遭到重创，迫使拿破仑于1810年放松了"大陆封锁政策"，允许法国葡萄和小麦运送到英国。

但是在英国采取的应对"大陆封锁政策"导致英国与美国开战。在反制中，英国迫使欧洲通商美国的船只使用英国港口，并向英国纳税。同时，在特拉法尔加战役结束后，英国遣散了大批参战水手，而美国则乘机吸引人才，为这些经验丰富的水手提供工作机会，引发英国不满和阻挠，逮捕他们怀疑要从英国逃走的水手。英国的专横措施激怒了美国。

英国人从来没有想过，年轻甚至稚嫩的美利坚合众国胆敢挑战自己的海上霸主地位。1812年，战争爆发，英国海军遭遇了一个新兴的海洋强国的挑战。经过了北美五大湖地区和公海之上的几场战斗，双方最终从战场转移到谈判桌上，签署了和约。同年，英国又迫使尼泊尔割让其南部土地。

相对英、美这场小规模的战事，拿破仑发动的对俄战争却是历史上的重大转折点。

1812 年，拿破仑决定征服俄国，兵至莫斯科，随后遭遇补给问题、疾病和严寒的冬天。最终在俄军袭击下惨败。1814 年 4 月，拿破仑因战败而退位被流放到厄尔巴岛。一年后，拿破仑又逃回法国，集结军队，再度称帝。最终，在 1815 年 6 月的滑铁卢战役中，拿破仑被英国威灵顿将军率领的联军击败，法国彻底投降，战争结束。

1814 年 5 月，拿破仑退位时，反法同盟（奥地利、英国、葡萄牙、普鲁士、俄国、西班牙和瑞典）就在维也纳会议中签署了《巴黎和约》。英国又是收获最丰厚的国家。尽管为了这场战争，使得英国的债务从 2 亿英镑增加到 8 亿英镑。但是作为回报，英国得到了法兰西岛、马六甲、好望角、马耳他、赫尔果兰岛、多马哥岛和圣卢西亚等地。1815 年 11 月，新的《巴黎和约》再次被签署，除了上一年和约规定之外，法国还要支付 7 亿法郎的战争赔款，并同意被反法联盟军队占领 5 年。

随后，反法联盟着手对欧洲秩序进行重建，而英国也进入了新时代。

想要推翻技术是无用的。纺车的时代已经过去，梦想手工业式的文明是徒劳的。机器只有在现时对它的使用方式中才是坏的。应该接受它的恩惠，即使人们拒绝它的破坏性。

—— ［法］阿贝尔·加缪《置身于苦难与阳光之间》

改革之路

滑铁卢战争结束之后，英国物价上涨，政府不得不削减财政支出，英国经济进入衰退期。但 20 万名被遣散的士兵和水手涌入劳动力市场，既壮大了工人阶级的队伍，也加剧了社会动荡不安。

在技术不断积累下，技术发明层出不穷。英国工业中"人力和畜力被机器和非动物的能源所代替或补充"。在工厂主和企业家之间，相互传递着"你必须想办法发明，在工业中你们是大有可为的"这样的信息，英国工业革命进程也有了跃进的感觉。煤作为最主要的能源，需求量和产量翻倍增长。1700 年，英国每年的煤消耗量为人均一吨半，到 1800 年则增长了一倍。铁作为机械制造中的重要原材料，随着冶炼技术的提升，使工人的劳动力成本下降，就业率提升，产量、产值及利润更是大幅增长。1816 年，罗伯特·欧文说："在我的新拉纳克的工厂里，大约由 2000 个年轻人和成年人管理的机械动力和操作……列在完成的工作里，在

60 年前需要由苏格兰的全部工业人口来完成。"

除了纺织业、煤、铁产业，机械化也推广到英国陶瓷制造业中。这个新兴产业，在 1762 年，仅英格兰西部陶器主要生产地斯塔福德郡的伯斯勒姆（Burslem）就已有 500 家各式陶器制造厂，雇用了 7000 名工人。

工业革命的发展，促生了工业资产阶级和产业工人阶级的形成。作为新的社会阶层，以工厂主和企业家为代表的工业资产阶级日益富有，并为了争取更多政治权利成立协会组织。1785 年，陶瓷制造商韦奇伍德发起了"大不列颠制造商公会"。制造商们联合起来向政府提出制定保护行业利益的相关政策。作为英国中等阶级的代表，他们迫切希望议会中能出现代表其利益的议员，能争取到与上层土地贵族及金融家们同等的社会地位和权益。

而以劳动者为代表的工人阶级，作为社会创造财富的主力军，只能承受着恶劣的劳动条件，及每周六天、每天工作 10—12 小时的工作量，过着拮据的生活，遭受疾病的威胁。资本家们为了保持低用工成本，将年薪改为周薪，便于及时解雇工人，再低价雇佣新工。而工人一旦失业，就陷入衣食无着的境地。工人群体中，真正在工厂工作仍是少数，大量的是接外活的工人、转包人以及在底层的临时工。为了共同的利益诉求，工人们开始组织起来破坏机器，袭击工厂主和资本家，最初的工人运动形式由此产生。

政府害怕引起社会动荡，激起新的革命斗争。1799 年，议会针对工人组织颁布了禁止结社、罢工的《结社法》。该法令导致工会组织活动更加慎重和秘密。从 1811 年至 1816 年，兰开夏郡以南、约克郡以西以及东米德兰兹的纺织工人开始秘密集会，试图以暴力手段与工厂主讨价还价，达成诉求。

1810 年，乔治三世精神错乱，听力、视力日渐退化更加重了病情。1811 年，其长子威尔士亲王被任命为摄政王，成立了摄政政府，威尔士亲王小乔治提前锁定王位。但这是位风流成性、生活奢侈的王位继承者，无心顾及英国社会的阶级矛盾，痴迷艺术，热衷于建筑。早在 1793 年，法国大革命战争爆发之时，就因耗巨资修建府邸而债台高筑。

首相斯宾塞·珀西瓦尔（Spenser Perceval）组成的摄政政府，更是将精力集中在金融政策的实施和应对拿破仑战争上。1812 年，珀西瓦尔在下院大厅遭到一名俄罗斯商人暗杀。据称，凶手神经错乱，认错了人。接替珀西瓦尔的是托利党人利物浦伯爵罗伯特·班克斯·詹金森。

利物浦伯爵无视工人阶级，主张保护土地贵族的利益，反对自由贸易。1815 年，在利物浦伯爵的主导下制定了《谷物法》，法案为保障农业投资者的收益，规定了国内市场上小麦价格在每夸特① 80 先令以下时，禁止粮食进口。《谷物法》导致面包价格上涨，在城市引起骚乱。工人们聚集起来，砸机器、烧粮仓、破坏农场。诗人珀西·比希·雪莱以一首《暴政的假面游行》声援工

---

① 英文 quarter 的音译，意为四分之一，也是英美制容量单位，4 夸特等于 1 加仑。

人运动，反对《谷物法》。

1820年1月，乔治三世去世。58岁的乔治四世（1820—1830年在位）即位。新国王没有利用手中的王权解决社会问题，而是首先以妻子卡罗琳不忠为由向议会提出通过《特别处刑法案》，以达到离婚的目的。

乔治四世与卡罗琳在1795年结婚，1796年起分居。他们唯一的孩子夏洛特公主在分娩时难产死亡。乔治四世的提案引起公众的强烈不满，抗议他自身对婚姻的不忠。最终提案被撤回，第二年卡罗琳去世。1821年，乔治四世亲自设计了一场声势浩大、极度奢侈的加冕礼。

在离婚案中，辉格党支持卡罗琳，与公共舆论站在一起。在社会变革中，辉格党越来越推崇自由主义，而执政党托利党在利物浦伯爵的带领下日趋保守，对异见人士进行打击，不允许政治观点百花齐放。异见人士多出自工业革命之前就存在着的另一部分中等阶级，他们是商人、知识分子或自由职业者，他们同样要求有选举权与被选举权。

托利党打击异见人士的方式就是将他们关进监狱。1817年，平民运动领袖亨利·亨特（Henry Hunt）因在伦敦先后领导了三次声势浩大的反政府示威游行而被捕；记者威廉·科贝特（William Cobbett）因要求实行议会改革，被视为危险的激进分子被打入牢狱。正是在他们的推动下，英国平民政治初现端倪。

同时，工业革命改变了英国的经济地理状况和人口结构。大量的人口涌入新兴的工业城市，如曼彻斯特、伯明翰、利兹和谢菲尔德等地。而人口与财富的分布却与议会下院席位的分配不成比例。因此，要求对议会选举制度进行改革的呼声越来越高，改变由贵族阶级控制中央、地方及教会的现状。

在新形势下，辉格党也在谋求新的政治理念。面对社会中新的阶级矛盾，他们主动调整，将自身定义为阶级妥协的党派。从1797年开始不断在议会上提出改革方案，只是从未获得通过。

1820年年初，作为在野党，辉格党再次呼吁改变政府体制。其中，约翰·罗素（John Russell）勋爵分别于1822年和1823年两次提出动议改革议案均被议会否决。1826年，罗素提出将两个被剥夺选举权的市镇席位转给曼彻斯特和伯明翰时，遭到托利党贵族的强烈反对。

但托利党的保守势力并非牢不可摧。内政大臣罗伯特·皮尔在改革人士的推动下，通过了一项法案，废除了监狱系统中的恶行；改革刑事审判，大幅削减了死刑犯的数量；在伦敦创立城市警察队伍。贸易委员会主席威廉·赫斯金森主张将谷物进口价格的浮动标准降至60先令，通过下调关税，降低国内粮食价格。

1827年，首相利物浦伯爵中风，前外交大臣、托利党人乔治·坎宁出任首相，组建了一个自由的托利党政府。就在人们期盼改革的春风吹起之时，出任三个月的首相坎宁意外死亡。

1828年，保守派托利党威灵顿公爵继任首相。托利党长期以来在爱尔兰天主教徒问题上观点不一，这一年爆发了爱尔兰危机。

威灵顿为了避免发动内战，选择解放爱尔兰天主教徒，废除歧视非国教和天主教的法案。同年，1830 年 6 月，乔治四世去世。乔治三世的第三个儿子威廉王子继承了王位，即威廉四世（1830—1837 在位）。

威廉四世 13 岁以候补军官的身份加入皇家海军，1827 年被任命为海军事务大臣。在加冕仪式上，65 岁的威廉四世首次为他的非婚生子女授勋，展现了打破传统的意志。

威廉四世即位之初就面临着政治危机。1830 年 11 月，首相威灵顿因内务开支问题被迫辞职。威廉四世选用辉格党领袖、66 岁的查尔斯·格雷（Charles Grey）出任首相组阁。

格雷的身边聚集着一批思想开明致力于改革的亲信，格雷也决心改变阻碍英国发展的旧有的议会制度，对权力实施重新分配。

在罗素勋爵的协助下，新内阁草拟了《改革法案》。但是法案在讨论过程中，几经议会上院托利党贵族否决，国王威廉四世也未能明确表示支持。

上院拒绝改革的态度激起了民愤，在全国各地引发骚乱和破坏行动。其中，伯明翰有 10 万民众举行抗议活动，伦敦有 7 万人示威游行。民众甚至拒绝纳税，去银行取走黄金。10 天内，英国银行从金库中拿出 160 万英镑的黄金。在社会动荡的压力下，法案在经过两度修改之后，最终通过。

1832 年 6 月，威廉四世签署了《改革法》。《改革法》放宽了城镇选民的标准，收入在 10 镑以上的户主都拥有了选举权。这使得英格兰与威尔士的选民在原有 44 万人的基础上，增加了 20 万。同时，议会下院席位加强了城市市民力量，42 个新兴市镇获得了代表席位。但新选民都是城市中产阶级市民，而且只有男性才有选举权，女性及众多工人阶级依然被排除在外。但是格雷承诺，改革将"随着民智提高和时代需求"进一步向前发展。

自由跟国家权力一样，也经常被滥用。有心散布假消息、意图谋反的人，就可能滥用言论与出版自由。同样的道理，国家权力也可能迈过自由的界线。

——〔英〕卡尔·波普尔《二十世纪的教训》

"自由主义"泛滥

如果说，1215 年《大宪章》是贵族平分王权的斗争结果，那么，1832 年的议会《改革法》就是新兴阶级对贵族政权垄断的强势挑战。选举制度被实质性修改，新的选举权资格标准得以确立，新兴城镇有了议会代表席位，标志着英国开始从寡头政治向民主政治过渡。

虽然改革法案尚未动摇贵族统治地位，但是工业资产阶级已经做好了长期斗争的准备。1830 年 3 月，伦敦成立了"首都政治同盟"；1838 年，成立了"全国政治协会"。

工业资产阶级的财富和地位在提升，工人阶级则在为资本家和工厂主卖命的过程中艰难生存着。

1780 至 1830 年间，每个工人的产量增幅超过 25％，但是薪水仅仅上涨了 5％。针对当时的社会现状，一位社会主义者总结为"一方是指挥整个产业大军的百万富翁，另一方是仅能糊口的工资奴隶"。

而说起英国人，作家奥利佛·高尔斯密则说："在饥饿、酷冷和劳累等所有生活的艰难面前，他们能忍受，却决不退缩……英国人被教导爱国王要像爱自己的朋友，但却认为只有法律……才具有主宰地位。"然而，工人阶级发现，议会在推动各项议案立法中，却独独忽略了他们。

1833 年，辉格党通过了英国第一部劳动法——《工厂法》。法案针对社会变革中大量涌现的童工现象加以限制。法令禁止雇佣 9 岁以下儿童，9—13 岁的童工每天的工作时间不允许超过 8 小时。1835 年起又规定：13 岁以下的童工每日工作不得超过 9 小时，禁止童工做夜工等。但对成年工人没有任何规定。

这是一个自由主义经济学的全盛时期，在政府实施自由放任经济政策的鼓励下，自 1780 年以来，资本家把更多资金投在新机器和工业生产中。为了追求利润最大化，毫无人情味的工厂主们大量雇佣童工这一廉价劳动力群体。

亨德里克·威廉·房龙说："生活意味着进步，进步意味着磨难。"对于贫苦家庭的孩子们来说，他们所经历的不只是"磨难"，而是被摧残了灵魂，甚至生命的"灾难"。

1818 年的一项调查统计，英国城市儿童只有 1/4 受教育，多数儿童都成为养家糊口的工具。在乡村，同样有大批儿童被送到纺织厂和矿山务工。当时，无论是在"黑暗邪恶的工厂"，还是在恶劣条件的矿山中，都可见童工们弱小的身影，甚至在每次发生的矿难中，都有童工的身影。参加工作的儿童年龄为 4—12 岁，工作时间每天达到 12 小时。

1822 年，作家查尔斯·狄更斯刚刚 10 岁，已经开始在一家鞋油厂做童工。对他来说，这是一段极为痛苦的记忆。后来他在作品《大卫·科波菲尔》中曾对这一时期回顾说："即使到了现在，我还觉得有些不可思议，我怎么能够在那么小的年纪就轻易地被抛在一边……没人为我着想，对我表示一些关爱……"

为了改善贫困人群现状，1834 年，议会又颁布了《济贫法修正法》。但新的济贫法中诸多规定遭到穷人厌恶，济贫院对收留的穷人制定了严格的制度，令穷人望而却步，让失业的工人愤怒。

从 1833 年至 1856 年，政府先后设立了大约 20 个中央委员会和理事会，以推动社会公共福利事业的发展，却仍然不见提高工人权益保障的法案。

1835 年，议会通过了《市政法人法》，对地方政府进行改革，允许规模较大的城镇依据该法建立经选举产生的议会。法案增强了地方政府的行政权力，也给城市的中产阶级提供了支配地方议会的机会。

1837 年 5 月，国王威廉四世去世。威廉四世没有合法继承人，他的四弟肯特公爵的女儿、18 岁的维多利亚公主继承了英国王位。

威廉在位期间除了行使任命首相权之外，几乎不干涉朝政，也不阻止汉诺威王国独立的进程。最终，汉诺威爵位由威廉四世的五弟坎伯兰公爵继承，从此英国不再拥有汉诺威领地。

1837年，一场由工人阶级代表发起的宪章运动，迎接着维多利亚女王（1837—1901年在位）时代的到来。

这也是首次由工人阶级发起的独立政党运动。代表们向议会下院提交了一份被称为《人民宪章》的请愿书，希望《人民宪章》能成为国家法律。宪章要求：平等分配选区；废除议会候选人的财产资格限制，年满21岁且精神正常的男子都有普选权；议会选举采取无记名投票的形式；议会每年举行一次改选；等等。

请愿书经数次提交，都被下院否决，迫使宪章派们决定在1839年8月举行全国罢工。但是，1838—1839年，英国出现了严重的经济危机，工厂倒闭、工人失业，诸多工会组织被迫解散。宪章运动也以失败告终。

尽管宪章运动失败了，但工人阶级有了更多的身份意识和自豪感。在"自由"响彻各种集会的过程中，宪章运动推崇的独立性和自主权的思想已深入人心。

维多利亚女王的第一任首相是辉格党领袖墨尔本子爵威廉·兰姆（William Lamb）。墨尔本后来被女王评价为"并非一位优秀或意志坚定的大臣"。但就是在这位首相的任期内，他与外交大臣帕默斯顿子爵亨利·约翰·坦普尔对中国发动了第一次鸦片战争。

在与中国进行贸易的过程中，英国人希望得到中国的茶叶、瓷器和丝绸等商品，而中国对英国及欧洲的产品却没有需求。最初，英国东印度公司的商船都是先抵达广州，兑换银圆，再用银圆购买商品。18 世纪 80 年代，每年有将近 700 吨的银圆从西方运至广州。为了打破这种贸易不平衡现状，英国商人开始走私鸦片到中国进行交换。鸦片不仅导致中国从白银流入国变成净支出国，更让许多人的生活支离破碎，境遇悲惨，严重地毒害了中国人民。清政府为此展开禁烟运动，并取得了重大胜利。而英国政府则为了保护鸦片走私贸易，决定对中国发动侵略战争。

1840 年 1 月，英国远征军大举进犯中国领海，挑起鸦片战争。无能的清政府没有抵挡住英军的船坚炮利，被迫签订了《穿鼻草约》，香港被割让给英国。1842 年 8 月又签订了《南京条约》，中国从此在政治上丧失独立，经济上又遭受外国资本的严重破坏和控制，一步步变为一个半殖民地半封建的社会。

同年，英国政府与新西兰毛利人签署了《怀唐条约》，获得了新西兰主权。

1841 年，托利党罗伯特·皮尔（Robert Peel）担任首相。此时的英国国内也面临着政治动乱和经济危机。

此前，内阁成员通常为 7 人，皮尔时期内阁成员增加到 14 名。皮尔曾提出"为了生存必须改革"的口号，为此他在内阁中增加了两位重要的激进派大臣，理查德·科布登和约翰·布赖特。他们创立了反谷物法同盟，并制定了经济复苏计划，决定削减阻碍商业发展的关税。为了声援反谷物法同盟，1843 年，《经济学人》杂志正式发行。

1845 年，爱尔兰因马铃薯歉收引发大饥荒。皮尔抓住机会，提出废除《谷物法》法案。但这一举措触动了地主权贵及托利党内保守派的利益，年轻的保守派本杰明·迪斯雷利（Beijamin Disraeli）抨击皮尔是"一位政党领袖对其治下伟大政党的蓄意破坏"。托利党党内分裂为支持和反对两派，皮尔下台。

辉格党人约翰·拉塞尔继任首相。但在皮尔的推动和辉格党激进派的支持下，1846 年，《谷物法》成功被废除。辉格党接下来的 20 年里始终保持着执政党地位。

1847 年，严重的经济萧条结束，而地主贵族在政治上的主导地位依然牢固。1848 年，本杰明·迪斯雷利坚定地强调，英格兰必须保持"贵族基本制度"。所谓的贵族基本制度无非是贵族阶级的职位和爵位的世袭制，让他们拥有着不可动摇的统治地位。这一年，来自德国的卡尔·马克思正在不列颠博物馆专注地完成《共产党宣言》。

同时，外交政大臣帕默斯顿子爵亨利·约翰·坦普尔仍然主导着英国的对外政策。

帕默斯顿被称为"自由干涉主义"先驱。他的外交原则是保护英国在欧洲以及海外的政治、战略和经济利益，而且为了自身利益必须参战。

此前，1824 年，荷兰被迫将新加坡转让给英国，马来亚也被划入英国的势力范围。英国已从最初搜寻海外产品进行商品贸易的阶段，向通过军事手段完成对殖民地区实施政治统治阶段转变，将殖民地区变成宗主国的附庸，并继续扩大对外"自由干涉"的范围。

1831年，爆发了土耳其与埃及之间的第一次战争，土耳其请求英国援助却被拒绝，俄国出兵援助了土耳其苏丹政府。1838年，英法强迫土耳其缔结了外国产品进口值百抽三的商约。为了削弱法国在埃及的势力，英国利用土埃矛盾，挑起土埃第二次战争。

同时，英国在列强中联此制彼、联彼制此，从中渔利。1840年，英国、俄国、奥地利和普鲁士结盟，集体援助土耳其。最终，在英国外交大臣帕默斯顿的主持下，英国与东方三个君主国背着法国秘密签署了《伦敦条约》，增加了英法矛盾。1841年，为了解决黑海海峡问题，英国又联合法国反对沙俄，激化了英俄矛盾，为新的战争制造了理由。

在印度，1813年，议会取消了东印度公司对印度贸易的垄断权，将印度作为自由贸易市场向英国资本家全面开放。印度成为英国工业品的销售市场和原料产地，同时也是鸦片的重要产地。

在英国工业资本的掠夺下，商品经济代替了自然经济，印度的农村公社不复存在。1848年起，英国加大了开辟印度殖民统治的力度，为了获得更广阔的市场和原料产地，英国总督达尔豪西加强吞并印度各邦的土地，取消了十多个土邦。印度已如马克思说的那样——不列颠治下的印度斯坦同自己的全部古代传统，同自己的全部历史，断绝了联系。

英国对外持续扩张，对内进行适应社会需求的改革，以促进经济发展。1849年，议会废除了《航海条例》。1854年，外国商船被准许从事在英国沿海的贸易活动。议会继续推行自由贸易政策，多次取消进口商品关税，关税税项从 1840 年的 1100 项降至 1866 年的 48 项。

此时，工业革命发展的步伐早已从容不迫地迈入煤炭资源、铁矿开采及运输等领域，确保英国在工业、商业、海上运输、金融等方面占据世界垄断地位。

1851 年 5 月，维多利亚女王在丈夫阿尔伯特亲王的赞助下，筹办了一个世界范围的"工业作品"博览会，即万国工业博览会。

阿尔伯特亲王始终热心支持科学、工业和艺术等有益的事业，也是女王的长期顾问。为了充分展示英国工业革命成果，展览在伦敦海德公园建成了一个占地 19 英亩、钢架玻璃结构的展览中心。这个被称为"水晶宫"的展厅，陈列了来自世界各地 14000 家参展商超过 100000 件的展品，其中超过一半来自大不列颠，有 560 件来自美国。

铁路是博览会的核心展品之一。1825 年 9 月，英国第一条商业化运营的铁路从斯托克顿和达灵顿正式运营；1830 年，连接英国最大的工业城市曼彻斯特与港口城市利物浦之间的铁路开通。此后，英国铁路进入蓬勃发展阶段。至 1850 年，铁路列车的承载旅客周转量为 6740 万；到 1879 年，达到 4.9 亿。铁路发展扩大了报纸杂志、物品、信件的邮递范围。除了铁路，英国沿海航线和河中行驶的汽轮也推动着交通运输的发展。1838 年，第一艘完全铁制的汽船"大西方号"开始渡海远行，人们或旅行或迁移，可以自由选择。

展会开放了 5 个月，吸引了来自世界各地的 600 万游客参观，女王更是 34 次莅临展厅。展览创造了 18.6 万美元的利润。这笔收益被投入到伦敦肯辛顿地区的建设之中，在该地建造了自然历史博物馆、维多利亚与阿尔伯特博物馆、科学博物馆与自然历史博物馆。

这一年，英国人口普查发现，英国历史上首次出现了城镇居民数量超过乡村居民数量的情况。总人口也从 1780 年的 1300 万增加到 1851 年的 2700 万。只是，当全国半数以上人口涌入城市之后，那拥挤的房屋、狭窄的街道，清洁用水的缺乏，几乎崩溃的排污系统都令城市生活陷入"悲惨世界"中。公共卫生和疾病防治成为各地政府面临的棘手问题。即使这样，人们依然无法停下奔向城市的步伐。

在工业革命的影响下，科学技术教育普遍受到政府和民众的重视。1823 年，伦敦建立了第一所机械学院，至 1850 年，全国各地类似的学院已达 622 所，接受教育的人数达 60 万人。至 1852 年，各地共建设学院 17 所。同时各地以建立图书馆、举办讲座等形式，继续推动社会的创造力，适应人心向学的潮流。1870 年，《教育法》颁布，规定了实行小学教育，寄宿学校的经费由地方税收负担。当时，提案人威廉·爱德华·福斯特对议会下院说：我们不能再耽搁了。我们工业的繁荣取决于加速发展初等教育，……我们必须提高个人的智力来弥补我们在人数上的无足轻重。

1853 年，在克里米亚战争中，英国、法国和土耳其联合对抗俄国，史称"东方战争"。1855 年，战争以沙俄战败结束，英法两国对欧洲的影响力增强。英国也为自己扫除了继续在近东、印度和远东进行侵略扩张的障碍。同时，因为在这场战争中从事护理工作的南丁格尔了解了英国军队糟糕的卫生情况，在她的影响和推动下，英国政府开始重视医疗护理事业，并推进其进行改革。

1856 年，英法对中国挑起了第二次鸦片战争。1857 年，英法联军攻陷广州，两广总督叶名琛被俘。此时，清政府正忙于镇压太平天国，只想对外妥协。1860 年，天津失守，英法联军直入北京，闯入圆明园，大肆掠夺之后将其烧毁。

在侵略军武力逼迫下，清政府屈服了。中英、中法分别签订了《北京条约》。掠夺没有遭受惩罚，却获得丰厚的"战利品"，更坚定了英国对外"自由干涉"的决心。尽管女王不喜欢帕默斯顿，认为"他是一个无情的自由思想家和不讲原则的'捣蛋鬼'"，但 1855 年，女王还是任命外交大臣帕默斯顿勋爵出任了首相。

1856 年 10 月，为了与俄国争夺中亚利益，英国向伊朗开战，遭遇伊朗人民的激烈抵抗。1857 年，印度爆发了反对英国殖民统治的民族大起义，英国放弃了侵略伊朗的野心，与伊朗缔结了和约，全力镇压了印度大起义。1858 年，英国议会彻底废除了东印度公司，将印度改为英国女王政府直接管辖地。

1859 年，帕默斯顿勋爵连任首相。11 月，英国议会颁布了

《维多利亚女王诏书》，宣布：凡是愿做英国忠实奴仆的土邦王公，保证他们的领地不受侵犯；对世俗的以及教会的封建主，保证他们的地位和财产不受侵犯。同时，英国利用印度社会的各种矛盾，推行分而治之的政策，瓦解印度反派势力。

帕默斯顿对外践行着"自由干涉主义"，对内则将辉格党导向自由派。

1859 年，帕默斯顿加入了由辉格党与激进分子组成的自由派，在他的领导下，辉格党拥有了一个现代化的政党名称——自由党。自由党的口号是"和平、紧缩和改革"，主张解散英国圣公会，对其他非国教徒受到的冤屈给予补偿；主张政府不干预经济和社会事务。而托利党则自称为保守党。

在内政方面，自由党财政大臣威廉·尤尔·格莱斯顿（William Ewart Gladstone）继续执行自由贸易政策，降低关税，废除了新闻用纸征收的"知识税"。还因致力于确保粮食价格下降，解决民生问题，赢得了"工人早餐英雄"的美誉。

在这个"自由主义"泛滥的年代，1859 年，约翰·斯图亚特·穆勒的《论自由》出版。这是一部主张捍卫个人自由的著作，在讨论如何避免政府对个体权利侵犯时，他强调"无论是个人还是集体，人们有权力干预其他人的行为自由的唯一目的就是自我保护"。

但这一年，真正颠覆人们认知的却不是《论自由》，而是查尔斯·达尔文（Charles Darwin）发表的著作《物种起源》。达尔文提出了"物种不是被独立创造出来的，而是和变种一样，是从其他物种传下来的"的观点，其核心思想是"进化论"。

"进化论"推翻了人们一直以来坚信的"神创论"，即神创世界、上帝造人、物种不变的宗教唯心主义观点。"进化论"的出现引起了轰动，不仅招致神学家们的谴责，还有科学家们的猛烈抨击。

1865年，首相帕默斯顿勋爵死在任上，罗素勋爵出任首相并组阁。

帕默斯顿的去世标志着英国外交史上一个重要时代的结束，也预示了改革进程将进一步推进。

1866年，罗素内阁提出第二次议会改革法案，将人们的注意力从"神创论"还是"进化论"的激辩中引向关注"个人行为与社会秩序的问题"上。

我们显示了一种国家的范例，在这个国家里，社会的每一个阶级都高高兴兴地接受了上天给他们安排的命运，与此同时，每一个阶级中的每个人都在孜孜不倦地力图提高自己在社会的地位。

——〔英〕帕默斯顿勋爵亨利·约翰·坦普尔

维多利亚时代

　　首相约翰·罗素勋爵的政治理想是继续推动改革。罗素是自由党人，也是 1832 年议会改革法案的发起人。财政大臣格莱斯顿同样是位抱有国家立场的政治家。

　　1866 年 3 月，格莱斯顿与罗素提出了第二次议会改革法案，起草了《人民代表法》，拟将市镇选民的财产资格从 10 镑降到 7 镑；各郡选民的财产资格由 50 镑降到 14 镑。如按照该议案执行，选民数量将翻一番，收入较好的熟练工人将拥有选举权。

　　《人民代表法》得到宪章派的强烈拥护，却遭到自由党内反对派的抵制，改革议案未能通过议会下院批准。法案失败，罗素内阁被迫辞职。维多利亚女王选任保守党德比伯爵组阁。

　　当时，来自商业、工业与航海业的议员在下院仅占有 122 个席位，而地主阶级议员却有 500 个席位。上院贵族还拥有下院议员提名权，因此下院中有 326 名议员与上院大贵族有直接亲属关系。

改革法案失败让民众无比愤怒。1866 年 6 月至 7 月，数万名群众在伦敦自发集会，强烈要求议会进行改革、扩大选举权。此时，工人阶级与激进主义分子已结盟，于 1864 年在伦敦成立了国际工人协会。

形势所迫，在党派竞争中，拉拢民意已是重要议题。因此，保守党财政大臣迪斯雷利顺从民意，和德比推出第二部《改革法》。虽然这个方案与格莱斯顿的法案相比，并无明显变化。但法案在 1867 年 7 月获得通过，经议会上院和女王批准《人民代表制度法（英格兰和威尔士）》生效。

法案对选举议席分配做了调整，取消了 46 个"衰败选区"，空出的 52 个议席分给大型工业城市和较大的郡；城市工人阶级家庭被纳入选民范围，从而增加了 938000 名选民，使选民人数达到 1056000 人。

第二次议会改革将英国民主化进程向前推进了一步，却没有保住迪斯雷利和保守党的执政地位。1868 年，迪斯雷利在大选中败给了格莱斯顿。

格莱斯顿与迪斯雷利拥有完全不同的性格。1861 年，阿尔伯特亲王病逝，维多利亚女王 21 年的幸福婚姻结束，她整天情绪低落，郁郁寡欢。迪斯雷利总是想办法讨好女王，而格莱斯顿则不然。他在女王面前说话总是"像在公众集会上演讲"。

维多利亚虽然承受着丧夫之痛，但在政治问题上却始终保持清醒头脑。女王是个刚毅之人，深知君主在立宪制度下的作用和职责。因长期受到阿尔伯特亲王的影响，女王在党派之争中始终保持不偏不倚的态度。

此时的英国，先进技术在通信领域正大展身手。1851年，一条四十公里长的海底电缆成功穿越英吉利海峡，英国人和法国人可以通过海底电缆用电子信号传递信息。1858年，维多利亚女王与美国布坎南总统之间互通电报问候。1870年，英国印度电报公司成功铺设了第一条连接英国和孟买的直达电缆，再经孟买通向新加坡，转而通到澳大利亚。

1868年，女王任命格莱斯顿为首相。在接到女王的召唤电报的那一刻，格莱斯顿就声称"我的使命就是安抚爱尔兰"。他的新内阁由改革派组成，格莱斯顿称这届政府是"史上最优秀的领导班子"。

改革派们首先在爱尔兰推动政教分离，使爱尔兰政府与教会分开，通过了《爱尔兰土地法案》，以保障佃农的安全。在威尔士，不信奉国教的新教徒占整个信徒总数的80%，他们也开展了一场类似的政教分离运动，但是法案未能通过。格莱斯顿政府还提出了教育改革，于1870年颁布了《教育法》，首次在英格兰、威尔士和苏格兰确立了国家教育体制，并引进了"寄宿学校"。由经选举产生的地方学校委员会在教会学校不够用的地方增设办学。该法案开启了延续至今的"双轨制"教育机制。

同时，格莱斯顿致力于打造一个高效的、公正的政府机构，扩大政府在社会中的作用，扩大文官考试范围，废除军队里购买委任状的制度和大学里进行的宗教忠诚宣誓仪式。1872年，议会通过了《工会法案》，同意选民无记名投票，给予了选民投票自由，免予在选举中受工厂主的胁迫。

中央政府在大刀阔斧地进行改革，第二次改革法也因扩大了自治市的选举权，加强了激进派自由党人的力量。1873年，激进派约瑟夫·张伯伦（Joseph Chamberlain）当选伯明翰市市长。在他两年的任期内，全力清除城市贫民窟，为穷人建造房屋，建立免费的公共图书馆和艺术馆。将天然气、清洁用水和污水处理系统纳入市政所有权范围。公园、街道、巡回法庭和市场样样具备。城市发展生机蓬勃。

1874年，格莱斯顿在大选中败给了老对手迪斯雷利。

迪斯雷利自1868年败选后，没有放弃重返执政舞台的野心，始终在加强保守党自身的建设。

迪斯雷利出生于皈依基督教的犹太人上层家庭，是一位机会主义者，总是能敏锐觉察到公众情绪。他顺应时代的需要，将保守党塑造成一个对国家负责的党。一个强调将贵族、中产阶层和工人阶层融合为"一个民族"，淡化"阶级"概念的政党。

迪斯雷利内阁同样人才济济，毫不逊色于前任格莱斯顿内阁。在迪斯雷利的领导下，政府继续进行社会改革，通过了诸多社会立法，提高工人阶级权益，改善底层民众的生存状况。如，废除了格莱斯顿时期的工会集会禁令；废除《主仆法案》，不再把工人视为低等的仆人；颁布《工匠住宅法》，允许城镇建设房屋，解决民众住房问题。

1878 年，议会还通过了《工厂法》，防止雇主强迫工人从事危险工作。迪斯雷利政府运用政府力量努力适应社会诉求，实现社会公平、公正，受到工会的欢迎。一位工会领袖表示，保守党"在五年里为工人阶级谋得的福利比自由党执政的五十年都多"。

在外交政策上，迪斯雷利主张国家利益至上，他那影响后世的名言就是："国家没有永恒的朋友，只有永恒的利益。"

1875 年，当他得知埃及陷入财政危机，埃及总督打算抛售所持股份时，迅速做出决策，在英国著名银行家、犹太人莱昂内尔·罗斯柴尔德的帮助下，出资 400 万英镑，为英国政府购买了苏伊士运河近一半的股份。直至 1956 年，英国始终获得了苏伊士运河的权益。

迪斯雷利的国家利益至上原则就是主张将英国建设为一个"伟大的国家，一个帝国"。

为了巩固殖民帝国的地位，更好地控制印度，也为了进一步扩大英国王室的影响力，在迪斯雷利的推动下，1877 年，议会通过了《君主尊称法》。根据该法，维多利亚女王加冕成为印度国王，从此成为大不列颠和爱尔兰联合王国女王和印度女皇。迪斯雷利把印度称为"帝国的明珠"。

1876 年，发生了保加利亚惨案，约 15000 人被土耳其非正规军杀害。迪斯雷利选择支持土耳其，因为维持一个强大的土耳其可以制衡俄国，那是英国通向印度的保障。

针对土耳其发生的暴行，格莱斯顿声称"就连南太平洋诸岛的食人族得知这一切也会怒火冲天"。而迪斯雷利则坚持国际事务以英国利益至上为原则，并在这场冲突中，从土耳其手中得到了塞浦路斯岛。但是英国在对阿富汗和南非进行的殖民战争却以失败告终。为此，有救世情怀的格莱斯顿指责迪斯雷利"外交政策狭隘、不稳妥、独断专行"。

1879 年，英国出现经济萧条局面，民怨沸腾。自 1875 年以来，英国农业因连年降雨过多减产，畜牧业也因恶劣天气受到影响。1879 年，北美和东欧的廉价谷物导致英国谷物暴跌。英国农民遭遇毁灭性的打击。

1882 年，第一艘冷藏货船抵达伦敦，将冷冻新西兰羔羊肉引进英国市场，引起了轰动。此时，英国工业革命带来的经济增长步伐放缓，不再占据资本主义发展的前茅。1850 年，美国蒸汽动力的发展规模超过了英国，至 1870 年已将英国抛在身后。同时，德国也正大踏步赶上。在这严峻的现实中，1880 年，70 岁的格莱斯顿再度赢得大选成为首相。迪斯雷利则退隐乡间生活，一年后去世，保守党因失去了灵魂人物而一蹶不振。

格莱斯顿在第二次任期内依然致力于满足爱尔兰人的需求，并提出第三次议会改革。

1881 年，议会通过了重要的《爱尔兰土地法》。1883 年，议会颁布了《禁止选举舞弊法》，要求严格控制选举费用。1884 年，第三次议会《改革法》通过，并颁布了《选举权法》，赋予涵盖了矿工、磨坊工人和农业工人等选举权，投票权范围扩大至60%的成年男子，选民数量增至500多万。

由于男性获得了选举权，因此女性被排斥在选举权之外的问题尤为突出。虽然1870年和1882年的《已婚妇女财产法》保护了女性婚后拥有了获得、持有、使用和处置她们财产的财产权，但女性的社会地位依然低于男性，甚至被要求"满足于低于男子的地位"。

当时，英国大众媒体已兴起，全国已有上百份报纸，伦敦就创办了十几份日报。1884年，一批改良主义知识分子在伦敦建立了费边社，他们提倡渐进的社会改革，是社会主义思潮的一支。不久，萧伯纳加入费边社，1889年他主编的《费边社论丛》出版；1855年创刊的《每日电讯报》，因代表保守的、中产阶级的和英格兰中部地区的思想观念，成为"大众化"报刊的先驱。1888年，其发行量已达300000份，远远超过1785年创刊的《泰晤士报》60000份的发行量。但为妇女争取选举权的声音，却并未能引起全社会甚至媒体的重视。

1885年，议会又通过了《议席重新分配法》，继续完善议会改革法案。138个议员席位被重新分配，并规定实行单选区制度，即一个选区只选出一名议员。除一部分城市和大学外，全国各郡一律划为单议席选区。其中，苏格兰新增两个单议席选区，爱尔兰新增22个单议席选区，伦敦的议员人数从22个增至68个。议员总数由658人增为670人。

第三次议会改革使得地主阶级成员首次在下院不再占有多数，并且比例随着选举次数增加而减少。贵族阶级逐渐走向没落，也预示着英国政治民主化进程有了突破性发展。

格莱斯顿的第三次议会改革并未遇到太大阻力，但是在爱尔兰问题上，自由党再生分歧。1886年，格莱斯顿起草的《爱尔兰地方自治法案》被议会下院否决，自由党统一派成员倒戈，并组建了自己的政党。

在外交政策方面，格莱斯顿政府声称无心再侵吞他国领土，承认各国之间的平等权利。但无论是国内的民族情绪，还是长期以来均势外交政策，英国都不能接受任何国家触碰已经"归属"于英国的疆土。"帝国主义的狂热情绪"早已涌入英国社会各阶层和所有政治党派及宗教中。因此，英国对外扩张的势头从未停止，甚至将1882年入侵埃及和南非的行为视为一种"情势所迫"。

1886年，英国政府将特许状授予皇家尼日尔公司，这个公司把尼日利亚变成了英帝国的一部分。此后，为了掠夺非洲的原料和矿藏，英国人以给非洲带去文化和文明、传播宗教为由，开启了瓜分非洲的战略。至此，英国控制了从开罗至乌干达，尼亚萨兰至开普的殖民地，拥有了非洲东北海岸大片土地。

1894年，在连任四届首相之后，84岁的格莱斯顿辞去首相职务，4年后去世。1895年，保守党在索尔兹伯里侯爵罗伯特·加斯科因—塞西尔的领导下，与自由党的统一派结盟赢得大选，并在1900年获得连任。

1897 年，维多利亚女王举行登基 60 周年庆典，来自殖民帝国的 5 万军人为女王举行了列队仪式，约有 11 位殖民地总督汇聚伦敦参加了此次庆典。同时，各殖民地也在狂欢庆祝。女王享受着成功的喜悦，发电报向全帝国的庆祝活动致谢。

1900 年 6 月，英、俄、美、日、意、法、奥等八国 2000 名联军，在英国海军上将西摩尔的率领下，入侵中国，对中国进行疯狂掠夺。就在这一年，大英帝国已经囊括了加拿大和澳大利亚的自治领，以及洪都拉斯、巴哈马、西印度群岛、圭亚那、非洲南部、西部和东部、科威特、印度和缅甸、中国香港、马来亚、北婆罗洲和南所罗门群岛的殖民地。拥有世界 20％的领土和全球 23％的人口，虽然这 4 亿人中 2/3 为印度人，但是维多利亚时代的英国已真正发展成"日不落帝国"。1851 至 1880 年间，500 多万英国人移居海外，或定居于自治领，或统治印度，或在世界各地传教、经商。而当时英国总人口为 2700 万。

英国政府一直鼓励英国人永久居留殖民地，如，凡前往澳大利亚者即给予土地。

英国对澳大利亚的开发始于 1788 年。当时，英国政府遣送 736 名囚犯至澳大利亚的新南威尔士，并派驻兵看守。此后数年，这里成为英国囚犯和不法分子的流放之地。直到 1840 年，英国才停止向新南威尔士运送罪犯。19 世纪 90 年代，澳大利亚 6 个殖民地进行全民公决，建立了一个联邦政府。1901 年，澳大利亚联邦宣布正式成立，成为自治领地。此外，加拿大于 1867 年拥有了自治权，而新西兰则在 1907 年成为自治领。

1901 年 1 月，维多利亚女王去世，英国汉诺威王朝的统治也随之结束，"维多利亚时代"已成为过去。而"维多利亚时代的英格兰"却成为一种习惯说法根植人心。

在维多利亚时代，英国人不仅重视帝国的地位，工业化进程也为英国带来翻天覆地的变化，摄影、电话、电灯和汽车出现在人们的生活中。1890 年，伦敦地铁开通。城市的房屋都是砖石建造的，办公楼和商店不断修建而成，城市有了自来水管道和下水道，大多数社区附近有免费或平价学校及医院。

只是维多利亚时代贫富差距依然没有改善。当时，社会调查家查尔斯·布斯（Charles Booth），从 1889 年至 1903 年对伦敦穷人的生活和劳动进行的调查发现：伦敦贫困人口在 30.7%，贫困原因是低工资；许多非技术性工人的周工资在 8—15 先令（1 先令约为 12 便士），而普通家庭每周的生活费约为 20 先令，每周房租约为 4 先令。因此许多人挤在一起，住在泰晤士河的堤垣上或铁道桥梁的涵洞里。

1888 年，每周只有 4 先令的火柴女工发动大罢工；1889 年，伦敦煤气工人举行了大罢工；1890 年 5 月 1 日，工人在伦敦海德公园举行大罢工，要求每天 8 小时工作制，这一天成为后来的五一国际劳动节。

1892 年，议会出现了首批独立派工党议员，独立工党成立。1897 年，在张伯伦的推动下，议会通过了《劳工赔偿法》，确保雇员的权益得到保障。1900 年，经过与政府数十年的斗争，英国工人在独立工党的领导下成立了"劳工代表委员会"，1906 年更名为工党。

在维多利亚时代，人们对待宗教的态度更加自由和理性，新的教派不断被接受，如浸礼会、公理会、卫理会等等。但是国教依然是掌握财富和权力的统治阶级的信仰，而占英国人口 75％的工人阶级大部分人都没有宗教信仰。当贫困人群没有能力购买半便士的报纸、没有能力给孩子 1 便士零花钱的时候，残酷的生存现状让他们不再关心上帝，不相信天堂和地狱。而随着自然科学的发展，人们在获取新知识的同时也表现出对宗教的冷漠，去教堂做礼拜的人变少，教堂冷清。

1901 年 1 月，维多利亚的长子威尔士亲王、爱德华王子成为大不列颠和爱尔兰国王、印度皇帝，史称爱德华七世（1901—1910 年在位）。

伦敦的要义和它对我的要求——最起码是声名与财富。……
在维多利亚风格的牛排店门口短暂停留，去闻闻蒸汽弥漫的橱窗
里，挂在钩子上的牛排狸红色那一面的味道。对我来说，这种食
物……是严格为胖乎乎的股票经纪人和银行家所预留的——我从
来没想过能吃到它……作为建筑工人，我们是工业界的恶棍，处
在工人阶层的最底部。……我们当中至少一半人是黑道里招募来
的，这显然是当时的一种惯例。

——［英］洛瑞·李《当我在一个仲夏清晨出走》

战前骚动岁月

爱德华七世是萨克森-科堡-哥达王朝的第一任国王。王朝的
名字来源于国王的父亲、日耳曼人萨克森-科堡-哥达的阿尔伯特。
维多利亚女王与阿尔伯特共生育有 9 个子女，很多都与欧洲各国
皇室联姻。爱德华七世在 1863 年娶了丹麦公主亚历山德拉（Al-
exandra）。

爱德华七世即位初期，英国强大的工人政党正冉冉升起，党
派斗争日益尖锐。而欧洲各国与美国之间的产业竞争同样激烈，
各国对原材料市场的抢夺及对新增熟练工人的需求不断增加，法
国和德国在科学教育及技术创新领域的政策和资金投入也反超英

国。1890 年，德国化学家的人数是英国的两倍。

自从法国、德国和美国加入国际市场份额的竞争之后，英国工业陷入困境。1900 年，美国在世界工业生产中的比重居首位，占 31％，英国下降为 18％，德国为 16％。但这并不影响英国人生活水平的提高，来自法国和德国的新兴产业汽车、航空和电影业等继续丰富着英国人的生活。爱德华七世同时拥有两台汽车，一台德国的奔驰和一台法国的雷诺。

维多利亚女王在世时，时常为自己的继任者风流不羁、挥霍成性而忧郁。多年来，甚至不允许爱德华看一眼国务文件。但爱德华七世有他的优点，他有即兴演讲的天赋，说着一口流利的法语，善于处理国际关系。

爱德华七世即位时，英国正处于对南非布尔人发动的第二次战争中。因为南非布尔人发现了金矿，1880—1881 年，英国与布尔人发生了第一次战争，最终双方议和。1899 年，因英国人在参加挖掘金矿过程中遇到当地布尔人的阻挠，战事再起。这次，英军用了三年的时间征服了顽强的布尔人，并为此付出了巨大代价。

为了打赢这场战争，英国动用了大量人力物力，还调动了殖民帝国兵力参战支持。最终，5774 名英国士兵阵亡，重创了大英帝国不可一世的气焰。战争中，英国人将手无寸铁的布尔人妇女关入集中营，其导致疾病横行、死亡不断的"野蛮手段"，激起了国际舆论的谴责，遭到各国的反对，降低了其在欧洲列强中的影响力，英国开始处于被孤立中。

此时，英国人的帝国主义热情开始降温，而心怀帝国野心的德国却在积极发展海军，力争与英国海军抗衡。英国也将德国作为最危险的对手，调整了对外战略部署。

爱德华七世热衷于武力，支持海军大臣约翰·费希尔（John Fisher）的海军改革，并引入两种新型战舰：一种是装备有重型火炮、涡轮驱动的无畏级战舰；一种是无敌级轻型装甲巡洋舰。同时，鼓励战事国务大臣理查德·伯登·霍尔丹（Richand Burdon Haldane）对军队进行彻底改革。

1902 年，英国与日本签订了《英日同盟条约》，约定日俄交战时，若第三国（德国）加入俄国一方，英国就加入日本一边作战。1904 年，在爱德华的推动下，英国与法国达成利益互惠、解决双方分歧的协议，共同对抗德国。

1904 年，日俄战争爆发，俄国无力顾及一直觊觎着的中国西藏，英国乘机派军队入侵西藏，占领了拉萨，1500 余名西藏民众被屠杀。

英国为了对抗德国，1907 年，又与俄国缔结了确定分割殖民地的《英俄协定》。1908 年 6 月，爱德华七世为了展示自己的外交才华，对沙俄做了一次国事访问。爱德华七世是沙皇尼古拉二世的姨父，这次访问缓和了英俄关系。

爱德华七世即位之初由保守党执政。1902 年，索尔兹伯里辞去首相一职，提携他的外甥亚瑟·鲍尔弗（Arthur Balfour）继任首相。鲍尔弗被称为软弱的领导者，内阁主导人物是担任殖民大臣的约瑟夫·张伯伦。

张伯伦是自由党统一派成员，无论在内政还是外交方面都推行激进政策，主张中央政府建立不列颠"帝国地产"，并积极推动英国政府发动第二次布尔战争。在对外贸易问题上，张伯伦认为英国制造业正在失去竞争优势，因此主张推行关税改革，实施贸易保护政策，在帝国各地设立关税壁垒，对此保守党内出现分歧。

这一时期，妇女选举权仍然不被关注。自 1867 年以来，议会对妇女选举权的问题有过几次激烈的辩论，却始终拒绝提出任何有关妇女选举权的议案。1903 年，长达 40 年坚持争取妇女选举权运动的埃米琳·潘克赫斯特夫人（Mrs Emmeline Pankhurst）和她的两个女儿创建了妇女社会与政治同盟。自 1905 年起，妇女组织不再以和平方式争取选举权，而是组织抗议运动，通过砸玻璃窗户，焚烧邮筒和建筑物等方式希望引起全社会的关注。

当时，不仅妇女选举权论被公众敌视，女性受教育的权利也受到限制。女性不能上大学接受高等教育，除了植物学和园艺学，女性也不能加入其他科学学会。那些才华出众的女性只能通过请家庭教师或自学获取知识。当时，著名诗人拜伦的女儿奥古斯塔·爱达·拜伦（Augusta Ada Byron）在 17 岁时展示出的数学功底，比大部分大学毕业的男性都要深厚。尽管她出身上流社会阶层，仍然不能进入学校学习。最终爱达师从母亲的友人、数学家兼逻辑学家奥古斯塔斯·德摩根，并在 27 岁时发表了论文。她设计的"一个运算过程、一组规则以及一系列运算"，在一个世纪后

"被称为一种算法，或一个计算机程序"。爱达也被今人称之为"世界上第一位程序员"。

作家弗吉尼亚·伍尔芙说："我常常觉得，我国虽是一个文明的基督教国家，却流行一种世界上最野蛮的风俗，那就是不让妇女享受知识的种种权益。"

这时，势单力薄的妇女运动不仅没有得到任何一个政党的支持和回应，即便是民主派改革者也认为，"妇女投票权"是天方夜谭。

在1906年的大选中，自由党人大获全胜，夺得400个议席。同时，迅速崛起的工党在大选中也赢得不少席位。这种阶级政治迫近的局面，令国王爱德华七世不满意。

自由党执政，财政大臣亨利·阿斯奎斯开始强制英国人向国家税务局申报个人年收入，并制定了《养老金议案》。同时，受到德国加速建造战舰、扩建海军的影响，英国不得不提高国防预算，加入军备竞赛中。

1908年，亨利·阿斯奎斯出任首相，新内阁如同1868年内阁一样，都是才华横溢的改革派。有敢于突破旧制、改革创新的财政大臣劳合·乔治（Lloyd George）、雄心抱负的外贸大臣温斯顿·丘吉尔和激进派贵族战事国务大臣理查德·伯登·霍尔丹。

1908年，议会上院通过了温斯顿·丘吉尔的《工资委员会议案》《失业工人议案》和《劳工安置议案》，议案规定设置180个职业介绍所，便于失业工人找到新的工作。

1909 年，劳合·乔治提出"人民预算"财政方案，将向拥有 100 英镑以上财富者征收遗产税；收入在 500 镑以上者征收所得税；向土地贵族们征收 10％—20％不等的土地增值税；征收汽车等特定消费品附加税等。这项向富人收税帮助穷人的法案在上院遭到以保守党为主的贵族议员的否决。劳合·乔治乘机攻击保守党，称其是在保护享有特权的精英阶层的利益。但"人民预算"的提出为自由党保住了工人阶级的选票，在阿斯奎斯带领下，自由党在两次大选中获胜。

1910 年，国王爱德华七世在"人民预算案"的争议中去世。他的长子克拉伦斯公爵早已于 1892 年去世。因此，爱德华七世的二儿子乔治戴上了价值 6 万英镑的新皇冠，成为萨克森-科堡-哥达王朝的第二位国王，即乔治五世（1910—1936 年在位）。

1910 年 4 月，自由党提出了削减上院权力的《议会法》，试图剥夺上院否决财政政策的权力。议会法规定，下院制定的其他法律预案，上院只有将其最多拖延两年的权力。法案被上院否决。

为了保证法案通过，首相阿斯奎斯不得不依赖爱尔兰议员的支持，以打破与保守党议员均衡的局面。同时，国王乔治五世也同意，将在必要的情况下晋封一大批贵族，通过增加上院人数，确保"人民预算案"获得通过。1911 年，上院不得不做出让步，通过了《议会法》，标志着英国政治的民主进程再向前迈出了一大步。

不久，劳合·乔治的《国民保险法案》也得以通过。这项法

314

案为千百万英国人带来了健康和失业保障，被称为"福利国家"的基石。法案规定，凡失业者，不论男女，由国家每人每星期发放 7 先令；凡患病者，每人每星期领取 10 先令。

自由党推动着英国的民主化进程，乔治国王也以民主君主身份支持国家宪政改革。同时，妇女组织和工人阶级作为崛起的新势力也不甘坐等权力均衡，而是主动争取、保持热度。

1910 年，英国工会会员为 250 万人。至 1913 年，已发展为 400 万人。日渐壮大的工人阶级并没有因为政府新政策的出台变得安稳。1909 年至 1913 年，英国物价上涨了 9%，涨幅超过工人工资的增长速度。为了提高工资收入，工厂、码头、铁路、矿山以及糖果店女工，纷纷举行大罢工。1912 年，全国发生罢工 850 次，至 1914 年 7 月达到 940 次。

而妇女选举权运动倡导者也从未停止过斗争。1914 年，已有 53000 名妇女加入全国妇女选举权协会的 480 个支部组织，激进的妇女选举权运动者先后焚烧了 107 所房屋，甚至冲进议会和唐宁街。直到 1913 年 6 月，一位叫埃米莉·维丁·戴维森的女性，为了让妇女选举权得到全社会的重视，在国王乔治五世进行赛马比赛时，只身冲向马场，将自己摔倒在国王的马下。后因伤去世，政府最终妥协。1914 年 7 月，阿斯奎斯首相向潘克赫斯特的妇女选举权代表团表示，议会一定会给予她们选举权。

让阿斯奎斯不得不面对的还有爱尔兰自治的问题。1912 年 4 月，阿斯奎斯在爱尔兰议会党议员的推动下，提出了《爱尔兰自治议案》。但上院保守党反对爱尔兰自治。议会中爱尔兰北部大省厄尔斯特部分议员也同样反对爱尔兰自治，他们希望爱尔兰与英格兰宪法保持一致。议案被上院否决。

厄尔斯特有 88.6 万强悍的新教徒，在议案推出之后，1912 年 9 月，他们提出了一份盟约，宣誓要利用"一切手段粉碎爱尔兰建立地方自治议会的阴谋"。

1913 年 1 月，北爱尔兰志愿军成立，并得到保守党的支持。1914 年，志愿军人数超过 10 万人，拥有武器装备。爱尔兰统一派与爱尔兰自治党剑拔弩张，国王乔治五世利用自己对保守党的影响，邀请各方代表在白金汉宫举行圆桌讨论，缓和了双方的对峙情绪，避免了一触即发的内战。

但这片刻的安谧，随即被第一次世界大战冲散。爱尔兰自治法案也被暂时搁置。1914 年 8 月，英国卷入战争，对德国宣战。

一战仅仅是危机时代的高峰。其实在那样的时代，无须战争，我们也能意识到社会的瓦解和公众日渐增长的无助。

——［英］乔治·奥威尔《奥威尔读本》

第一次世界大战中的英国

1914 年 6 月，塞尔维亚民族主义者在萨拉热窝刺杀了奥匈帝国皇储。这是第一次世界大战的导火索。随即，奥地利决定出兵讨伐塞尔维亚，得到德国的支持。此时的德国，已是一个富裕强大、奉行军国主义和民族主义原则的国家。德国清楚自己正被俄、法、英三国联盟势力包围着，却无所畏惧。

8 月，德国相继对俄国、法国宣战，并迅速入侵比利时。比利时是中立国家，但德国需要取道比利时进入法国北部包围巴黎。而英国一直将比利时视为自己的"前院"。英国要求德国尊重比利时中立的立场，德国首相贝特曼则说："国际条约不过是一张废纸。"英国不得不对德国宣战，英国民众一片欢呼和拥护。

参战国都打着"人道""正义"和"保卫祖国"的旗号，声称被迫作战，实为各怀鬼胎。英国希望通过战争击败竞争者德国，夺取德国在非洲的殖民地，巩固在埃及的地位，并乘势削弱法国和俄国的实力。

战争开始后，德国试图用最残酷的手段缩短战争时间"减轻人类痛苦"。德皇说："唯有用恐怖的方法……战争不到两个月就可结束，如果考虑人道，那么战争将延续好几年。"

德军势在必得，战事进展却并不尽如人意。最终，德军将进攻比利时的西线战争打成了持久战；进攻俄国，试图迫使俄国单独缔结和约的东线战事变成了阵地战。德国将两线作战的布局打成了腹背受敌。

1915 年 4 月，英、法、俄与意大利签订《伦敦秘密条约》，意大利在得到英国 5000 万英镑的贷款后，宣布对奥地利作战。此后，陆续约有 30 个国家加入协约国共同作战。大战开始不久，协约国之间就开始制定战争结束后瓜分世界领地的纲领，签订各种秘密协定。

在持久的消耗战中，英国将人力、物力、财力投进了战争的无底洞中。劳合·乔治在回答记者关于何时战争可能结束时说："英军既无钟表，也无日历……英国曾需要二十年的时间战胜拿破仑……在这一场战争中，需要多久，战争就进行多久。"

战争初期，13 万英军在民众的欢呼声中走上战场，有人甚至对战争抱有浪漫主义的幻想。在人们眼里，他们是"喜爱战争的热闹场面，有机会打架就开心"的大兵。然而，当士兵们在 6000 英里的战壕中亲历炮火时，所有的幻想都在伤亡中破灭。1914 年年末，已有 6 名贵族、6 名爵士、16 名从男爵和贵族子弟 84 名、从男爵子弟 82 名、爵士子弟 82 名阵亡。

英国国内最初参战的正规军人数很少，在超过25万的英国远征军中，60%的兵源出自各帝国殖民地内的预备役。1915年，英国政府决定招募身体强健的男性公民参军。1916年5月，普遍征兵制度被定为法律。由于民众对战争的支持，在开战后的14个月内，有225万人应召入伍。

当众多青壮年走上战场，农村和工厂就陷入劳动力不足的困境，农业、工业生产受到严重影响。为此，政府成立了战时农业委员会，鼓励扩大耕地面积，扩大粮食种植面积，减少牧场和其他非必需农产品的种植，组织妇女参加农业生产。

但物资全面匮乏依然是英国国内面临的主要问题。1914年至1918年期间，英国人均每周食糖消费量从1.49磅减少到0.93磅；鲜肉从2.36磅减少到1.53磅。从1918年开始，鲜肉只能凭票定量购买。同时，羊毛、皮革、苎麻以及铁矿石、苯、氨等化工品都紧缺，导致火药、机关枪、大炮、沙袋、军服和钢盔等军需产品供应不足。

在开战之前，有些重要的工业产品英国自己不能生产，需要从德国进口，如科学仪器、钨、滚珠轴承等。迫于战争的需要，英国禁止一切用于制造爆炸品的化学原料出口，并建立紧缺产业。为了节约能源，1916年5月，英国政府宣布实施夏时制。

1915年6月，因弹药工人1/5从军，开工不足，导致战场上炮弹奇缺。即便如此，工人罢工运动依然没有停止。阿斯奎斯政府为此成立了新的军火部，由劳合·乔治任大臣，负责解决军需问题。

1915 年，议会颁布了《战时军需品法》，规定凡向军队供应军需品的私人企业都受新成立的军需部控制，工人未经许可擅自离岗参与罢工属刑事犯罪。同时，政府与工会达成协议，废止过去的限制性措施，允许招募女工和技术工人。政府承诺限制工厂主的利润并给予工人在管理方面的发言权。

1916 年，劳合·乔治出任首相，他组建了 5 人帝国战时内阁，直接对战争的进程施加影响。并成立了由莫里斯·汉斯（Maurice Hankey）领导的内阁秘书处。劳合·乔治邀请保守党和工党加入联合政府，任命工党成员霍奇和罗伯茨先后任劳工大臣。为了防止工人罢工运动影响到军需等工业生产，政府与工会领导人签署《财政部协议》，叫停工会的罢工权；允许非熟练工人完成熟练工人的工作，并领取熟练工人的工资。

战争强化了政府对经济管理工作的干预，对关键的产业和产品实行全面军事化管制，促进了国家垄断资本主义的发展。

战争爆发后，政府开始对私营企业采取限制管理，接管了铁路公司，将铁路交给铁路执行委员会统一管理。采煤工业和航运业都处于国家直接监督之下，另有 200 多家工厂实行国有化，全国 9/10 的进口物品直接被政府购买。劳合·乔治内阁还成立了航运部、劳工部、粮食部和国民服务部，设立了一个航空局，其下新设皇家空军编制，与海军或陆军分离自立，推动萌芽中的航空工业迅速发展。到战争结束时，议会和政府增设了 10 个部、160

个局和委员会，公务员队伍也随之壮大。

战争期间，英国对外贸易失衡，进口多，出口减少，贸易逆差严重，许多民用工业衰落。由于缺乏资金投入，英国传统的煤炭、钢铁、冶金、纺织、机械制造等工业部门开始走向衰落。

自 1915 年 7 月起，英国政府每天的税收减少 300 万英镑，国库支出却增加了 6 倍。为了实施战时经济管制政策，政府取消了自由贸易和低额直接税制度。到 1918 年，所得税提高到每英镑 5 先令，较战争前提高了五倍。即使这样，政府仍然需要大量借债。到 1918 年，国债达到 1914 年的 4 倍。

1916 年 11 月，英国保守党人兰斯多恩在自己的备忘录中认为，英国生产遭受的破坏、人力的损失和财政的危机情况，需要好几代人才能恢复。

自从英国对德国宣战开始，阿斯奎斯领导的内阁坚信盟友国家会承担主要战争攻势，英国只需象征性施以援手，就可以最小的代价达到目的。可这算盘打得并不如意。

1915 年 1 月，德国齐柏林飞艇开始突袭英国海岸，直至 1916 年夏天，英国无论是士兵还是民众都成为被打击的目标。

1916 年 5 月，在北海日德兰岛近海处战斗爆发。这是此次战争中唯一一场大海战。尽管英国海军大舰队相较德国公海舰队拥有一定的优势，却没能实现压倒性的胜利。

德国舰队撤退，战斗双方都声称各自取得了胜利，但双方损失都不小。英国海军伤亡惨重，折损了 14 艘战舰和 6900 名士兵。

德国损失了 11 艘舰艇和 2500 名兵员。

1916 年 7 月，法国北方的索姆河战役打响，驻法英军总司令道格拉斯·黑格爵士同意参加英法联军渡过索姆河向南部发起进攻。第一天，英军就伤亡 6 万人。9 月，英军第一次使用了新式武器"坦克"。这是自 1914 年起，丘吉尔任海军大臣任内开始研发的。只是，坦克的首秀并不顺利。

索姆河战役持续到 11 月初，英军伤亡近 42 万人，德国的伤亡人数为 50 万人，而法军为 20 万人。英法联军付出如此惨痛的代价，却只向前推进了 2 英里，未能突破德军防线。

自开战以来，美国保持中立，并利用交战国之间的矛盾从中渔利，大发战争横财。同时，纽约希望能取代伦敦成为世界金融中心。

1916 年 12 月，美国总统伍德罗·威尔逊出面调停，向交战国提出实现一个"没有胜利者的和平谈判"的建议。但协约国提出的条件，德国和奥地利不同意。

1917 年 2 月，德国启动了无限制的潜艇战，目的在于切断协约国从美国获得资源。仅上半年，德国就击沉英国商船总吨位 60 万吨。英国虽然在造船业拥有世界领先地位，且在 1917 年，新造的商船达到 100 万吨以上，但也无法应对被击沉的速度。同年，德国飞机开始轰炸伦敦，英国处于"泥沙俱下的混乱局面中"。

德国的行动触及了美国的利益，将美国推向对立面。1917 年 4 月，美国对德国宣战，同时国际金融规则也发生了变化，美国希望协约国胜出，英国的金融危机也因摩根公司允许协约国使用大量的透支制度而得到缓解。

自从英国对德国开战之后，人们的反德情绪让英国王室的德国血统成为难以启齿的话题。1917 年 7 月 17 日，乔治五世颁布法令，从此他和他的后代不再是萨克森-科堡-哥达家族，而改称为"温莎"。这个名字没有什么特别意义，它只是来源于国王的一个主要宫殿——"温莎城堡"。这个名字让英国人很安心。温莎王朝从这一时刻起开始载入历史史册，一直延续至今。

在乱世中，国王关心家族的声誉，爱尔兰人更在意自己的命运。《爱尔兰自治法案》因战争被搁浅，但爱尔兰的激进民族主义者决定利用英国政府忙于战争，无暇旁顾之机实现民族独立。1916 年复活节，爱尔兰共和兄弟会成员攻占了都柏林邮政总局，宣布成立爱尔兰共和国。五天后起义被镇压，起义领袖被处以死刑，2000 多人遭到拘禁。

同样因为战争，妇女的角色也发生了重大变化。战争期间，大量的女性在前线做护士，还有更多妇女进入政府、军火工厂工作，而 16000 名女性在加入土地大军之后，更让英国农业生产有了保障。女性们为自己树立了崭新的形象，也赢得了社会的尊重。1917 年，记者詹姆斯·路易斯在文中写道："我曾经认为，使国家能够维持下去的只有男人，现在才明白，现代的国家既要依赖男人，也要同等地依赖妇女。"1918 年 6 月，在第三次改革法《人民代表法》中，当所有的成年男子都拥有了选举权之时，30 岁以上的女性终于获得了选举权。

1917 年 7 月，英军在第三次伊普尔战役中失败。10 月，意大利在卡波雷托惨败。11 月，沙俄爆发的反抗沙皇的二月革命和十月革命打击了俄军的士气，在布尔什维克夺得俄国政权之后，开始签署停战协议。

1917 年 11 月，德国调整战略，将大批德军从俄国前线转运至法国西线战场。1918 年年初，西线的主动权掌握在德国手中。而美国军队的参战进度缓慢。英国政府却在这时打算保留军队及经济实力，将战争拖延到 1919 年，待美军参战后，协约国再以压倒性的优势打赢这场战争。

但 1918 年春，德军就发起了最后攻势，打乱了英国的计划。英国的弗兰德斯战线被德军渗透了 40 英里，德国军队逼近巴黎。7 月，当美国终于把 200 万美军运送到欧洲战场时，战局终于发生了改变。

8 月，协约国军队在法国亚眠对德展开进攻，出动了 420 辆坦克和大批飞机，席卷了德军的前沿阵地，取得了振奋人心的胜利。10 月，德军节节溃败、损失惨重，德国政府决定接受停战协议。

1918 年 11 月 11 日，第一次世界大战宣告结束。这一天，成为英国"休战纪念日"。

虽然英国是战胜国，但在这场战争中，除了美国和日本，所有在这场战争中幸存下来的参战国都精疲力竭，损失惨重，债台高筑。

这场战争，英国动员了 800 万人参军，约有 200 万人受伤，85 万士兵死亡，前首相阿斯奎斯的儿子在战争中阵亡，牛津大学每五个学生中便有一个牺牲。在战争中毒气战首次被使用，损伤着人们的神经。战争对生命的摧毁，让人们开始习惯于死亡，1922 年，英国领取战争抚恤金的人数超过 90 万。

同样，支撑英国霸业的两大支柱——金融和海军严重受损。英国在战争中高成本的资金投入，损失了 1/3 的国民财富和 70％的舰队，使其经济受到极大的破坏。最终不得不变卖海外 1/4 的资产，以偿还美国高达 8.5 亿英镑的债务，内债也从 6.45 亿英镑增加到 66 亿英镑。巨额债务造成了金融动荡，伦敦世界金融中心的地位也开始向美国纽约转移。

1916 年，英国政府就与法国和荷兰秘密签订了划分中东版图的《赛克斯—皮科协定》。1918 年 12 月，战争结束后，首相劳合·乔治即刻在伦敦组织了一次短暂的协约国会议，再次对《赛克斯—皮科协定》做出了对英国有利的修改，将本来要实行国际共管的巴基斯坦置于英国人的控制之下；而盛产石油的摩苏尔也从法国的管控之下转到英国人手中。为了争取更多利益，劳合·乔治的帝国战时内阁在 11 月成立了一个特别委员会，负责战后向德国要求赔偿事务。

12 月，该委员会提交报告，将全部战争费用结算为 240 亿英镑，打算要求德国全部赔偿。劳合·乔治还决定率领加拿大、澳大利亚、新西兰、南非联邦和印度等帝国参战领地领导人一起参加战后协约国召开的巴黎和会。

英国首相劳合·乔治是位精明的政治家，深知如何为英国争取利益，也知如何把握时机，利用手中筹码在政治竞争中立足。突如其来的军事胜利为劳合·乔治赢得了声望。劳合·乔治趁着民众对"战场的胜利者"的热烈崇拜之情，立即在 12 月举行大选。英国的政治形势发生了根本性变化。

当决定时代命运的那些巨大运动开始之初，历史往往让同时代的人无法认识清楚那些运动。

——［奥地利］斯蒂芬·茨威格《昨日的世界》

战后动荡岁月

1918 年 12 月，大不列颠举行了第一次世界大战结束之后的首次大选。劳合·乔治决定以联合阵营领袖的身份竞选，带领追随他的自由党与保守党联手对抗阿斯奎斯的独立自由党和工党。最终劳合·乔治虽然获胜，自由党独大的日子却风光不再，只赢得了 170 个席位。

连任后，劳合·乔治对待德国战后赔偿的问题不再似大选前口口声声要惩罚德国那般激进。而是接受财政部经济学家约翰·梅纳德·凯恩斯（John Maynard Keynes）的建议，凯恩斯称"如果要把德国的奶水挤出来，首先不能把它杀了"。劳合·乔治也认为，协约国不能在赔偿问题上太过分，因为德国资金的大量转手会危及英国的对德贸易出口。

但协约国都抱着"像挤压柠檬一样挤压德国人，直到里面的柠檬籽开始吱吱作响"的心态。1919 年 6 月，协约国与德国签订了《凡尔赛条约》，德国被要求归还法国、波兰的领土，解除武装，并承担因战争而造成的全部损失，即在 30 年内赔偿 1320 亿金马克（约 330 亿美元）巨款，其中 52％ 的赔偿是缴付给法国。条约还约定于 1920 年 1 月成立新的国际联盟，总部设于日内瓦。同时，德国的海外殖民地名义上被国际联盟接管，实际上成为澳大利亚、南非联邦和英国所属的殖民地。土耳其的海外殖民地同样被法国和英国接手。而国际联盟也被英法控制。

令世人没想到的是，《凡尔赛条约》燃起了德国人的怒火，而希特勒更是成功利用了德国战败后经济体中充斥着的民怨，使其重建的德国民族社会主义工人党崛起。

同样"战争在英国也使工人变成了战士"。拥有了选举权的工人阶级，在战争经济框架下不断受益，工资增长首次超过物价增长。但战后政府取消了商品管制政策，民众开始疯狂采购，导致物价在战后一年时间里，上涨了 50％。工人收入再次落后于物价增长速度，随之而来的罢工浪潮此起彼伏。

1921 年的《经济学人》称这一时期为"自产业革命以来最糟糕的一个萧条年头"。英国政府不得不全面削减公共开支，包括军备、学校运营，甚至下调警察和教师的工资。这使得劳合·乔治的联合政府越来越不受欢迎。

战后，爱尔兰问题也被提上日程。1918 年，爱尔兰民族主义者在都柏林成立了独立的议会，自称"众议院"。自 1919 年起，爱尔兰共和军与英军之间持续发生激烈战争。1920 年，《爱尔兰政府法案》将爱尔兰按东北部和南部把议会分割开来，促使双方于

1921 年 12 月签署《英爱条约》，宣布爱尔兰成为自由邦，享有自治权。但阿尔斯特的 6 个郡划归英国，并单独成立议会。

在爱尔兰争取独立的进程中，大英帝国的殖民体系也出现了危机。印度、西非和埃及等殖民地也纷纷掀起争取民族解放运动，寻求更多的自治权利并争取独立。各自治领也要求在内政、外交方面获得独立自主权，拥有与英国平等的地位。

在大战期间，自治领、殖民地被卷入战争支援英国，都付出了巨大伤亡代价，战后，自治领要求单独派出代表团参加和会，为自己争取与英国平起平坐的地位。美国也在战时趁英国自顾不暇之机，对自治领加拿大、澳大利亚和新西兰进行渗透，并利用贷款和投资将英国从拉美地区中排挤出去，对大英帝国的海外殖民地展开争夺。1923 年，加拿大在没经英国的同意下，单独与美国签订《大比目鱼条约》，表明其在内政外交上拥有独立自主权。1926 年的英国帝国会议通过一系列决议，承认澳大利亚、加拿大、新西兰和南非自治领的独立地位，宣称英国与各自治领都是英帝国内的自治共同体，地位平等，在内政和外交事务上各方面互不从属。

1931 年 12 月，议会颁布了《威斯敏斯特法案》，制定了英联邦宪章，规定白种人统治的自治领加拿大、澳大利亚、新西兰、南非与英国组成英联邦，"共同拥戴英王为国家元首"。1919 年，印度甘地领导的"非暴力不合作"的独立和平运动，依然在不屈不挠中进行。

1922 年，劳合·乔治的政治生涯结束，因为卖官鬻爵的丑闻被曝光。最终，在 1922 年 10 月召开的议会上，保守党议员投票决定终止与劳合·乔治的联合，劳合·乔治随即辞职。这一年，由保守党议会下院普通议员组成的"1922 年委员会"成立，该委员会在保守党执政时，对首相的去留拥有重大的话语权。在同年的大选中，虽然保守党获胜，但英国政治变得复杂，自由党处于分裂状态，保守党虽然是最大的党，却受到第二大党工党的挑战。

为了恢复英国经济，财政大臣内维尔·张伯伦（约瑟夫·张伯伦之子）主张贸易保护，以增加就业。但是凯恩斯则认为"贸易保护主义不能医治失业病"，同时多数选民和工党也反对实行贸易保护政策。1924 年大选，保守党失去了多数党优势。由拉姆齐·麦克唐纳领导的工党获得了 191 个议席，首次成为执政党正式组阁。

拉姆齐·麦克唐出生于苏格兰一个贫困家庭，是一位女仆与农场雇工的私生子。1900 年，34 岁的拉姆齐·麦克唐纳担任劳工代表权委员会的书记。这位被贵族们嘲笑的"贫穷书记员"成为首相时，很多左派人士认为，工党的上台意味着俄国人要接管英国，个人财产将被没收，结婚和恋爱将不自由。因为工党的理论基础是费边社会主义，核心主张是生产、分配和交换手段的公有制，实行计划管理，以达到分配公平。

9 个月后，拉姆齐·麦克唐纳未能通过信任投票下台。

在接下来的大选中，保守党在下院获得超过 200 个席位，赢得议会大选。保守党领袖斯坦利·鲍德温出任首相，任命温斯顿·丘吉尔为财政大臣，内维尔·张伯伦为卫生部部长。

财政大臣丘吉尔上任后即刻恢复了大不列颠的金本位制度。自18世纪以来，英国的资本主义在货币兑换和国家银行贷款方面长时间发挥着领导作用，由于英格兰银行为英镑设定了黄金定额，其他国家的货币都可以用英镑衡量。但此时世界的大部分金币都在美国的金库中。凯恩斯认为，英国回到金本位就意味着"我们把调控物价水平和信贷周期的权力拱手交给了美国的联邦储备局"。同时，丘吉尔把英镑和黄金之间的兑换率定得过高，对英国的出口没有起到帮助作用。

1926年，欧洲大陆的煤炭生产量增加，英国煤炭出口在世界市场上失去了竞争力。除了煤炭行业，英国的其他工业，如棉纺织业和造船业也在国际市场竞争中失去市场份额。由于采煤量下降，工人工资减少，进而引发了全国范围的波及多个行业的大罢工。

张伯伦在任期内大力促进社会改革，促使议会通过了寡妇、孤儿和老年人补贴法；促成私人开发商与地方政府合作，为工人阶层建造了近100万套住房。

尽管斯坦利·鲍德温的内阁民望颇高，但在1929年的选举中，保守党败给了工党。拉姆齐·麦克唐纳再次出任首相。

1929年10月，美国经济进入大萧条期，并波及全世界。受其影响的国家减少了对英国商品的进口数量，同时，向英国大举借债的德国发生了银行倒闭现象。在凯恩斯的指导下，工党政府提出开展公共工程建设的刺激经济预案。1930年，内阁放开失业救济金的发放量。

但就公共工程和失业人员救济金问题，工党内部出现分裂。年底，登记在案的失业人数已经从100万升至250万，并继续攀升，政府预算出现巨额赤字，持有英镑的人开始兑取黄金。1931年7月，英格兰银行每天流出250万英镑黄金，英格兰银行发出"国家破产不远"的警告，英国历史上最大金融危机发生，工党政府内阁辞职。10月，在重新选举后，拉姆齐·麦克唐纳再次执政，只是工党议员只剩下13名，其他473人为"民族保守主义者"。拉姆齐·麦克唐纳领导了一个包括自由党和保守党在内的联合政府，被称为"国民内阁"。

再度出任首相后，拉姆齐·麦克唐充分展现出执政能力，制订了切实可行的改革计划，将就业和限制国有化放在首要地位。为了应对金融危机，国民内阁宣布放弃金本位制，从此英镑不再直接兑换黄金。财政大臣菲利普·斯诺登建议，削弱公共开支，包括削减失业救济金，维持英镑贬值政策。凯恩斯也认为，低值货币可以刺激经济繁荣。

此后，英国经济从衰退中复苏，银行的低息资金促进了产业投资，英国恢复了战前的经济发展步伐。汽车、巴士、收音机、人造丝、照相机、胶卷、各种电器生产迅速发展，真空吸尘器、安全剃刀等成为人们必备的生活消费品。1932年，英国和威尔士已拥有 1000 万名无线电听众和 200 万名电话用户，美国爵士乐风靡一时。1939 年，英国拥有汽车 300 万辆，77％的家庭使用电力。1929 年至 1937 年，人均收入增长了 13.7％，是 19 世纪 90 年代以来增长最快的时期。1938 年《带薪休假法案》通过后，1939 年，约 1100 万工资收入者享受了带薪休假的待遇。

1933 年，希特勒出任德国总理，公开建立法西斯专政，好战之心迅速膨胀，德国的军国主义势力对德国民族社会主义工人党（简称"民社党"或"纳粹党"）给予了大力扶持。

大军火资本家克虏伯在给希特勒的一封私人信件中说："政局的转变与我个人的愿望以及我的经理们的愿望完全相合。"希特勒为对外侵略和扩张行动运筹帷幄，而英、法、意等国还在各怀鬼胎。法国提出，如果德国再违反《凡尔赛和约》扩充军备，将对其进行经济制裁。英国却表示，即使德国破坏和约，也不考虑对德制裁的可能性。

1935 年，拉姆齐·麦克唐纳落选，斯坦利·鲍德温（Stanley Baldwin）再度接任首相一职。对斯坦利·鲍德温来说，他并不愿相信战争还会再来，他想做的是尽一切可能让英国避免新的战争。因此，对待希特勒的态度始终暧昧不明。

同时，英国不仅不制止德国走上扩军备战的道路，还破坏《凡尔赛和约》，于 1935 年 6 月，与德国在伦敦签订了《英德海军协定》。根据协议，只要德国遵守舰队总吨位不超英联邦各成员国海军总吨位的 35％，德国就可以增加或减少各种类型的军舰。英

333

国对德国的纵容，最终为自己酿下了苦酒。

1936年，乔治五世去世，时年41岁的爱德华八世继承了王位。这位新国王让首相斯坦利·鲍德温操碎了心。爱德华八世是声名远播的"少妇杀手"，更对有夫之妇的华里丝·辛普森神魂颠倒。1936年9月，爱德华与华里丝·辛普森度假回到英国，这件事被国际媒体广泛报道。根据英国宪法的规定，斯坦利·鲍德温劝告爱德华八世，他和辛普森夫人结婚将不得人心，原因不仅在于她是一介平民，而在于她是离过两次婚的美国人。

1936年12月，爱德华决定签署退位诏书，第二天就与辛普森在法国完婚。爱德华的弟弟乔治继承了王位，即乔治六世。

1937年7月，首相斯坦利·鲍德温也让位给内维尔·张伯伦。

面对日益膨胀的纳粹德国，张伯伦采取"绥靖政策"。但1938年3月，德国侵占奥地利，让英国措手不及。

随后，希特勒声称将占领捷克斯洛伐克的苏台德地区，张伯伦立即飞往德国与希特勒会谈，并签署了《慕尼黑协定》。

英国人将张伯伦这次出访视为一次外交上的胜利，认为这份和平协议能实现"英德人民永不交战的愿望"。可是作家斯蒂芬·茨威格却认为："英国人总是一再受蒙骗，只要希特勒在演说中说出'和平'这个词，英国的报纸就会热烈欢呼……英国人开始默认希特勒'要求'建立大德意志帝国是有道理的——却没有人明白，奥地利是欧洲大墙里的一块基石，一旦有人把这块基石从墙上挖掉，欧洲必将崩溃。"

张伯伦主要的工作就是安抚纳粹德国，他认为应该在和平的名义下，姑息德国的所作所为。他真的从这种角度看待他的责任，所以，等于暗助了希特勒好长的一段时间，让纳粹得以巩固它的统治。

—— ［英］卡尔·波普尔《二十世纪的教训》

第二次世界大战与英国

张伯伦对德国的姑息纵容，还包括牺牲他国的利益。《慕尼黑协定》的签署，就是在同意德国占领苏台德区基础上换来的。为了让捷克斯洛伐克政府心甘情愿地割让苏台德区给德国，英国政府承诺：在捷克斯洛伐克割让上述领土后，英国将参加对捷克斯洛伐克新疆界的"国际保证"，"使其不受无端侵略"。张伯伦的决定讨得了德国的欢心，得到了法国的支持，却激怒了捷克斯洛伐克人。

总之，张伯伦以牺牲小国利益换来德国一纸和平的保证，让英国民众大大放松了警惕。然而德国的野心却极度膨胀，已经做好了践踏一切"以前有效的准则"的准备。

1939 年 3 月，慕尼黑协定上的签字墨迹还未干，希特勒就违背了他对张伯伦的所有承诺，出兵占领了布拉格。8 月，希特勒和斯大林签署《苏德互不侵犯条约》；9月，希特勒动用所有的机动兵力——飞机、坦克、机动步兵向波兰发动了速战速决的"闪电战"，第二次世界大战爆发。

1939年3月，张伯伦刚刚向波兰许诺，英国将向波兰提供军事保障，甚至尝试建立一条"和平阵线"。德国对波兰发动战争，让英国人的和平幻想破灭，张伯伦不惜一切代价的自保政策彻底失败。

9月，英法两国被迫对德宣战，英联邦的澳大利亚、新西兰、南非联邦和加拿大也相继对德宣战。随后，波兰被德国占领，英法却宣而不战。

英国没有兑现承诺去保护波兰，而是在国内加强防御和武装力量。人们又开始修筑防空掩体，检查分发的防毒面具，英国上空布满了阻碍飞机飞行的防空气球。同时，英国没有放弃与德国达成妥协和平协定的幻想，甚至下令禁止轰炸德国军事目标，消极应对，避免与德国发生正面冲突。暗地里却在制定扩大战场的"巴尔干方案"和"斯堪的纳维亚方案"，企图把战火引向苏联边境。

希特勒一边宣称"德国对英国没有战争意图"，另一面则加紧扩军备战。而英国则被希特勒多次提出的"和平建议"所麻痹，当德国入侵挪威时，打乱了英国控制中立地区的计划。但英国的反击行动依然缓慢，犹豫不决。

1940年春天，德国完成了进攻英法的部署，武装了146个师，制造了 4000 架飞机。5 月，德国对英国、法国、荷兰、比利时、卢森堡展开了全线进攻。张伯伦因决策失败而辞职，丘吉尔接任首相。

张伯伦的失败，让保守党的威望大受影响。而工人阶级的崛起强化了工会组织的力量。工党领袖克莱门特·艾德礼（Clement Attlee）担任副首相、工会领袖欧内斯特·贝文（Emest Bevin）出任劳工大臣。1940 年，英国议会投票决定：在战争结束之前，不举行议会大选，并停止党派政治斗争。

丘吉尔在下院的就职演讲中强调，政府的政策就是同一个"穷凶极恶的暴政进行战争"，"（我们）能奉献的没有其他，只有热血、辛劳、汗水和眼泪"。

5 月，德国军队逼近英吉利海峡，准备对盟军实施分割包围。迫使英国为了保存实力，丢弃了大量的军事装备，将 20 万英国士兵从法国东北部的敦刻尔克港口撤回英格兰。6 月，法国贝当政府向德国投降，意大利加入了德国阵营。法国戴高乐将军飞往伦敦，宣布成立"法国民族委员会"，决心组织英国领土上的法国武装和海外法国公司与德国继续战斗。

这时，欧洲大部分地区都在希特勒的控制下。

7 月，希特勒下达了入侵英国的命令，不列颠之战真的到来了。

从 7 月中旬到 8 月中旬，德国轰炸机对英国海军基地、雷达站展开攻击。在 8 月被命名为"鹰日"的空战中，德军出动了飞机 1500 架次，攻击了英国的机场和飞机制造厂。英国飞机和飞行员损失的数量很快超过了可补充替代的数量。

9月，德国对伦敦及其郊区进行了昼夜密集的猛烈轰炸，伦敦市民平均每日死亡300—600人，伤1000—3000人。白金汉宫首次遭到德军炸弹袭击，先后被轰炸9次。乔治六世与王后则拒绝离开伦敦，以示王室与国家共同面对危险的决心。

在德军猛烈的攻击下，英国开启了孤军奋战之旅。9月，德军继续对伦敦实施轰炸，英国皇家空军利用新雷达和防空防御系统免于被侵入，并进行了全面反攻。击毁德军60架飞机，英军损失了26架。到10月，德机共被击毁近1400架，英国被击毁约800架。英国参战机组人员3000人中，507人牺牲。

在这次保卫英伦三岛的反击战中，英国空军还对柏林等城市进行了多次报复性突袭。这场被丘吉尔称为"不列颠之战"的战役，没让德国空军达到将英国皇家空军赶出天空的目的，希特勒也决定放弃侵占英国的计划，将目光转向东方。希特勒认为，要使德国后方稳固，唯一的办法就是进攻并击败俄国。

1940年年末，希特勒再次发动了以英国平民百姓为目标的"闪电战"，轰炸了约克、埃克塞特和巴斯。慑于英国皇家空军的实力，德军选择在夜间发动突袭，因此，各城市居民不得不到避难所和地下火车站睡觉，这些场所也很快被改造成内设铺位和简单厕所的招待所。

为了应对粮食短缺，乔治六世国王授权在温莎大公园开垦

1500 英亩耕地种植谷物。农民也被鼓励开荒耕地，使耕地面积从 1200 万英亩增加到 1800 万英亩。同时，成千上万的城市居民也充分利用自家庭院进行耕种，开垦出 140 万英亩可用耕地，以提高粮食产量。

1942 年，社会改革家威廉·H. 贝弗里奇发布了以《社会保障及相关服务》为题的"贝弗里奇报告"，报告勾画了战后重建和未来社会服务及构建福利国家的基本蓝图。这份报告在社会上引起了强烈反响，而丘吉尔对一个即将在战争中破产的英国，能否负担得起这份社会保障计划表示怀疑。

尽管如此，丘吉尔也无法回避《贝弗里奇报告》中所提出的关乎群众的切身利益的问题。1943 年，丘吉尔在一次电台讲话中表示，将支持"从摇篮到墓地"的全面社会保障制度。学校的伙食用餐供应不再是一种救济措施，而是成为一种社会服务；社会急救医疗服务被扩大。1944 年通过的《残疾人法》，规定雇主必须招收一定配额的身体经过康复的工人。

为了确保战争时期英国经济平稳运行，丘吉尔政府成立了三个经济处，即经济政策秘书、中央统计处和首相办公室的统计处。三处均由专业经济学家全职为政府做经济顾问。但随着战争的继续，无人能阻挡英国金融状况恶化的趋势。在战争开始的一年半时间里，英国出口能力下降，只能出售黄金和美国的债券才可从美国及其他国家进口食品、原材料和战争物资。

1939 年 12 月，英国的黄金和美元储备约为 5.45 亿英镑，却以每年 2 亿英镑的速度在减少。在 1940 年的第三个季度里，英国流失了 6.68 亿美元（1.67 亿英镑）的储备，如果不是加拿大帮助英国采购美国物资而且允许英国对加拿大透支，英国的资金流出还要更多。

1940 年 9 月，德国在空袭英国之际，还对英国进行了海上封锁，并以每月击沉 10 万吨位商船的速度阻断英国的海外物资运输。意大利也趁火打劫，欲将英国赶出地中海。意大利的参战让局势恶化，几个月内，英国损失了 670 多艘商船，迫使英国不得不展开大西洋护航战和地中海争夺战，护卫自己的制海权。

在德军的强势进攻下，丘吉尔请求美国伸出援手。丘吉尔在给美国总统罗斯福的信中说："按照目前的损失率，我们将不能坚持很久。"而美国如同第一次世界大战初期一样，保持中立观望的态度。

从 1940 年 5 月起，丘吉尔多次向美国提出，希望美国政府转让几十艘驱逐舰的要求，以保护英国物资运输船队。9 月，英美达成了《租借法案》，美国租给英国 50 艘陈旧的驱逐舰，拥有了在西印度群岛和百慕大群岛的八处英属岛屿上建立海空基地权，为期 99 年。

丘吉尔明白，这样做严重削弱了英国在西半球的地位，知道美国人是乘机想把他们的家底彻底掏空。英国在全力维持对德战争的同时，还要应对英美之间的经济战。美国总统罗斯福则称《租借法案》是"借给邻居一只水管，帮他灭火"。而美国财政部长亨利·摩根索的立场则是，支持英国同德国作战，但不支持维持英国的世界地位。

不过，丘吉尔也相信，英美《租借法案》必将促使美国向参战迈进一步，尽管罗斯福在1940年11月时对美国人承诺："你们的总统说，这个国家将不会参战。"此后，美国共与包括苏联在内的33个国家以双边形式订立了租借协定。

在近一年的时间里，英军还进行了护卫北非、东非和西亚的战争，并逐渐控制着局势的发展。同时，英国对欧洲大陆沦陷国家流亡至英国的政府和团体给予大力支持，除了法国戴高乐领导的"自由法国"运动，还有挪威的哈康国王、荷兰的威廉明娜女王、捷克的贝奈斯总统、波兰的西科尔斯基将军等。

于是，丘吉尔在争取美国参战的同时，还在争取改善英苏关系。派出主张同苏联友好的工党人士出任驻苏大使，力图说服苏联放弃苏德互不侵犯条约。并表示，德国一旦进攻苏联，英国愿意派出一个三军代表团到苏联。1941年4月，英国将获取的德国即将进攻苏联的情报递交给斯大林，缓和了恶化的英苏关系。

其实，丘吉尔的真实想法是："我希望看到德国葬身于坟墓之中，并希望看到俄国躺在手术台上。"

在第二次世界大战爆发后，苏联宣布中立，苏德签署了《苏德边界友好条约》。但两国之间在拉脱维亚和爱沙尼亚等问题的处理中裂痕不断加重。苏联开始着手建立抵抗德国的"东方战线"。为了避免有朝一日德国来袭腹背受敌，苏联在东方设法稳住日本，与日本签署了《苏日中立条约》。然而，日本早已于1940年9月在柏林与德、意签订了《德意日三国条约》，约定任何国家如果攻击缔约三国中任何一国，都将遭到其他两国的攻击，德、意两国承认并尊重日本在"大东亚秩序"中的领导地位。

此时，日本已于1937年发动了全面侵华战争，至1941年，日本的侵华战争因受到中国人民的顽强抵抗而无法速战速决。为此，日本政府决定开展"以战养战"计划，掠夺东南亚的战备物资，并切断中国与英、美联系的国际通道，逼迫蒋介石投降，然后全力对付英、美。在签署了《苏日中立条约》之后，日本也暂时解除了在北方的后顾之忧，可以放手准备对美英的战争。

日本日益膨胀的野心，美国早已看在眼里。1941年1月至3月，英美两国在华盛顿秘密会商，通过了ABC-1号计划，制定了战备方案：先打德国，后打日本；美国集中力量于大西洋，在太平洋取守势。

而希特勒自从迫使法国投降之后，一直在东进攻打苏联和西进攻打英国中犹豫不决。一方面对英攻势不减，一方面又偷偷地将陆军大批东调。1941年6月，希特勒下达了打击苏联的"巴巴罗萨计划"，要求"在对英国的战争结束之前，以一次快速的战役击溃苏俄"，并计划在冬季以前结束战斗，然后继续解决英国问题。

德国向苏联发起了全面进攻，意大利、芬兰、罗马尼亚、匈牙利和斯洛伐克也对苏宣战。英国则宣布，将给予苏联以"我们力所能及的、对苏联有益的一切经济和技术援助"。丘吉尔说：
"没有哪一个人比我更彻底地反对共产主义。凡是我说过的关于共
产主义的话，我决不收回。"但是，"任何对纳粹帝国作战的人和
国家，都将得到我们的援助。任何跟着希特勒走的个人或国家，
都是我们的敌人"。罗斯福也表示，"美国决定在可能范围以内，
全力援助苏联"。

德国对苏联的进攻初期非常顺利，苏联处境十分困难，经过
三个星期的残酷战斗，德军向苏联腹地纵深推进了300—600公
里。随后，斯大林调整了战略方针，带领全体军民打起了莫斯科
保卫战，有效地打破了希特勒三个月内吞并苏联的侵略计划。

1941年7月，美国宣布冻结日本在美资金。8月，美国宣布
全面禁止对日出口石油和废铁。9月，日本御前会议秘密决定对
美开战。12月7日，日本偷袭夏威夷珍珠港的美国舰队，太平洋
战争爆发。第二天，英国抢在美国前头向日本宣战。同一天，美
国正式向日本宣战。随后，澳大利亚、新西兰、加拿大、自由法
国、荷兰等24个国家陆续对日本宣战。中国国民党政府在12月9
日正式向日本宣战，第二天向德意宣战。

12月11日，德、意向美国宣战。保、罗、匈和斯洛伐克等
国家相继对美宣战。大战的范围真正具有了世界规模。

12月底，莫斯科保卫战接近胜利，德、意、日再度发起联合
作战协定，坚称"在共同对美国和英国作战胜利结束以前，决不
放下武器"。1942年1月，英、美、苏、中等26个反法西斯国家

的代表，在华盛顿签署了《联合国家宣言》，宣告"保证运用其全部军事与经济资源，以对抗与之作战的三国同盟成员国及其附从国家"。随后，又有 21 个国家加入反法西斯联盟。

从 1941 至 1942 年，英国的战略安排是全力保卫不列颠，维护生命线，控制中东和地中海地区。其次是对苏提供战略物资援助。最后是抵抗日本对英国殖民地的进攻。因此，日军在 1942 年 2 月向新加坡发起总攻，丘吉尔已无力对亚洲战场提供支援，最终新加坡落入日本之手，大英帝国的东方殖民地相继覆亡。

根据战略安排，丘吉尔积极在北非采取行动。在北非，英德之间的战事同样激烈，到 1942 年 11 月，德国的隆美尔将军在对阵英国的蒙哥马利将军战役中兵败。随后，美军登陆北非，德国非洲军队被迫投降。

自 1942 年以来，苏军在质量上和数量上都有所增强，新装备和新编师的数目也在不断增加。8 月下旬，苏军对德发动范围更广的进攻。德国要求日本出兵进攻苏联，被日本拒绝。1942 年 10 月，斯大林格勒战役扭转了战局，苏联在战场上获得主动权。1943 年 2 月，苏德战争以苏军的胜利宣告结束。随后，苏军大反攻，战线开始西移，苏联红军节节胜利，先后与罗马尼亚、芬兰、保加利亚、匈牙利等国签订和约。1945 年 1 月，苏军攻占华沙，向德国进军。

西线英美军队自 1943 年 4 月在非洲突尼斯战役中俘获了德意全部非洲军队，为盟军重返欧洲扫清了道路。7 月，盟军在西西里岛登陆，意大利墨索里尼政府垮台。9 月，意大利向盟军投降。

1944 年，苏联红军开始向东欧和巴尔干进军。1944 年 6 月，同盟国实施了"霸王计划"，以英国为基地，横渡英吉利海峡，在欧洲西部法国诺曼底滩头大规模登陆，向德国本土逼近。法国巴黎、比利时、荷兰相继获得解放。

年底，英、美和苏联三国开始讨论如何处理德国的问题。丘吉尔为了拉拢法国，牵制美国，对抗苏联，主张法国参加占领和管制工作。1945 年 2 月，由英、美、苏主导的关于战后世界新秩序和列强利益分配问题会议，在苏联黑海北部的克里米亚半岛的雅尔塔皇宫举行。这次会议奠定了战后大国合作确保和平的模式，三国首脑原则上同意肢解德国。

1945 年春天，苏、美、英部队从东西南三个方向发动了对德国本土的围攻，苏联军队率先攻入柏林，发现希特勒已于 4 月 30 日自杀。

5 月 8 日，德国正式签署了无条件投降书。英国人如释重负，举国欢庆这个"欧洲胜利日"。8 月 6 日和 8 日，两枚原子弹在日本广岛和长崎爆炸，8 月 15 日日本宣布"终战"，同盟国获得了最终的胜利。9 月 2 日，日本正式投降，第二次世界大战结束。

在利物浦，在足球成为一个热门行当的一个世代之前，人们已经把赌球推行成为一个大行业。如同拳击一样，赌马始终是上层阶级以及工人阶级的嗜好……然而，当麦克米伦在 1956 年推行有奖储蓄债券时，坎特伯雷大主教便警告他要注意防止在道德上使国家遭到污染的危险。

——［英］阿萨·布里格斯《英国社会史》

福利国家

第二次世界大战摧毁了全球近半的领土，约 1700 万士兵和 3300 万平民在战争中丧生，是人类历史上伤亡最大的战争。英国 37.5 万名士兵阵亡，6 万名平民在突袭中丧生。

在这次战争中，"不列颠"一词的使用明显比"英格兰"一词更加频繁，大不列颠已经变成了英国。但是这个英国不再是大英帝国，因为"战争虽然能建立帝国，也能促进帝国的瓦解"。

美英两国在讨论处理战后国际关系时签署了《大西洋宪章》，在宪章签署的过程中，美国坚决要求英国解散大英帝国。尽管丘吉尔明白罗斯福是"在想法子毁灭我们的大英帝国"，但英国已实力式微，无力阻止大英帝国殖民统治的瓦解。1947 年，英国承认了印度和巴基斯坦这两个民族国家的成立。

1945 年 7 月大选，工党以明显优势获胜，斩获 47.8％的选票，而保守党只获得了 39.8％。工党领袖克莱门特·艾德礼出任首相，并组阁。

而两个月前，当全国欢庆"欧洲胜利日"时，即使英国皇室成员频频亮相白金汉宫阳台，也无法掩盖丘吉尔的光芒。欧内斯特·贝文甚至带头为丘吉尔唱起了《他是一个快乐的好小伙》，以示工党对丘吉尔坚定的支持。

战争的胜利本是丘吉尔个人成就的巅峰时刻，所以大选结果不仅令工党大为吃惊，丘吉尔本人更是愤愤不已。丘吉尔没有意识到，这场战争让人们不再接受"被动消极、宿命论和逆来顺受"，公民政治权利意识在增强。在公民权利概念中，社会保障权是人们越来越重视的权利。

在战争期间，工党在负责国内事务中全力实施社会改革，延续一战前政府制定的社会保障法，深得民心。除了"贝弗里奇报告"让民众对战后的生活充满期待之外，1944 年 6 月，贝文在下院就劳动人民奔赴战场为国而战与承诺战后建设更加美好的社会之间的关联发表了一次演讲，令人印象深刻，人们期待未来政府在福利制度领域有所作为。

在大选中，工党以"让我们面向未来：为全国考虑的政策宣言"作为竞选纲领的标题，让选民们看到了一个没有残酷阶级斗争的新英国，唤起了他们对"即将迎来崭新时代"的向往。而丘吉尔却沉浸在斗争中，他的竞选主题是：工党正在谋划一场用心险恶的社会主义阴谋。最终被选民抛弃。

对于民众来说，社会主义意味着政府干预。就如同在第二次世界大战中政府对社会生产和民众生活状态的管控，政府职能虽然在扩大，却有积极的成效。

工党获胜后，国王乔治六世对事态的发展感到吃惊和担忧。乔治是一个传统主义者，但他依然不反对在必要时进行社会改革，同意将国家掌控权交给克莱门特·艾德礼。

对于新首相，许多人都低估了他的政治能力，即使在 1935 年成为工党领袖时，人们也普遍预计艾德礼是个临时党首。他不是演说家，私下与人交谈时，话语也是短促而简略。但艾德礼是一位成功的政治家。在他 6 年的执政生涯（1945—1951）中，带领工党帮助英国塑造了此后 25 年的政治发展模式，形成战后各政党之间对发展福利国家的政治共识：接受"混合经济"、承认自由工会的权利、保持"充分就业"、提供社会福利、执行价格和收入政策。

艾德礼被誉为现代英国史上真正改变民族的两位首相之一，另一位是后来被称为"铁娘子"的玛格丽特·撒切尔。

艾德礼内阁包括外交大臣欧内斯特·贝文、卫生大臣休·道尔顿（Hugh Dalton）和副首相赫伯特·莫里森（Herbert Morrison）在内的一批有才华的资深政治家，他们竖起了"根除欲望、肮脏、疾病、愚昧和失业五项极恶的旗帜"，开启了"福利国家"的建设。

工党政府打出的"福利国家"的口号不是一句空话，而是以"贝弗里奇报告"为蓝本，实打实地颁布各项法律，具体落实各项措施。

1946 年，政府颁布了覆盖全民的《国民保险法》与《国民医疗服务法》，为国民提供免费医疗，制定了包括医院国有化和全民免费医疗在内的措施。1948 年，《国民救济法》做出了救济的具体规定，同时宣布"现存的济贫法不再有效"。1948 年 7 月 5 日，《国民医疗保健法》《国民保险法》和《国民救济法》同时生效，英国的国家医疗服务体系（NHS）正式成立。这一天，英国政府宣布：英国已经成为福利国家。

只是真正将各项福利制度落到实处并非易事，政府需要强大的财政收入，国家需要保证经济的健康发展。工党政府实施"社会主义"政策，接受凯恩斯主义经济理论，加强国家干预，政府承担起促进消费的核心作用，将公有制视为社会稳定的基础和社会平等的前提，推行国有制与私有制并行的"混合经济"，将英国工业国有化大幅扩展至铁路、英格兰银行、航空、煤矿、钢铁、电信和电力等行业。

除了医疗和保险领域，福利国家政策还涉及住房和教育。政府将大量的资金投入公共住房建设中，加大教育事业的政府投入，并将学生离校年龄提高至 15 岁。同时，战后就业问题也得到充分改善，失业率从 1946 年的 1.7％下降到 1951 年的 1.1％。

但是，战后财政危机让工党政府束手无策。1945 年 8 月，战后英国政府已经负债累累，仅租借协定和从英镑区的借款就让英国国际收支出现 21 亿英镑的赤字。同时，美国在战后立即停止执行《租借法案》，要求之后运到英国及其盟国的物资和新的订货都必须以外汇支付，迫使英国卖出 10 亿英镑海外资产偿还债务。但依然不能避免爆发财政危机。

英国政府通过扩大出口、削减军火进口降低国际收支赤字。但依然需要筹集 17 亿英镑（70 亿美元）的赤字资金。凯恩斯称："国家几乎破产了，根本不存在能够让人们心怀希望的经济基础。"英国政府不得不向美国求援，派出凯恩斯赴美借钱。

经过 4 个月的艰苦谈判，1945 年 12 月，美国人愿意提供 37.5 亿美元，再加上 6.5 亿租借收尾资金，一共 44 亿美元，为期 50 年、利率 2% 的贷款。同时，美国要求英国政府放松英镑区以外的外汇管制，要求至 1947 年中期，英镑必须可与美元自由兑换。

美国在战后已将英国牢牢地置于自己的经济掌控之下，为美元主持国际贸易打下基础。《经济学人》杂志对此总结："我们没有理由说我们喜欢这个协定……我们目前的需要是这样一个事实的后果，我们的参战比别人早，比别人时间长，比别人艰苦。"随后，加拿大又借给英国 12 亿美元，帮助英国渡过难关，维持建设福利国家需要的支出。

在经济危机中，战时实施的大量管制措施和配给制度仍在继续。1947 年冬天，一场从西伯利亚袭来的严寒"冻僵"了整个英国。煤堆冻结、铁路停运、电厂关闭。英国人迎来了300年来最寒冷的2月，餐桌上的马铃薯、面包被限量，使用电炉时长被控制。从1941年开始实行的服装配给制，让很多人在这个冬天难以穿得暖和、体面。英国人依然过着清苦的生活。

不仅在英国，整个欧洲的经济仍未走出困境。为此，1947年，美国发起"经济攻势"，宣布对欧洲包括德国经济实施马歇尔援助计划。目的在于在"俄国征服欧洲、南美之前，复兴德日，稳住整个西方"。西欧各国对美国的雪中送炭甚是欢迎，英国第一年收到7亿英镑。到1950年，英国经济恢复到每年4%的增长率，工商业开始自由地对市场做出反应。但1950年6月，朝鲜战争爆发，工党政府通过了一个为期3年的、47亿英镑的大规模军备计划。1949年，苏联科学家造出了原子弹，第二次世界大战刚刚结束，世界又进入了原子时代，英国也开启了核武器计划。

为了资助前往朝鲜参加由美国领导的15国联军，英国政府开始维持着高昂的军费开支，引起了英国通货膨胀，又迫使工党政府在国家医疗服务体系中实施病人部分费用自理计划。同时，国防支出导致外汇流出，给英镑造成压力，致使工党内部长期分裂。

工党在1950年赢得大选后，1951年10月，艾德礼不得不再次举行大选。在这次大选中，保守党以微弱优势战胜了工党，76岁高龄的丘吉尔再度执政。

丘吉尔喊出"让人民自由"的口号，新政府随后废除了钢铁业和卡车运输业的国有化，但是其他行业国有化政策不变；新政府终止配给制和食品补贴，但是肉类配给直到 1954 年才取消；新政府撤销了诸多的管制条规，但是承诺继续大力推进住房等领域的政策，延续福利国家路线不动摇。

1952 年，国王乔治六世去世，他的长女伊丽莎白二世（1952—2022 年在位）接替王位，时年 25 岁。1953 年 6 月，英国举办了隆重的女王加冕仪式，并通过电视向全国播出女王登基盛况，让第二次世界大战后的英国难得从一片萧瑟中透出张灯结彩的喜庆。只是女王的登基无法掩盖英国的金融危机、经济危机和帝国的瓦解。

1952 年 6 月，时任住房大臣哈罗德·麦克米伦在一份内阁备忘录中表明：一方面的经济窘迫和另一方面的大国幻想以及对衰落的恐惧，在二战结束后很长一段时间还制造着帝国愿景，期待提升英联邦凝聚力、维护英联邦整体性。

1948 年，英国政府制定了《国籍法》，建立了英国及殖民地公民的国籍，赋予了英属殖民地和英联邦居民自由移民的合法权利。同年，第一批 500 名加勒比海移民抵达英国。1954 年，英国氢弹试验成功。但这一切都无法阻止英属殖民地肯尼亚、塞浦路斯及加纳等国家发起独立运动。

1955 年 4 月，丘吉尔退休，保守党安东尼·艾登（Anthony Eden）在大选中获胜。这位新首相依然怀有不灭的帝国梦，在埃及将苏伊士运河收归国有后，于 1956 年 7 月，联合以色列和法国公然侵略埃及，意图占领运河区。

美国政府当时正计划与埃及加强友好关系，对艾登的决定大为恼火。于是威胁英国，将对其实行经济制裁和石油制裁。艾登完全没想到美国会对英国的行动有如此强烈的反应。11月，英国被迫撤回英军，接受停火协议。英国这次迫于美国压力的妥协，被视为英国失去世界强国地位的标志，相对美国，英国只能算是一个"中等强国"。

艾登在第二年辞职，哈罗德·麦克米伦（Harold Macmilan）继任首相。从这一年起，大英帝国再度经历了萎缩的过程。1957年，马来西亚半岛和加纳独立；1960年，牙买加独立；1961年，塞拉利昂和坦噶尼喀独立；1962年，乌干达、牙买加、特立尼达独立；1964年，赞比亚独立；1967年，也门亚丁独立。尽管伊丽莎白女王依旧是英联邦的首脑，但她的作用主要体现在社会层面。英国政府希望通过英联邦制，向成员国出售工业产品，振兴英国制造业。但是，衰弱的英国已经不再具备驾驭和控制日益松散的联合体的实力，澳大利亚、新西兰、加拿大以及南非都将目光转向了综合实力强大的美国。

由于大英帝国的萎缩和经济的衰退，英国与欧洲及美国的关系发生了变化。

战后，英国主张对抗苏联，丘吉尔认为战后苏联将是西方的最大威胁。美苏关系也从1946年开始变得紧张。但在马歇尔计划之前，美苏对抗形势尚未确立。

在对德问题上，美国对德政策已经逐渐从肢解、限制转为以扶植、恢复为主；苏联则要求德国付出 100 亿美元的赔款。

1945 年 7 月，苏联、美国、英国三国首脑在波茨坦会议上设立了"外长会议"，并达成协议：各自从自己对德国的占领区取得赔偿，苏联从西方占领区得到 25％的工业设备，其中 15％用于换取苏占区的粮、煤、石油、木材等。三国同意法国参加赔偿委员会。

1946 年 6 月，美、英将占领区合并为一个经济单位，并迅速恢复德国经济。1947 年 12 月，苏联提出取消美英占区的联合，建立一个德国民主政府。但马歇尔在声明中称："我们现在不可能希望德国统一，我们只能在我们影响所及的地区里尽力而为。"以美国与苏联为首的两大军事集团之间的对峙进入"冷战"时期。

1947 年 6 月，苏占区成立了"德国经济委员会"。1948 年 6 月，美、英、法占领当局宣布西占区实行"币制改革"。1949 年，西德政府成立。德国因英美与苏联的对抗而被分裂。

同年，1949 年 4 月，在美国主导下，美国、英国、加拿大、法国、荷兰、比利时、卢森堡、挪威、冰岛、葡萄牙、意大利、丹麦 12 国组成的"北大西洋公约组织"（"北约"）正式成立。英国外交大臣贝文在事后承认"与美国共事是种冒险，因为美国对所有其他大西洋共同体国家占有巨大的力量优势"，这可能迫使他"对美国的主张做某些勉强的让步"。自此，无论是在"冷战"时期还是"冷战"结束之后，英国始终是以配合美国的地位存在。在西方新全球战略上，英国配合美国扮演着"世界宪兵"的角色。

在对欧洲的关系上，战后英国在经济方面选择了游离于欧共体之外。1952年，在法国倡导下，法国、荷兰、比利时、卢森堡、意大利和西德六国成立了"欧洲煤钢共同体"（"欧洲经济共同体"前身）。当时，英国工党政府已经将煤炭产业国有化，并反对"将煤炭生产移交给外国亲家"。1955年，"欧洲煤钢共同体"成员国同意，将合作范围进一步扩展到其他经济与原子能领域。英国仍然拒绝加入。美国政治家迪安·艾奇逊表示"不列颠失去了一个帝国，至今还找不到自己的角色"。

1961年，麦克米伦政府决心进入欧洲共同市场，不再远离欧洲事务，申请加入"欧洲煤钢共同体"，却被法国总统戴高乐否决。对此，戴高乐表示，英国有它自己的对外经贸关系，它是工业国和商业国，英国农业要依靠美洲和领地的廉价进口，政府为此支付了可观数字的补贴。这种补贴办法与欧洲经济共同体的农业政策是不能相容的。戴高乐还不止一次提到，英国加入欧洲经济共同体，等于在其中安插进一个美国的代言人。这对于正同美国对立的戴高乐来说，是一个重要的政治问题。不仅如此，英国工党领袖盖茨克尔也反对，盖茨克尔称，如果英国加入欧洲共同体，那将意味着"千年历史的终结"。1963年10月，麦克米伦辞职。

1964年，工党哈罗德·威尔逊（Harold Wilson）出任首相，人们期待新首相能为英国揭开崭新的一页。威尔逊却坚持工党传统执政路线，继续福利国家政策，继续扩大国有化领域，机械、电子、航空、汽车等行业纳入国有企业。威尔逊认为全面的经济规划能够推动竞争力渐失的英国工业走向现代化，并为此创立了一个负责制定年度计划和五年计划的经济事务部，结果却不理想。

1967年，工党政府决定通过英镑贬值来维持国际收支平衡，却导致政府信誉受损。同年，英国政府再度申请加入欧共体，仍然被戴高乐拒绝。

这一时期，"衰落"与"英国病"成为人们讨论这个国家时的主要议题。

福利国家原是企图以此缓和国内阶级斗争，有利于维持国内经济的，但福利支出的增加却引起财政赤字剧增、企业的低效率等等，结果，英国在福利问题上陷入骑虎难下的境地。福利国家不仅变成了压在英国经济之上的一个沉重的包袱，而且是使人们对国家经济前景失去信心的一种销蚀剂。

——罗志如、厉以宁《二十世纪的英国经济》

谁来治理英国

威尔逊政府的福利国家建设同样任重而道远。

由于缺乏公共服务资金，医院数量建设不够，许多人还是无房可住，工人阶级子女天资好也无法进入师资水平高的学校。因为公共养老金不足，还有数以百万计的民众，要么没有社会保险，要么失业救济金无法应对上涨的物价，贫穷现象依旧。显然，政府若要维持福利国家制度就需要有大量财政收入，然而战后英国财政赤字问题始终没能得到有效解决。

1950 年，英国财政的福利支出是 103 亿英镑，到 1979 年就增加到了近 500 亿英镑。为弥补巨额的财政赤字，英国政府不断发行政府债券和加征个人所得税，导致通货膨胀与高技术人才外流。同时，被国有化的企业普遍经营不善，利润效率低下，发展动力不足。

20世纪60年代，爱尔兰仍然是一个贫穷落后的国家，但北爱尔兰阿尔斯特地区经济状况、生活水平要高出爱尔兰。只是天主教在北爱尔兰依然被边缘化，因此天主教徒在北爱尔兰发起了争取政治和公民权利的运动，遭到阿尔斯特政府的暴力镇压。

很快，爱尔兰共和军成立了"临时爱尔兰共和军"加入这场争取公民权利的运动中。英国政府派出军队行使北爱尔兰6个郡的警察职能，导致冲突升级，临时爱尔兰共和军开始高调从事恐怖活动，并与英军冲突不断。

虽然威尔逊政府面临着重重困难，但内政大臣罗伊·詹金斯（Roy Jenkins）却坚持推动社会改革，将不列颠的自由化程度进一步提高。1965年，政府废除了绞刑，还放宽了离婚、堕胎和同性恋限制。1968年，政府不再进行戏剧审查。英国的文化和艺术领域越发自由奔放，戏剧、流行音乐开始大行其道。

自1962年之后，全国创建了26家地方剧院，成千上万的观众走进剧院欣赏话剧、音乐剧；1965年，"披头士狂热"蔓延，威尔逊为披头士4名成员颁发了英帝国勋章，惹起一片嘲讽声；1962年，英国人蜂拥到伦敦泰勒画廊去欣赏弗朗西斯·培根的画作。培根是一个不满时代现状的画家，他创作的人物呈半人半兽状。

在街头巷尾，裁制精致的女式服装的专卖店最先出现，男士服装店也纷纷开张。突然间，女士们开始流行穿上迷你裙，男士们也穿上了紧身裤。似乎人人都开始张扬个性，对抗经济衰败中的沉闷。

同时，政府修订了《教育法案》，鼓励"全面"开展中等教育。1970年，《同工同酬法》颁布，规定女性和男性同等工作同等收入，为加强社会平等性提供了更加宽广的舞台。

但是，英国政府对待有色人种的移民态度却从自由放任转为国家干预。1958年，伦敦西部的移民地区诺丁山爆发种族冲突。1962年，政府出台法案禁止英联邦非白人国家的人移民英国。

威尔逊一直在寻找社会主义方式解决经济增长缓慢、贸易不平衡、通货膨胀的问题，却总是找不到方向。1970年3月，保守党爱德华·希思（Edward Health）赢得大选。

希思政府寻求用资本主义方法解决经济增长缓慢、贸易不平衡、通货膨胀的问题。通过降低税率，促进投资，限制私有化，促进市场自由。但减税减少了财政收入，政府开支却仍在增加。银行放贷限制被取消，虽然刺激了消费，却进一步加剧了通货膨胀。1970年和1971年两年，通货膨胀达到21％，物价上涨的速度超过工资。

为了减轻财政负担，希思内阁的教育部部长玛格丽特·撒切尔废除了学校免费供应牛奶的政策。这一政策给她带来了"牛奶贼玛吉·撒切尔"的绰号。希思还提出要"把私营企业的行政管理方法运用到政府机构中，以提高行政效率"。希思对政府机构进行改革没有引发社会问题，却因限制工会权力引发了新一波罢工浪潮。

1970 年 12 月，希思提出以限制工会权力为目的的《劳资关系法案》，引发工会联盟组织数起大规模的罢工活动。从码头工人到电力公司员，从邮政工人到船厂工人，罢工人数从 1970 年 12 月的 60 万增加到 1971 年 3 月的 125 万。而 1972 年的大罢工造成的工作日损失，更是创下 1920 年以来的最高纪录。

让希思政府一筹莫展的还有爱尔兰带来的难题。1972 年，在阿尔斯特，146 名安全部队队员和 321 名平民被杀，近 5000 人受伤，武装冲突持续了近 30 年。

爱尔兰的"麻烦"将生活在困境中的英国人推到水深火热之中。1971 年，一个自称"愤怒旅"的组织在伦敦周围引爆了炸弹。1972 年，伦敦德里地区爆发民权示威活动，英国伞兵部队奉命镇压，打死了 13 名示威群众。

1973 年，英国终于被批准加入欧共体，进入欧洲共同市场后，人们生活有了新变化。1 先令等于 12 便士、1 英镑等于 20 先令的货币制度被废除，取而代之的是货币十进制。

同年，阿拉伯国家实行石油禁运，导致石油价格翻了两番，令英国经济雪上加霜。希思政府在这时推出了一项复杂的、法定的收入政策，并提出关闭部分亏损的煤矿，从而引发 1973 至 1974 年的更大规模的矿工大罢工，英国工业陷入半瘫痪中。希思政府不得不宣布实行每周 3 天工作制，并承诺提高矿工工资，延缓关闭亏损企业。

这时，英国国内生产总值增速从 1973 年的 6.5％降至 1975 年的－1.5％，而物价指数却从 9.4％上升到 22.6％。

1974 年 2 月，自称"国家的经营者"的希思首相决定提前举行选举，并向选民抛出"谁来治理英国"的问题。最终，选民将选票投给了工党的哈罗德·威尔逊（Harold Wilson）。

威尔逊再次出任首相，却失去了十年前的活力。英国经济陷入严重的滞胀中，福利国家所造成的庞大开支和"福利依赖文化"的影响，成为英国经济发展的重要制约因素。强大的罢工潮使社会生活陷入严重的混乱状态。这些需要治理的"英国病"，摆在工党面前，但是威尔逊政府却治理乏术。

1975 年，英国对加入欧洲经济共同体的条款进行了重新谈判。因为就农业政策以及英联邦国家在共同体中的地位安排需要细节化处理，威尔逊将谈判结果交由全民公决。此事在全国引起大讨论，电视节目也为此开专栏展开辩论，最终全民公投通过此项决议。

1976 年，英国人生活水平下降了 15％，汽车、钢铁和造船工业都不景气，关闭的工厂导致失业率增加。同年，工党詹姆斯·卡拉汉（James Callaghan）成为首相。

此时的首相职位已是"一杯诱人的毒酒"，卡拉汉也清楚自己接手的是个烂摊子。但是卡拉汉政府依然坚持维护国家的福利制度。

针对通货膨胀，卡拉汉政府向国际货币基金组织申请 23 亿英镑的备用信贷。在国际货币基金组织的要求下，政府出售了英国石油公司的全部国有股份。为了还贷，政府不得不进一步削减 30 亿英镑的公共开支，并通过限薪，降低用工成本，促进经济繁荣。

随后，英国经济出现转机。1977 年、1978 年，通货膨胀率下降 10％和 8％，计算机、电子设备、机器、服装和苏格兰威士忌酒出口收益明显增长，"英国病"似乎得到了救治，工会与政府之间也相安无事。但由于政府大幅削减政府开支，导致失业人口持续上升。1977 年 8 月，英国的失业人口已超过 160 万人，并且还在增长。此时，随着英国公有制的发展，工会力量进一步扩大，工会工人数量达到 1200 万。

1978 年，卡拉汉决定继续限制薪金，要求工资加薪涨幅在 5％或以下，这次工会不再妥协。1978 年至 1979 年的冬天，英国爆发了大规模罢工。罢工期间，垃圾满地无人收拾，医院不再接收病人，遗体都无人处理。这被称为"不满之冬"的大罢工，让工党政府陷入瘫痪。

1979 年 3 月，卡拉汉以一票之差，未能通过不信任动议，工党在随后的大选中败给了保守党。英国出现了历史上第一位女首相，54 岁的玛格丽特·撒切尔入主唐宁街 10 号。

公众渴望些什么、赞成些什么，都发生了转变。我怀疑重大变革正在发生，而引领者将是撒切尔。

——［英］詹姆斯·卡拉汉

撒切尔主义

英国历史上充满了不可预见的革命，"撒切尔革命"就是其中之一。

1979 年 5 月，54 岁的玛格丽特·撒切尔（Thatcher Margaret）在入主唐宁街 10 号时，人们还不十分了解她，也没有意识到这是一位革命性的领导者。

撒切尔夫人毕业于牛津大学化学专业，在大学里担任过保守派社团主席。毕业后一直从事化学研究工作。1954 年，她取得了律师执业资格，成为一名职业税务律师。后来嫁给了一位富有的油漆制造商撒切尔先生，在丈夫的支持下，玛格丽特·撒切尔全身心地投入政坛。1959 年进入议会，从下院议员至希思政府内阁教育部部长，直至 1975 年，出人意料地战胜希思成为保守党领袖。这时，撒切尔夫人已经是一位资深政治家。

1977 年，撒切尔夫人因发表措辞激烈的反共演说，被苏联领导人蔑称为"铁娘子"。玛格丽特·撒切尔却欣然接受了这个称号。

撒切尔主义的实质是"打破国家干预",实施自由市场经济,主张低税收、私有化、限制货币供应量。在政治上她既提倡爱国主义的理想,又鼓励个人主义。这位变革者,以其好斗的秉性掀起了一场打破"战后共识"的"撒切尔革命",进而在社会上引发了"史无前例的消费、信贷、炫富、赚快钱和性解放狂潮"。因此,玛格丽特·撒切尔也是英国最具争议的人物之一。

1979 年,撒切尔内阁大臣杰弗里·豪伊宣布降低个人所得税,从原先的 83% 降至 60%,但提高销售环节的增值税,增值税率从 8% 提高到 15%,以抵消所得税的削减。为了限制货币供应量,撒切尔政府将银行贷款利率提高至 17%。然而,撒切尔新政初期并没能阻止英国经济继续下滑。1980 年下半年,由于汇率攀升已有上百家制造业企业破产,失业率从 1979 年到 1982 年上升了 3 倍,1982 年达到 300 万。撒切尔执政一年内,工资虽然增长了五分之一,物价也上涨了 22%。三年内,经济完全没有增长,城市骚乱和犯罪率却随之上升。1981 年 4 月,伦敦布里克斯顿区爆发了骚乱,店铺遭到烧毁和劫掠,街道被隔断。撒切尔政府乘势扩充警察队伍,加大对法院、监狱等机构的投入。

1981 年 7 月,威尔士亲王查尔斯王子和戴安娜·斯宾塞(Diana Spencer)女爵的婚礼在伦敦举行,婚礼的盛况令人震撼,英国广播公司用 33 种语言进行实况转播,全球约 7.5 亿观众在关注这场"世纪婚礼"。20 岁的戴安娜震惊了世界。这场被坎特伯雷大主教罗伯特·朗西称之为"王子和公主的童话婚礼"暂时缓解了英国民众长期以来焦躁不安的情绪。

重重阻力下，撒切尔坚持己见不动摇。1982年，政府预算中再削减50亿英镑。对于罢工和骚乱，撒切尔表现得更加凶狠坚定，决不让步。1982年，撒切尔政府分别通过了两项《工会法案》，极大地削弱了工会的权力。

马尔维纳斯群岛位于南大西洋上。1833年英国宣布该群岛为英国殖民地，阿根廷则宣称拥有岛上主权，并渴望夺回小岛。1982年3月，阿根廷军队强行进入该岛，撒切尔果断抓住这个转移国内矛盾的机会，借马尔维纳斯群岛问题提升威望。

撒切尔孤注一掷，下令夺回马尔维纳斯群岛。英国民众沉寂了多年的帝国情绪被燃起。撒切尔乘势以最蛊惑人心的方式，将英国经济复苏与回击阿根廷的战争结合成一场民族复兴的斗争，撒切尔政府的支持率一路上扬。

最终，英国政府组织了一支由10000名官兵和44艘战舰组成的特遣舰队，从英国长驱8000英里抵达南大西洋。5月，英国军队在阿根廷空军的轰炸中登陆马尔维纳斯群岛。经过激烈的争夺战，6月阿根廷战败，英军为此损失了5艘舰船和255名士兵。

这场战争改变了撒切尔的命运，也让撒切尔的统治底气更加十足。她宣称："我们已经不再是一个处于衰败途中的国家。相反，我们重新找回了自信，这种自信在国内的经济战中孕育而生，并在八千里之外的战场上通过了验证。"只是，撒切尔绝口不提这场战争中美国给予的支持。

自撒切尔夫人上台之后，英国与美国保持着"非凡的联盟"关系，英国坚决支持美国对苏推行强硬政策。为了支持美国在北约推行欧洲中程核武器现代化的计划，1980 年 1 月，英国政府率先宣布允许将 160 枚美国巡航导弹部署在英国。英国政府力图借助美国帮助自己在国际事务中发挥影响力。

同时，撒切尔夫人在 1982 年 9 月首次访华，这也是中英自 1972 年 3 月 13 日正式建交以来，首位访问中国的在任英国首相。

邓小平在会见撒切尔夫人时提出了香港前途问题，明确地提出，中国政府将于 1997 年对香港恢复行使主权。在这之后，中英两国代表团进行了历时两年的艰苦谈判。1984 年 9 月 26 日，中英两国代表团在经过 22 轮会谈之后，两国政府关于香港问题的《联合声明》在北京草签。1985 年 5 月 27 日，双方互换了批准书，中英《联合声明》正式生效。

中英关于香港问题《联合声明》的发表，使两国关系进入了一个新的发展阶段。中英两国高层领导人进行了一系列的互访。两国之间的经济贸易合作关系也出现了重要突破。

在对苏政策上，撒切尔十分明确地释放出两种信号，既在意识形态上毫不含糊地"反苏反共"，又毫不迟疑地放手同苏联改善两国之间的关系。撒切尔强硬又灵活的对苏政策，为英国在国际舞台上赢得了更为宽广的活动天地，也让她的国际知名度迅速提升。

在欧洲经济共同体中，撒切尔夫人则以咄咄逼人的姿态为英国争取利益。一直以来，欧共体的预算收入主要来源于对非成员国的工业品征收的进口关税；对欧洲共同体以外进口农产品征收的差价税；对成员国商品征收的产品增值税提成。这些规定对英国不利，英国抱怨向欧共体缴纳的财政摊款的相当一部分等于支付了不利于英国的农业补贴政策。仅 70 年代末、80 年代初英国的摊款就占欧共体预算的 21%，而用于英国的却只占欧共体支出总额的 13%，英国的实际"净摊款额"到撒切尔执政时期已达 10 亿英镑。为此，撒切尔夫人在执政前五年中，就"净摊款额"问题寸步不让，坚称要拿回属于英国的这 10 亿英镑。

在数次欧共体会议上，撒切尔夫人同西欧大陆伙伴发生了激烈争吵。撒切尔夫人以"民众代言人"自居，坚持在事关英国民族利益的争端中不妥协、不住口、不让步。在欧共体诸位领导人面前，她挥舞着手提袋，愤怒地高呼"还我们钱来"。终于在 1984 年 6 月的欧共体会议上达成协议，同意英国可以获得当年 10 亿英镑的退款。

撒切尔拥有清晰的执政路线和愿景，为了保证其政策的连贯性，也为了确保她的命令能在全国范围内得到彻底执行，撒切尔以极其强硬的态度对中央集权进行把控，便于实施"自上而下的改革"。

1986 年，议会颁布的《地方政府法案》中废除了英国的大城市政府，大伦敦区被取消。大伦敦区成立于 1965 年，包括英国首都伦敦及周边的 32 个市镇。撒切尔通过削弱地方政府的权力，加强中央集权，并削减地方政府的预算。同时，也将教育管理权收归中央，撒切尔制定了英国有史以来第一份国民教育课程，课程由英语、科学和技术构成。大学结束了学校自主运营方式，大学讲师不再享有终身教师资格，其学术评估直接由中央管辖，学者要按照图书出版和论文写作的成果"打分"。同时，削减了 10％的大学预算，关闭了部分理科学院。

撒切尔主张自由经济，将工业和服务业私有化是撒切尔振兴英国经济的重要手段。因此，在第二任期内，继续平衡政府预算、全力推行私有化成为撒切尔政府的核心工作。

从 1984 年起，撒切尔政府陆续将手中拥有的占国内生产总值 11.5％的电信业、能源、航空业等国有企业陆续出售。1984 年，英国电信集团被出售；1984—1985 年，撒切尔政府关闭非营利煤矿、停止煤矿业的政府补贴；1984—1985 年，英国造船厂亏损 2.38 亿英镑，撒切尔政府将其私有化。此外，英国煤气公司、英国宇航公司都被出售给个人投资者。同时，政府将大量的国有公共住房向民众出售，并削减政府 50％的公房项目支出，学生住房补贴被取消。

政府通过出售国有资产充盈了国库，1985—1986 年财政年度税收净增了 50 亿英镑。1984—1991 年，英国私有化资产金额已占世界总量的 1/3，但英国国有企业产值在国内生产总值中仍然占到 6.5％。

私有化进程促成了撒切尔政府执政时期的"政治资本"——"解放"生产者,"解放"消费者。由此推动国内市场出现从"借贷繁荣"到"消费繁荣"的景象。同时,在私有化过程中,一批亏损企业被淘汰,产业竞争力得到提高,但失业率也不断攀升。

在社会保障方面,撒切尔政府强调个人的责任心与义务感,降低政府支出。1980年,财政部用于社会保险基金的拨款占整个税收的18%,到1990年,财政部已经不再对此拨款。养老金以及缴费社会保障津贴,主要依靠个人缴费基金支付。

在撒切尔时代,英国贫富差距无论在地理上还是社会分层上都在加大。南部保守党控制区社会发展迅速,更加富裕;北部工业区则衰落贫穷。作家保罗·特鲁在其《海上王国》一书中提道:英格兰北部的"梦魇"已不再是被熏黑的工厂烟囱、烟雾重重和一堆又一堆的矿渣,而是空荡荡的烟囱、清新的空气和长满矿渣堆的杂草。

1986年10月,财政大臣尼格尔·劳森(Nigel Lawson)着手改革金融服务业,开放英国金融市场,对内放松管制,对外开放竞争引发了"金融大爆炸"。伦敦金融城的投资银行家和股票经纪人聚敛了大量财富。英国最富的10%阶层的收入增长速度,比最穷的10%阶层的收入增长速度快6倍。伦敦跻身世界金融中心,而大批失业人员只有依靠救济金生活,一个新的社会底层也随之出现。1979—1987年,依靠社会保障福利的家庭数目增加了三分之二。由于政府减少了住房补贴,导致没有房产的家庭数量从

1979 年的 5.6 万人增加到 1989 年的 12.8 万，官方数据为 37 万人无家可归。同时，撒切尔打破了退休金与工资之间的关系，导致民众退休后的收入大大减少。当社会阶级之间的鸿沟被扩大之时，这个国家呈现的是"私人富足，公共污秽"的景象。

尽管如此，1987 年，撒切尔还是顺利赢得了第三次大选。

此时，经过"撒切尔革命"之后的英国发生了巨大的变化。英国从 20 世纪 70 年代的战后创伤中恢复过来，制造业欣欣向荣，英国的产品市场、服务市场和劳务市场都得到了扩展。国家经济发展虽然不平衡，但是总的经济形势逐年向好。1988 年，英国经济的增长率为 3.8%，高于欧共体成员国 3.5%的平均增长水平，重登欧洲最繁荣国家榜单。

但在 1987 年的大选中，撒切尔因承诺废除地方房产税，代之征收"人头税"，导致撒切尔时代终结。

英国从 1851 年维多利亚时期开始实行房产税，这是一项基于房产价格征收的、支持地方性公共服务的地方税，是地方政府重要的财政来源。二战后，地方政府的开支一直高昂，因此撒切尔政府进行税收改革，取消房产税，以"社区税"取而代之，实行统一税率。也就是 18 岁以上的成年人都有义务缴纳的税制，因此又被称为"人头税"。尽管失业者和低收入者获得了豁免，但这项最穷的人和最富的人将支付同样税款的制度，打破了"战后共识"，导致撒切尔政府支持率下降。

1989 年，约翰·梅杰接替劳森成为财政大臣，开始在苏格兰推行"人头税"。事态一如 1381 年爆发的反抗人头税的农民起义一样，苏格兰因"人头税"的实施，引发了混乱和大规模的抗议。在英格兰，当 80% 的民众被要求缴纳人头税时，1990 年 3 月，在伦敦特拉法加广场爆发了一场更为严重的暴乱，示威者向警察掷脚手架、焚烧汽车、打砸商店。约 133 名示威者受伤，341 人被捕。到 1990 年年底，280 万人拒绝缴纳人头税。

此前财政大臣劳森和新外交大臣杰弗里·豪伊都希望英国加入新的欧洲汇率机制，也就是欧洲共同货币的前身。多数英国政要似乎都认为，"英镑一定要加入欧洲汇率机制，才能证明英国人是'优秀的欧洲人'"。

但撒切尔反对。她认为这是欧洲共同体对英国主权的侵蚀，"如果英国加入经济货币联盟，就表示英国政府放弃自己的货币政策，听命于德国联邦银行"。撒切尔因与劳森的意见不合，导致 1989 年劳森辞去财政大臣一职。

尽管撒切尔迫于压力，在 1990 年 10 月宣布英国加入了欧洲货币体系，但是在欧洲一体化问题上，撒切尔仍然不妥协。11 月，副首相杰弗里·豪伊坚持认为撒切尔在欧洲政策上是错误的，并提出辞职。

豪伊是撒切尔政府的元老级人物，他的辞职不仅令撒切尔政府失去了核心力量，其具有摧毁性的演说更如一枚"重磅炸弹"，彻底动摇了撒切尔的执政根基。豪伊在辞职演讲中呼吁众人，把国家的利益摆在对首相撒切尔夫人的忠诚之上，他说："我为党和国家做了我认为正确的事。现在该轮到其他人考虑他们对忠诚的悲剧性冲突作何种反应了。我本人与忠诚较量的时间也许太久太久。"

随之而来的是，内阁成员不再支持撒切尔，保守党内大多数人也开始拒绝跟随她，加之民众的抗议和反对，撒切尔陷入自筑的绝境中。

1990年11月，撒切尔辞去首相职位，离开唐宁街10号。保守党人约翰·梅杰（John Major）继任首相。

具有讽刺性的是，撒切尔在离任前全力保荐梅杰，而梅杰在赢得大选时所展现出的却完全是撒切尔反对者的身份，他宣称"是时候进行改变了"。

政府的重要任务不是做个人早已在做的事，将它们做得好一点儿或者差一点儿；而是要做目前根本还未做过的事。

——［英］约翰·梅纳德·凯恩斯

撒切尔的继承者

1990 年 11 月，约翰·梅杰（John Major）在党魁竞选中击败了道格拉斯·赫德和迈克尔·赫塞尔廷，成为保守党领袖。撒切尔夫人在辞职时，呼吁最亲密的支持者支持梅杰。因此，梅杰被当作撒切尔的政治继承人而获得支持。

梅杰的执政风格与撒切尔夫人截然不同。他性情和善，不强硬也不好斗。他行事稳妥，追求和解与对话。有人说，梅杰是由其同僚选出的，目的是"为撒切尔主义添加一丝人性化色彩"。梅杰表示要建设"充满机遇与同情心的社会"，将只属于"少数人"的特权散布到"多数人"手中。

梅杰首先废除了人头税，推行与旧式房产税相似的市政税，这也是地方政府的唯一税种。同时，梅杰政府增加公共开支，重视福利事业，以扭转撒切尔政府塑造的保守党"冷酷无情"的形象。强调保守党旨在建立"无阶级的""富于同情心的"社会，大幅度增加对交通、教育、医疗等公共部门的开支。

1992 年，财政大臣拉蒙特正式宣布启动"私人融资计划"，尝试将公共工程私有化，允许私人公司主导并保留其收益。将垃圾收集、校餐、清洁等服务外包给私人公司，政府支付租金，以租赁方式从私人企业得到公共设施和服务。

在外交方面，梅杰与撒切尔一样，坚持英美之间保持"非凡的联盟"和"特殊关系"。梅杰本着在重大国际问题上与美国进行密切合作的原则，派出 3.5 万英军，随同美国打响了第一次海湾战争。

在欧盟问题上，梅杰与撒切尔的态度一致，并不愿意加入欧元区。但为了缓和英国与欧盟之间的矛盾，在马斯特里赫特会谈中，梅杰在财政大臣诺曼·拉蒙特的协助下，采取了拖延政策，没有直接拒绝加入欧元区，而是签订了英国暂时置身于新建欧元区之外的《欧洲联盟条约》（又称《马斯特里赫特条约》）。为此，梅杰宣称赢得了"全面的胜利"，英国各大媒体也为他喝彩。梅杰乘势宣布进行大选。

1992 年 4 月，大选在即。为了确保保守党的执政地位，财政大臣诺曼·拉蒙特（Norman Lamont）在大选前推出了一项将所得税税率降低 5％ 的预案。梅杰带领的保守党如愿赢得了大选。但 1992 年 9 月，爆发了英镑危机。

英国自从加入欧洲汇率机制之后，一直维持着英镑与德国马克之间狭小的波动空间。1992 年夏季，美国降息导致美元下跌，连带着英镑一同下跌，热钱却流向德国，马克迅速升值。英国希望德国降息，但德国维持紧缩货币政策态度坚定。

梅杰与财政大臣拉蒙特在公开场合坚称，无论付出什么样的代价，英镑都会留在欧洲汇率机制内。因为在欧洲汇率机制内，英国可以有效抑制通货膨胀率，在1991年12月，英国通胀率已经跌至4.5％。为了应对英镑危机，梅杰政府宣布加息，将利率在一天之内两次提高到15％，试图提振英镑。但依然有大量的英镑被抛售，预示着英国将在全国范围内出现严重的破产潮。英国政府最终宣布退出欧盟货币汇率机制。

1992年，对梅杰政府来说是惊心动魄的一年，对女王伊丽莎白二世来说更是焦头烂额的一年。

1992年3月，女王的次子安德鲁王子和妻子莎拉·弗格森宣布分居，不久，莎拉·弗格森陷入丑闻事件；4月，安妮公主与马克·菲利普斯上尉决定离婚；6月，查尔斯王子与卡米拉·帕克·鲍尔斯的婚外情被曝光，让整个英国王室陷入极度难堪之中。情感受到伤害的戴安娜王妃也开始在另外的男人那里寻求安慰，导致与查尔斯王子的婚姻关系越发不可调和。12月，查尔斯王子和戴安娜宣布分居。在整个事件中，媒体不放过任何一位王室成员的蛛丝马迹，《每日镜报》甚至喊话女王："无论你如何完善你的公共角色，你仍然无法给你的孩子们提供稳定的婚姻所需的指导。"

王子公主们四处玩火让英国王室陷入声誉灾难，而同年11月的一场大火，不仅烧毁了大半个温莎城堡，更让皇家的财政问题遭到攻击。大火之后，重新修缮温莎城堡初步预算为 6000 万英镑，无论民众还是舆论都拒绝承担这笔费用。几天后，伊丽莎白二世在 40 周年登基庆典上沮丧地表示，这是"多灾之年"。

1993 年，梅杰在保守党大会上发表旨在提升国民道德风气的"回归基本"的演说，提出除个人性道德之外，还要专注公共服务、产业、教育和治安等本土事务。然而，继王室丑闻之后，保守党大臣们的各种丑闻不断被曝出，惹得媒体反复重提梅杰那"回归基本"的道德演说作为讽刺。相对保守党的"乌烟瘴气"，工党则表现得团结有活力，且目标坚定。

1994 年，工党领袖约翰·史密斯去世，年轻议员托尼·布莱尔（Tony Blair）成为工党领袖。此时的工党，正在推进由史密斯和戈登·布朗（Gordon Brown）共同创立的"新工党项目"。工党从上至下重建工党，在工党内部推行新决策机制，将工党选举"集团投票制"，改变为"一人一票制"，削弱工会左右工党的传统。

布莱尔是工党中"现代派"的代表，主张改造工党，实现工党的现代化。他认为工党"党章必须改写，抛弃对国有化和国家控制的承诺"。1996 年，在布莱尔的领导下，工党改名为"新"工党，并废除了工党第四条党纲，解除了工党国有化的义务。布莱尔提出"新工党，新英国"的口号，以摆脱工党给人们留下的"极左派"的印象，主张变革工党进而变革英国，维护英国的国际地位。

但对于百姓们来说，即使是在所谓的"个人主义社会"，人们依然不关心左派还是右派，人们在意的和需要的仍是依赖国家为其提供：义务教育、免费医疗服务以及交通补贴。但梅杰领导的保守党坚持撒切尔主义路线，继续私有化、削减社会保障支出。

1992 年起，梅杰政府先后关闭了 31 个矿井，继续私有化进程。1995 年，英国铁路服务私有化。同时，所有英国医院以及大部分社会关怀服务也实现私营化和市场化。政府还鼓励个人通过银行储蓄、参加保险等方式为自己准备养老金。

随着政府职能的不断扩大，内阁成员在不断增加。1995 年 7 月，梅杰内阁已有 23 名成员，内阁成员均为各行政部门的首脑。而各部大臣也会组成各自所需的小型内阁委员会处理重要及敏感事务。1995 年，英国共有 19 个内阁委员会或小组委员会。但政府职能的扩大，行政效率却并没有提高。

1996 年春，英国"疯牛病"问题受到欧盟的密切关注，并对英国牛肉下达了禁令。此前，英国政府用焚烧或是掩埋的办法解决病牛，并为此花费了上千万英镑补偿给农夫。这之后，政府又启动了为期 30 个月、屠杀所有牛只的浩大工程。"疯牛病"不仅使 5 亿多英镑的牛肉出口化为泡影，每年还需花费 35 亿英镑进口牛肉，进一步扩大了英国的贸易赤字。最重要的是，1985 年英国在首次发现"疯牛病"以来，政府迟迟未能启动应对措施，农业部门的主导行动更是迟缓。

"疯牛病"的爆发，似乎有意为保守党的执政画上句号。1997 年 5 月的英国大选，保守党结束了长期统治，布莱尔带领工党以压倒性优势赢得选举。

在竞选中，布莱尔为英国人描绘了一个更加美好的未来。他说："英国可以，也必须变得更好：更好的学校、更好的医院，更好地打击犯罪、更好地建设现代福利国家、更好地应对新的世界经济形势。"

消除不满的最好办法，就是用适宜的方法来培养希望，把百姓从这个希望引向那个希望。当一个政府，已经达到无法满足百姓欲望的时候，它还能够用各种希望来控制他们……，不管是党派还是普通的民众，都热衷于自我奉承，而且都乐于装出一副满怀希望的样子。

—— ［英］弗兰西斯·培根《论背叛》

布莱尔的十年

1997 年 5 月，布莱尔偕妻子切丽（Cherie）亮相唐宁街 10 号。在英国民众的眼中，44 岁的新首相托尼·布莱尔是一位年轻乐观、有活力的政治家。

布莱尔出身于苏格兰爱丁堡一个中产家庭，毕业于牛津大学圣约翰学院法律专业，之后加入工党，并取得了律师资格。1983 年，布莱尔当选为英国议会下院议员，因善于表达，言辞犀利，不久成为新闻发言人。1988 年，当选为影子内阁①成员。

布莱尔声称他是一个社会主义者，曾表示"工党是一个民主社会主义政党"。但执政后，布莱尔有意淡化旧工党的意识形态色

---

① 影子内阁也称"预备内阁"，由议会下院中最大的反对党领袖主导，选拔下院中有影响的同党议员，按内阁形式组建而成。

彩，在他的发言中不再出现旧工党传统理念"社会主义""工人阶级"这样的话题，而是使用新工党的语言，强调新工党将"建立多数人享有权利、财富和机会的社会"。

此时的英国社会结构已经发生了重大改变，传统的工党支持力量工人阶级人数锐减，中产阶层人数大增，甚至工人阶级上层也大部分中产阶级化。布莱尔领导的"新工党"，在进一步保证低收入群体的基本利益的同时，更倾向于顾及众多中产阶级选民的利益，以赢得企业界的支持。

布莱尔掌握着高超的应对媒体的技巧，懂得如何利用舆论确立自己的声望。在大选过程中，布莱尔成功将默多克掌控的《太阳报》从支持保守党梅杰的立场转换到支持自己。在竞选活动期间，布莱尔团队选用了当红乐队 D：Ream 的《情况只会越来越好》为自己造势。入主唐宁街时，布莱尔更是喊出"时尚英伦"的口号，顺应时代潮流。然而，真正将布莱尔的声望推向巅峰的却是戴安娜王妃遭遇车祸不幸罹难事件。

继 1981 年那场童话般的"世纪婚礼"之后，戴安娜与一个并不爱她的人开始共度人生。1994 年，查尔斯王子被立为王储 25 周年，在接受电视采访时公开承认，他与另一个女人卡米拉·帕克·鲍尔斯有着 25 年的恋情。查尔斯王子自报私情令 1270 万观众目瞪口呆。1995 年，戴安娜在接受《全景》节目采访时也打破王室的禁忌，畅谈自己失败的婚姻，抨击温莎家族的冷酷无情。1996 年，这对夫妇在全英国人目不转睛地注视中，结束了这段婚姻。

此后，戴安娜继续在全球从事慈善工作，经常与普通人保持接触，对艾滋病患者、麻风病病人、无家可归者、遭受性虐待的人都倾注了深切同情并给予帮助。在英国人眼中，"王室成员都是活着的符号，而她则是一位活生生的偶像"。人们狂热、痴迷地仰慕着戴安娜，而王室却从未感受过这种氛围。

戴安娜王妃在巴黎出车祸去世的消息传来，首相布莱尔与女王通话，女王表示自己或其他王室高层均不会发表声明。布莱尔则意识到，他必须站出来。

在戴安娜去世当天，布莱尔哽咽地对公众说："她是一位出众、热情的人。虽然她的一生常常与悲剧相伴，她却为英国及至世界的那么多人带去了欢乐与慰藉，……她曾是人民的王妃……她也将永远是人民的王妃。"当布莱尔含着泪水称戴安娜为"人民的王妃"时，一下拉近了他与公众的距离。

戴安娜的去世，英国民众一片哀恸之情，白金汉宫和戴安娜居住的肯辛顿宫前汇成了鲜花的汪洋大海，英国不得不紧急进口鲜花应对需要。媒体纷纷"讲述"一位年轻无辜的生命曾经的故事，而王室几乎未做出任何反应。

当伦敦全城及至英国各地都为戴安娜悬挂半旗时，老老少少数日排长队吊唁戴安娜王妃时，白金汉宫未降下半旗，女王在苏格兰巴尔莫勒尔堡中不动声色，甚至坚持只静悄悄地为戴安娜办一场私人葬礼。王室的冷漠无情激怒了民众，媒体大呼"我们的女王在哪里？""温莎宫还有爱心吗？"甚至有媒体评论员毫不客气地指出："君主制已变为人民的敌人。"

最终，在布莱尔斡旋下，在征得了查尔斯王子的同意后，女王也回到伦敦，并为戴安娜举办了一场盛大的公开葬礼。女王为此发表了电视讲话，平息了民众的情绪，扭转了舆论的导向。通过处理戴安娜遇难事件，布莱尔充分展露其行事风格，并得到公众的普遍认可，民众支持率跃升到90%，这是所有政客都望尘莫及的数字。

如果说布莱尔出色应对了戴安娜之死这一意外事件，那么解除北爱尔兰危机则是布莱尔最引人注目的政治成就。

布莱尔上任后，坚持政治解决北爱尔兰问题。经过艰苦谈判，终于在1998年4月签署了《贝尔法斯特协议》，迈出了结束北爱流血冲突的关键一步，为四分五裂的北爱尔兰带来了和平。协议规定，现阶段北爱主权仍属英国，北爱人民有权决定未来去留。同时，爱尔兰共和军放弃以实现北爱与爱尔兰统一为目标的武装斗争。尽管协议签署之后，真正的和平进程仍有反复，但是从2002年起，贝尔法斯特开始恢复昔日繁荣景象，越来越多的大企业开展了"全爱尔兰"的业务。2005年，爱尔兰共和军宣布结束武装斗争。2007年3月，北爱新的联合政府建立。

随着北爱和平进程的推进，苏格兰和威尔士的问题也突显出来。苏格兰自1707年与英格兰合并以来，苏格兰人的独立意识依然很强，在司法、教育制度及语言和文化等方面，苏格兰都有别于英格兰。苏格兰民族党更是致力于为苏格兰争取一个独立的议会，把苏格兰议会的独立视为一个欧洲框架内走向完全独立的重要步骤。

针对苏格兰人日益滋生的独立情绪，梅杰在参加1992年大选的过程中，曾就《联合法案》发表演说，恳请大家保留联合王国。布莱尔则决定将权力下放，在苏格兰、威尔士进行全民公投，由两地民众决定是否在当地建立独立议会。最终，1999年，苏格兰拥有了自己的议会，威尔士也拥有了国民议会。2006—2007年的民调显示，已有超过一半的苏格兰人愿意投票支持独立。

2007年，苏格兰民族党党员在苏格兰组建了政府。在经历了千年的伦敦权力集中化之后，布莱尔的权力下放政策改变了不列颠，苏格兰和威尔士分别拥有了自己的议会和政府，有了一定的自治权。但税收、外交和国防等一些事务仍由英国政府主导。此时，渐行渐远的苏格兰，在民族情绪中与英格兰只是保持着藕断丝连的关系。

除了苏格兰、威尔士，布莱尔在伦敦也实施权力下放政策。1986年，撒切尔政府曾取消了大伦敦区，导致33个市镇各自为政，公共服务和经济发展政策难以规划和落实。而布莱尔决定重建大伦敦市政府。1998年5月，伦敦市民举行了公决，赞成直选市长和设立大伦敦市议会。

地方权力在扩大，上议院改革也在布莱尔执政时期启动。1935年，工党领袖艾德礼曾说过："上院是不合时代的机构。它是一种以特权和财富为基础的社会自然体现，但它同现代的民主是不相称的，并且应该废除。"1964—1970 年工党执政时，曾一再就上院前途问题提出讨论。到 1990 年，上院名义上有贵族 1186 人，其中世袭贵族约 783 人，终身贵族 368 名。但贵族多而无大用，平常积极参加议会的贵族不过 300 人。为此，1999 年 11 月，《上院改革法案》获得通过，废止了 600 多名世袭贵族的上院议员资格，只保留 92 名世袭议员，非政府任命的上议院议员由专门的皇家委员会负责推荐。

针对英国现状，布莱尔说："无论老的左派还是新的右派都解决不了。现在我们需要政治激进的中间派。"

1998 年，布莱尔提出了"第三条道路"的政治思想，即"跨越左派和右翼"的理念，通过政治变革与创新，在经济效率与社会公正之间寻求新的平衡，以延续资本主义制度，应对全球化的挑战。

"第三条道路"的理念一经提出，立即受到美国克林顿、德国施罗德、法国若斯潘等国家领导人的认可。1998 年 9 月，"第三条道路"国际研讨会在纽约举行，克林顿、布莱尔、意大利总理、保加利亚总统都参加了这次会议。克林顿更表示将积极推动把"第三条道路"思想推广到其他国家。

新工党政府在"第三条道路"思想的指导下，决定为英国打造一个更有保障的经济体，积极改善公共服务，照顾底层民众利益，推行最低工资标准，充分体现工党立党之本。

事实上，在经济领域，新工党政府紧跟撒切尔路线，强调发挥市场机制的作用，减少国家干预，推行私有化和货币主义的经济政策。财政大臣布朗严格执行财政紧缩政策，将利率掌控权移交给英格兰银行，要求在控制通货膨胀率不超过2.5%的前提下，银行可根据英国经济实际表现自主调整利率。此举为外资进入英国提供了可靠保证，使英国在很长一段时间里金融保持稳定，经济保持增长。

继撒切尔主义之后，英国工业和服务业中的公共部分被"私有化"替代已属正常现象。布莱尔政府全盘接收梅杰政府时期的"私人融资计划"，继续将政府基建项目私有化，大臣们将引入更多形式的私人资本参与公共项目作为政绩工程。

为了推动"私人融资计划"政策的实施，工党政府相继在2000年、2003年和2006年出台具体实施细则、特许经营合同范本、评估报告以及案例分析等一系列政策性文件。截至2006年年底，政府签署的此类合约总价值高达530亿英镑，所有工党执政时期修建的新医院都是私人投资，还包括消防站、军营、直升机训练学校、精神疾病科室、监狱、公路、桥梁、政府大楼，以及上百所学校。

在社会保障方面，布莱尔政府主张"无责任即无权利"，"创建一种促进全民族工作而不依靠救济的现代福利体系"。政府将主要社会救济对象集中于失去劳动能力的老年人和残疾人，避免失业者长期依赖政府福利救助。针对贫困儿童开展"稳健起步计划"，推行与儿童相关的税收减免政策。从 1997 至 2004 年，工党政府共帮助 100 万儿童摆脱了相对贫困。

同时，社会的保障功能由政府提供救济发展到为民众创造和提供发展的条件，减少政府在社会保障制度方面的过多干预，充分发挥各种社会组织的作用与影响。

2000 年 1 月，财政大臣布朗承诺，未来四年的政府医疗开支将大幅增加，其中"用于家庭医疗护理的资金增加一半"，让英国医疗开支赶上欧洲平均水平。

布莱尔认为，英国的当务之急是"教育、教育、教育"。为了改善教育现状，政府投入了最大的热情、精力和财力。将保守党时期仅占预算 1.7% 的教育经费提高到 5.2%。同时，出台了一系列政策，倡导终身教育，鼓励地方政府、企业和社会机构开展多元化办学。随着私人出资建立的学校在全国各地不断涌现，政府也明文禁止由企业、宗教和当地富裕商人提供资金创办的学校设定按照学习成绩选拔学生的标准。

布莱尔的第一任期，证实了新工党的治理能力。2001 年 6 月，工党顺利连续执政。在第二任期，布莱尔大多内阁成员也保持不变，但新工党政府不再继续拓展和深化"第三条道路"，而是强调进入变革期，开始大力鼓励国家支出。其中大笔资金被用于涨薪、创建新的官僚机构，以及支付外部顾问的费用。2005 年，仅"改革顾问"的花费就达 25 亿英镑。同时，政府坚决增加有紧迫需求的公共卫生与健康领域的支出。

布莱尔紧跟撒切尔主义路线，也延续着撒切尔夫人的"独裁"作风。他不能容忍非中央化的决策或者内部的反对意见的存在，甚至废弃内阁，内阁办公室传达部却"整日都有没完没了的命令和动议"需要公布。布莱尔一度自豪地宣称，他为"公共部门定下了500项指标"。

在外交方面，布莱尔执政以来表现得格外积极活跃。1997年7月1日，香港回归顺利交接，英国查尔斯王子与布莱尔首相出席了交接仪式。在此前的7年中，英国一直跟随美国在人权问题上与中国对抗，导致英中关系出现僵化局面。工党上台后想改变这一状况，布莱尔强调"香港是英中关系的桥梁而不是障碍"，并积极推动开辟英中关系新局面。

1998年4月，朱镕基总理访英，英中关系进一步转暖。同年10月，布莱尔访华，双方宣布建立中英全面伙伴关系。1999年10月，国家主席江泽民对英国进行历史上中国国家元首第一次正式国事访问。随着两国高层接触频繁，中英经贸合作也稳步上升。2001年，双边贸易额首次突破100亿美元。2004年，双边贸易总额近130亿英镑（约合人民币1950亿元），英国成为欧盟在中国的最大投资国。

在欧洲事务中，作为亲欧派，布莱尔在执政后即试图着手调整对欧政策，积极参与欧洲的事务，力图发挥"领导作用"。但在欧盟一体化的进程中，英国依然在权衡利弊保持"孤立"状态不加入欧元，也拒绝参与"申根协议"。

对于美国，布莱尔倚重与美国总统比尔·克林顿早期建立的友谊，继续加强英美"特殊关系"。1999年，英国投入了大量军事力量，与美国并肩作战，参与北约发动的科索沃战争。为了将英国的干涉行为合理化，布莱尔声称英国此番军事行动为"人道主义干涉"。

2001年9月，基地组织袭击美国纽约世界贸易中心，布莱尔推行"新干涉主义"思想的想法更加坚定，率先全力支持美国小布什政府进行阿富汗战争，要求联合国授予进行"人道主义干涉"的权力，为组织国际反恐联盟奔走游说。

2003年，美国发动入侵伊拉克的战争，布莱尔再次给予美国"肩并肩"式作战支持。尽管布莱尔对伊拉克战争的积极表现赢得了美国总统小布什的高度认可，但在国内，布莱尔被视为布什的一条"哈巴狗"，无端将英国士兵推向战场。英国民众普遍认为布莱尔是英国参战的"罪魁祸首"。

2003年2月，伦敦爆发史上规模最大的反战游行，超过100万人参加。3月，外交大臣罗宾·库克因反对布莱尔对伊拉克战争而辞职。

就在伊拉克硝烟四起之时，唐宁街10号与英国广播公司（BBC）之间也爆发了一场战争。BBC记者援引一位"情报人士"的话报道说，英国政府为了寻找出兵伊拉克的理由，故意夸大了"伊拉克可在45分钟内部署大规模杀伤性武器"这一说法，矛头直指布莱尔的新闻主管坎贝尔。2003年7月，这场记者与政客之间的战斗，导致英国国防部武器专家戴维·凯利自杀，因为凯利就是BBC记者口中的"情报人士"。戴维·凯利的死，让布莱尔政府陷入巨大政治危机。英国议会决定成立独立调查小组，对凯利之死进行彻底调查。尽管调查结果"证明"政府是清白的，布莱尔的压力得以解脱，但民众依然认为布莱尔在参与对伊战争问题上"有意无意地误导了英国公众"。

2005年5月，布莱尔再次连任首相职位，使他成为英国工党史上最成功的领导人。但工党的选票却从原来40.7%降至35.2%，工党在议会下院中的席位从此前的161席锐减到了67席。面对大选结果，布莱尔说："我知道伊拉克问题是造成分歧的原因，但我希望我们能够再次团结起来面向未来。"事实上，布莱尔的第三个任期困难重重。

同年7月，伦敦地铁和公交车发生了自杀性炸弹袭击。2006年，英国净流入的移民数量达到18.5万。这促使布莱尔将工作重点放在制定法律规定煽动宗教仇恨为非法；整顿福利制度；扩大反恐法适用范围；控制难民和外来移民制度等问题之上。

2006年，英国全年国内生产总值（GCP）实际增长率为2.8%，比上一年度提高0.9个百分点。其中，创意产业增长已经超过了英国第一大产业的金融业，生命科学产业、电子产业的市场规模也在迅速成长。同时，房产市场交易活跃，全国范围内的房价都在飙升。人均年实际收入增加2.7%，失业率亦降至4%，为30年来最低。但贫富分化问题依然严重，财富的地理分布依然不均衡，英格兰东南部的居民拥有的资产平均价值 6.8 万英镑，英格兰东北部及威尔士仅为 3 万多英镑。

就在英国经济走出低谷之际，布莱尔的政治生涯却进入最暗淡的时光。

2006 年 3 月，工党向秘密资金的贷款人提供金钱换爵位的服务丑闻曝光。

一直以来，富可敌国的金融家都在为各阵营的政客提供资金支持，支付竞选活动高昂的开支。正所谓"贪婪和需求是有毒的组合"，资金支持如同一枚巨大又危险的糖衣炮弹。当糖衣炮弹终于包裹不住时，警方开始介入，工党筹款人、布莱尔的前教育项目顾问德斯·史密斯和布莱尔的高级女助手露丝·特纳相继被捕。布莱尔也卷入"金钱换爵位"的丑闻中，先后两次接受警方问讯，成为首位因刑事调查接受警方问讯的首相。

丑闻给布莱尔及工党的声誉造成了沉重打击。5 月，工党在英格兰地方选举中遭遇重创，失去 317 个席位和 18 个市议会的控制权。9 月，国防大臣汤姆·沃森辞职。随后，多位低级别的大臣集体请辞，并出现了要求布莱尔离任的呼声。英国民众对布莱尔也越发失望，布莱尔的支持率骤降至 28%。

压力之下，步履维艰。2007 年 5 月，布莱尔宣布辞去工党领袖职务，6 月，结束了他的十年首相任期，离开了唐宁街 10 号。财政大臣戈登·布朗继任，成为英国的新一任首相。

国家机关也是由一群会犯错的人组成的。

——［英］卡尔·波普尔《二十世纪的教训》

布朗执政，危机四伏

2007 年 9 月，詹姆斯·戈登·布朗（James Gordon Brown）接任首相职位。布朗生于苏格兰格拉斯哥的一个牧师家庭，17 岁加入工党，32 岁获得爱丁堡大学经济学博士学位。与布莱尔同一年竞选获胜进入议会下院，在影子内阁里地位比布莱尔还重要，其政治生涯的大多数时间里都是与布莱尔的明争暗斗中度过的。当命运天平倾向布莱尔时，布朗只能耐心等待。

在布莱尔任首相的 10 年中，数度改组内阁，唯有布朗的财政大臣地位始终不被动摇。连续 10 年担任财政大臣，让布朗创下了担任该职务时间最长的纪录。

在布朗担任财政大臣的 10 年中，充分展示出的"果决和言行一致"的经济治理能力得到了公众认可。英国经济实现长时期的低通胀、低失业率、低利率和稳定增长，布朗功不可没。在布莱尔执政后期，民意调查显示，相比布莱尔，英国民众更喜欢布朗。因为人们不喜欢战争，只希望经济继续向好发展。

长期以来，布朗与布莱尔可谓志同道合，都致力于重塑工党形象，把工党改造成"新工党"。人们一直把布朗视为布莱尔铁定的继任者。但布莱尔与布朗在长期合作中，虽然彼此倚重、相互配合，却从未真正心心相印过。甚至唐宁街 10 号和大多媒体都认为，2006 年那场大臣集体请辞、逼迫布莱尔离任的行动是由布朗支持者策划的，因为布朗对首相一职早已等待得不耐烦了。

布朗为人严肃而矜持，又有些刻板，不似布莱尔那般能言善道，聪明机灵。布莱尔认为布朗不是一个适合处理现代政治的政治家，甚至认为布朗"有心理缺陷"。在布莱尔离任前，新工党的教育事务大臣安德鲁·阿多尼斯（Andrew Adonis）也认为：布朗将向左转，并输掉下一次大选。不仅如此，布朗入主唐宁街 10 号后，王室也认为布朗是女王继位以来最为"左倾"的首相，因为布朗崇拜的英雄包括奥利弗·克伦威尔这样的反政府运动的支持者，这预示着政府与王室之间的对话将更富挑战性。

布朗接替布莱尔出任工党领袖和首相后，全力摆脱布莱尔的影响，反复强调要实施变革，将住房、教育和医疗作为优先解决的问题。主张推动宪法改革，引入上议院选举制度，把更多的政府权力转到议会，将发动战争、采取紧急军事行动等重大决定交给议会决定，重建民众对于政府的信任。布朗还决定推出新的内阁成员行为准则，以杜绝类似"金钱换爵位"等丑闻的发生，改变工党政府在公众心目中的形象。

布朗踌躇满志，发誓要做一个"让人信任的政治家"。谁料，等待布朗的不是一个前程似锦的未来，而一个危机四伏的征途。

布朗一上任就遭遇了严重的经济危机。这场危机起始于美国的次贷危机。2007年8月，美国次贷危机全面爆发，引发了席卷全球的金融危机，英国经济备受打击。2008年3月，美国的次贷危机导致整个华尔街乱作一团，全球股票市场随之崩溃，英国引以为豪的金融服务业也无法逃脱这场风暴的吞噬，多家银行支撑不住。继2007年北岩银行（Northern Rock）得到英国政府出手救助之后，英国最大的银行苏格兰皇家银行（Royal Bandk of Scotland，简称RBS）也面临着倒闭的危险。在次贷危机爆发初期，苏格兰皇家银行总裁弗雷德·古德温做出了自负又贪婪的决定，以数十亿美元收购荷兰银行，将苏格兰皇家银行拖入破产边缘。2008年11月，英国政府不得不拿出纳税人的钱，向苏格兰皇家银行注入150亿英镑的资金，买下了苏格兰银行57.9%的股份。2009年2月，苏格兰皇家银行宣布亏损290亿英镑。总裁弗雷德·古德温辞去职务。

受金融危机的影响，截至2008年11月底，英国失业人数连续10个月上升，增加至190万，申领失业救济金的人数9月份增加了3万多，制造业产出减少7%。股市低迷，房价也下跌了13.3%。布朗政府出台了一系列挽救金融市场的措施，并计划再拿出1亿英镑用于在经济衰退期对失业人员的再就业培训。但财政大臣阿利斯泰尔·达林则称，英国将陷入60年来最艰难的境地，英国政府将提高税收。

美国经济学家乔伊斯·阿普尔比认为："政府救助银行是道德

危机，因为银行家感觉自己不用买单的话，那么他们更容易冒愚蠢的风险。"英国的现状正应了这句话。在这场危机中，众多普通家庭因失业面临着高额的负债，但金融家和银行家们的个人资产却没有受到影响。苏格兰皇家银行总裁弗雷德·古德温即使名声扫地，仍然保住高达65万英镑的退休年金而引发公愤。愤怒的民众围攻古德温位于爱丁堡的豪宅，迫使古德温全家紧急搬迁。

突如其来的金融危机打断了英国经济持续增长的节奏，面对经济出现衰退的迹象，"理财能手"布朗似乎也一筹莫展，布朗政府进入艰难的执政时期。就在民众指望政客们力挽狂澜带领英国走出经济危机之时，一场毁灭性政治危机将布朗的执政生涯推向了尽头。

在布莱尔执政的十年中，英国经济持续增长、国库税收充盈，政客们更是充分地分享着经济增长的红利，无所顾忌地尽情开销。按照制度规定，议员在职期间除领取薪酬外，每年还可享受出差、住房、聘任秘书等总额约18万英镑（约合25万美元）的各类津贴与补助。2004年，布莱尔政府又制定了议员开销补助办法细则，规定每位议员获准为自己在伦敦选定一处用于办公的"第二住所"，所花费的房屋装修及维护费用可以向议会申领补贴。而议员们则利用这一政策，以更换"第二套住房"为名，使得自己的几处住房均能获得翻修、添置家庭用品等补贴。

2009年5月，媒体毫不客气地将议员们的报销细节内容公之于众，引发了一场轩然大波。被曝光的报销项目中包括购买宠物粮食、女士衣服、置换灯泡、添加新厨房、新浴室、房屋保洁、装修花园、电视及影像设备等。随即，英国检控署对议员们滥报公账的行为进行调查，有三人因伪造账目进了监狱，389名议员被要求返还报销款，涉事内政大臣雅姬·史密斯（Jacqui Smith）、社区与地方政府大臣黑兹尔·布利尔斯（Hazel Blears）、交通大臣杰夫·胡恩（Geoff Hoon）以及就业事业部大臣托尼·麦克纳尔蒂等人被迫辞职，另有几位大臣宣布不会参加下届大选。

"报销丑闻"将政府官员们的腐败贪婪之相展露无遗，导致布朗政府的支持率大幅下降，47％的受访者要求布朗辞去首相职务，21％的受访者要求他立刻下台。

为了转移民众"视线"，缓解自身所面临的政治压力，布朗打算重启被长期搁置、针对伊拉克战争的调查事项，并决定对高级公职人员实施限薪计划。但布朗的所有努力都未能阻止其离任的步伐。

2010年5月的大选，工党没能保住执政地位，布朗离开唐宁街10号。保守党党魁戴维·卡梅伦（David Cameron）继任首相职位。

事实上，保守党在这次选举中也未能获得一党独大、压倒性的胜利。在议会下院649个议席中，保守党只获得了306个席位，工党获得258个席位，尼格·克莱格（Nick Clegg）领导的自由民主党获得57个席位，其余政党28席。议会中这种没有任何政党赢得过半席位的组成情况又被称为"悬浮议会"。"悬浮议会"意味着不确定性。

保守党的席位数没有过半，不能单独组阁，就必须联合议会中的其他政党来组建联合政府。而工党也同样有与其他政党联手继续执政的可能。在这种情况下，第三大党自由民主党的重要性被突显出来。在此次大选中，英国首次举行了电视大选辩论活动，支持率一直落后的自由民主党领袖尼克·莱格在辩论中获得胜利，让他从一个闻所未闻的大选"陪衬"变成了受选民欢迎的政治明星。

经过谈判，保守党与自由民主党最终"情投意合"地联手组阁，成立了联合政府。卡梅伦出任首相，自由民主党领导人克莱格任副首相，同时该党拥有5个内阁职位。

联合政府一经成立，两党都称其为"英国政治中心的伟大改组"。卡梅伦表示，该政府将奉行"国家利益高于党派利益"，"通力协作胜于对立斗争"的方针。而自由民主党则宣称，相比自身的选举宣言，两党一致才"更为根本、更为普遍"。

对此，《经济学人》则认为，英国继二战以来首次建立联合政府，这表明政治家们早已谙熟"没有永远的敌人，只有永远的利益"这条公理，也说明"权力之争甚至能压倒政党间巨大的意识形态分歧"。

我从来不希望收起吊桥，退出世界舞台。我不是一名孤立主义者。我不只希望争取到对英国更有利的协议，还希望达成对欧洲同样更有利的协议。

——［英］戴维·卡梅伦

成也公投，败也公投

2010 年 5 月，43 岁的卡梅伦入主唐宁街 10 号，成为英国近 200 年来最年轻的首相，也是第一位与女王伊丽莎白二世沾亲带故的首相，虽然关系远得有点八竿子打不着。

卡梅伦出生在英国伦敦的一个贵族家庭，父亲是一位成功的股票经纪人，母亲是一位从男爵的女儿。

卡梅伦毕业于牛津大学，39 岁就高票当选保守党领袖。执掌保守党后，卡梅伦以"不系领带"的亲民新形象吸引了更多民众的关注，并高调表示要改革保守党的精英路线，打造一个全新的保守党。

当选首相后，卡梅伦在青年人中受欢迎度高达 58%。同时，《每日快报》更是对新首相寄予厚望，在头版头条上打出"只有卡梅伦，才能救英国"的标题。

卡梅伦也表示，他将着手解决英国面临的财政赤字、社会问题以及重建对英国政治体制的信任等难题，希望能带领人民克服困难，开辟更美好的未来。

执政初期，联合政府的当务之急是应对 2008 年金融危机带来的严重后果，工党留下的自"二战"以来最大的财政赤字问题。为此，卡梅伦联合政府重拾削减做法，制定了"五年期财政紧缩计划"，几乎覆盖了公有领域的方方面面，包括皇家王室年俸。

王室年俸制度始于乔治三世时期。1760 年，乔治三世发现他的财务入不敷出，就与议会达成协议，主动放弃征税权和王室的世袭财产收入，将其所有收益上交英国政府。作为交换，王室每年获得一笔年俸作为公务用度，年俸额度每十年调整一次。基于对皇家财产的运营和管理，同年，独立于政府和王室之外的"王室地产"（The Crown Estate）机构成立，"王室地产"的营收归入英国财政部，王室年俸便出自该机构的经营所得。

1952 年，伊丽莎白二世继承王位时，她从王室年俸中拿到的薪酬是 47.5 万英镑，相当于"王室地产"收益的 60%。由于皇宫的开销依赖于政府拨发的王室年俸，年俸制度也不断招致批评。1971 年，政府成立了解决王室年俸问题的特别委员会，委员会建议王室年俸中节省下来的任何资金均应返回国库，对于拨付的王室年俸数额也要进行定期审查。

1989 年，王室年俸为 600 多万英镑。尽管 1990—2010 年的王室年俸没有增长。但 1991—1992 年，包括王室年俸、维修和出行在内的全部王室开销达到 6550 万英镑。2000 年，费用降至 3800

万英镑。

卡梅伦就任几周后，正面临王室年俸的十年计划期满问题。对此，卡梅伦认为，这代人需要实行最大限度地公共支出削减，皇家财政一直是个敏感的政治话题，也"确实是一次进行适当改革的机会"。

2011年6月，财政大臣乔治·奥斯本（George Osbone）做出新的决定，宣布"王室年俸"将与"王室地产"的收益直接挂钩。为满足王室一年3500英镑预算支出，政府将按"王室地产"15％的收益拨款给女王，由此王室年俸、王室特供的旅行拨款和宫殿保养经费最终被"君主基金"这一名目代替。议会为此通过了《君主拨款》法案，取代了原有的"王室年俸"制度。此前，王室出访账单需要交送到财政部报销核算，此后，此类预算将由王室自己解决。

2010年，卡梅伦还宣布将削减8％国防预算和裁军计划。其中，英国陆军裁减7000人，皇家海军和空军分别减少5000人，国防部将在2015年前裁减2.5万文职人员。同时，英国军情六处也将裁员约250人。

为了减少养老金支出，2011年5月，联合政府推出了公共养老金改革方案，计划对公共养老金制度结构进行简化改革。将原来收入调查型养老金与国家基础养老金合并成为国家公共养老金，对社会保险缴费的国民提供均一待遇，待遇水平略高于最低收入保障标准。同时，将领取全额公共养老金的缴费资格年限从30年提高到 35 年，最低缴费年限为 10 年。并逐步提高退休年龄，取消了伴侣可领取公共养老金的规定。

这一改革方案涵盖地方政府雇员、国民医疗体系雇员、教师、警察、军人、消防员等群体。计划公布后不久，超过 200 万英国公共部门雇员举行了大罢工。对于雇员们来说，这项改革意味着工作更长时间、缴纳的养老金更多，最终得到的养老金则减少。尽管这是自 1926 年以来规模最大的一次大罢工，但卡梅伦政府不为所动，坚持将这项改革进行到底。2013 年 1 月，联合政府颁布了《养老金改革法》。

卡梅伦政府通过减少公务员数量、削减政府开支、增加税收的方式，填补了财政亏空，让英国经济出现缓舒迹象。2015 年，英国在发达国家中已率先走出了经济危机阴影，就业率有所增加，通货膨胀率降到 0％。2014 年，英国全年 GDP 增长 2.8％，高于预期的 2.6％，是 2006 年以来增速最高的一年。同时，制造业、服务业及家庭消费等各项指标均高于预期。2015 年，英国吸引外资达到 211 亿英镑之多，英国成为全球在投资领域最具有吸引力的国家之一。

在联合政府的努力下，英国经济走出低谷、实现复苏。但在实践中，联合政府发现，在许多政策问题上两党很难取得一致意见。

2011 年 7 月，在副首相克莱格主导下正式提出了上议院改革计划。克莱格认为，上院制度缺乏民主性和代表性，必须进行改革。其目标是将上院议员人数从目前的 789 人减少到 300 人，改变以往上院议员部分由英女王按首相建议委任，部分则为贵族世袭和神职人员的传统，计划限定 80％的上院议员由选举产生。

同年 12 月，卡梅伦在欧盟峰会上行使否决权，阻止欧盟修改《里斯本条约》①。卡梅伦认为修改条约不符合英国的国家利益，不能为伦敦金融城提供保护。卡梅伦对欧盟的强硬态度，赢得国内"反欧派"一片叫好声，保守党支持率骤增 7 个百分点至 41％。但副首相克莱格不满卡梅伦否决欧盟修约的决定，认为这一举措"对英国不利"，可能使英国在欧盟中"被孤立和边缘化"。同时，"亲欧"的自由民主党支持率则跌至 11％，比大选时减少一半。

但在反对苏格兰独立问题上，联合政府则立场保持一致。2011 年，苏格兰民族党成为苏格兰议会的第一大党并执政，以促进苏格兰独立为目标，开始推动决议要举行独立公投，却未能引起卡梅伦政府的足够重视。

2012 年 7 月，伦敦奥运会成功举办。在奥运会开幕式上，组织者向世界展示了一个"多元文化并存的新英国"，令英国民众为之振奋。而这一切并没有动摇苏格兰民族党推动苏格兰迈向独立的步伐。

----

① 《里斯本条约》是 2007 年 12 月 13 日，由欧盟非正式首脑会议在葡萄牙首都里斯本通过的欧盟新条约。条约是在欧盟的首部宪法《欧盟宪法条约》的基础上修改而成的，旨在推动欧盟制宪进程，为欧洲一体化进程铺平道路。

2012 年 10 月，英国中央政府与苏格兰政府签署了《爱丁堡协定》，同意苏格兰在 2014 年举行独立公投，将尊重公投结果。卡梅伦以为，这不过是苏格兰民族党希望英国中央政府加大权力下放的策略，而不会真正实现独立。未料，在接下来的两年时间里，英国国内就苏格兰独立问题展开了激烈的辩论，苏格兰独立派更是为独立公投大肆造势，为拉票做工作。

2013 年 1 月，英国议会正式准许授予苏格兰议会举行独立公决的权力。2 月，苏格兰政府发布了《苏格兰的未来：从公决到独立和成文宪法》的文件，对独立公投通过后过渡时期的政策做了安排。3 月，确定公投时间为 2014 年 9 月 18 日。

从 2014 年年初开始，支持苏格兰独立的比例开始上升，卡梅伦这才意识到事态发展的严重性。为了挽留苏格兰，卡梅伦表示会考虑对苏格兰进一步下放权力。2014 年 3 月，前首相布朗呼吁给予苏格兰议会更大的税收控制权。副首相克莱格也表示，如果苏格兰不独立，那么自由民主党将保证苏格兰议会获得更大权力。

但苏格兰民族党党首亚历克斯·萨蒙德则对苏格兰人承诺，独立后的苏格兰将是"能够想象自己生活在一个更美好的国度"。对此，英国财政部第一副大臣丹尼·亚历山大则直接泼冷水，批驳"更美好的国度"是不切实际的"空想"。但 9 月的一次民调显示，支持独立比例为 51％，超过了反独立的比例。接着女王伊丽莎白二世在苏格兰巴尔莫勒尔堡度假时，向兴奋的选民提出十分谨慎的警告："我希望人们能慎重地考虑未来。"这是女王首次就独立公投公开表态。

9月16日，卡梅伦与工党领导人埃德·米利班德（Ed Miliband）和副首相、自由民主党党首克莱格再次共同签署联合声明，承诺只要苏格兰人选择留在英国，那么苏格兰议会将是永久性的，并将获得更大的权力，还能继续从中央政府处获得丰厚的资金。

9月18日，苏格兰独立公投正式投票，高达84.6％的苏格兰人参与了投票。最终投票结果显示，53％的人反对独立，44.7％的人支持独立。卡梅伦拼尽全力留住了苏格兰。

8天后，英国议会下院通过了英国参与美国发动的突袭"伊斯兰国"的突袭行动。卡梅伦称，这是应伊拉克政府的请求进行的。早在8月，卡梅伦曾表示支持美国奥巴马总统授权突袭伊拉克北部地区的决定，但英国不参与美军行动，只是在伊拉克北部保持灵活的军事行动。

卡梅伦执政以来，主要精力都用在解决内部事务上，对外虽然继承了布莱尔的"新干涉主义"传统，但干涉热情不如布莱尔。在对美政策上依然保持"特殊关系"，但在不同时期形式不同，卡梅伦政府试图寻求同美国建立"稳固但不盲从"的关系。

随着国际形势的变化，卡梅伦政府对外更主张推行务实的"经济外交"，注重发展与中国和印度之间的关系。2015年3月，英国不顾美国的反对，在西方大国中率先加入中国倡建的"亚洲基础设施投资银行"（简称"亚投行"）。

10月，应英国女王伊丽莎白二世邀请，习近平主席对英国进行国事访问，这是 10 年来中国国家主席首次对英国进行国事访问。卡梅伦表示，习近平主席到访英国，标志着中英两国关系进入"黄金时代"。

在与欧盟的关系中，卡梅伦既希望加强同欧盟的经济联系，又希望保持英国的独立性，因而总是拒绝向欧盟移交更多的国家权力，导致与欧盟的争执不断。

2009 年 10 月，希腊债务问题引发了欧债危机。受欧债危机的影响，2011 年英国 GDP 增长开始下降到 2％以下，失业率上升至 8.1％。在欧盟推出援助希腊计划之后，英国政府为了不陷入欧债危机的泥潭，没有参与到这个临时救助机制当中。欧盟各成员国为了推进欧元区稳定发展，决定加快欧洲政治一体化发展的脚步，德国总理默克尔提出欧盟各成员国直接上交各自的财政主权建议。对此英国政府表示反对。卡梅伦表示，"这不是一个明智的选择，英国选择不参加"。

自 1973 年英国加入欧共体以来，一直都放不下曾经的世界大国的架子，这种"优越感"更促使英国不肯放弃自身利益融入欧洲一体化进程中。最初，保守党和工党内部对欧盟的态度始终模棱两可，直到首相撒切尔执政时期，旗帜鲜明地要求在欧共体中维护英国的国家利益，并公开表达对欧洲一体化的怀疑和不满，"疑欧"派进入公众视野，"疑欧主义"思潮渐生于保守党内部。疑欧论历经二十余年在英国政治精英层中稳步增长，更促成了"英国独立党"的成立，该党的发展目标是成为真正替代保守党的政党。2014 年，英国独立党在欧洲议会选举中获得了 24 个议席数量，超过了保守党和工党。同时，英国工党、保守党的亲欧派与疑欧派的争执不断升级，在对欧盟政策上始终存在分歧。

在卡梅伦执政时期，保守党内的疑欧派势力变得越来越强大，更不断挑战卡梅伦的权威。2012 年 6 月，100 名保守党后座议员（低级别议员）签署了一封写给唐宁街的公开信，要求在下届议会任期内就英国在欧盟的未来举行公投。

为了缓和国内矛盾并赢得大选，2013 年 1 月，卡梅伦就英国与欧盟关系前景发表讲话时承诺：如果以他为首的保守党赢得 2015 年的大选，将会在一年内批准所需法律，制定与欧盟关系的新原则，并于 2017 年年底之前开展全民公投决定是否继续留在欧盟。

卡梅伦"一箭双雕"的计划让他成为保守党议员心目中的英雄，不仅稳住了在党内的地位，也顺利赢得了 2015 年的大选。在他的带领下，保守党获得下议院 650 个席位中的 331 个，超过半数席位，单独组成多数派政府。败选的工党、自由民主党和英国独立党领袖相继宣布辞去党魁职务。

值得一提的是，独立党虽然败选，在议会仅仅赢得一个议席，但是在这次大选中，独立党赢得了 400 万张选民的选票，而且在全国的分布相对均衡，这成为影响之后脱欧公投结果的主要因素之一。

卡梅伦继续执掌唐宁街。他承诺，要把英国团结在一起，又不得不依照承诺推进脱欧公投。

2015年5月，卡梅伦表示将迅速推动举行"退欧公决"的工作，推进英国议会就全民公决具体安排的立法工作。10月，多名保守党、工党、独立党退欧派在民间发起了"投票退欧"运动，伦敦市长、保守党内最具知名度的脱欧派领袖鲍里斯·约翰逊是此项运动的主要领导者，全力推动英国退出欧盟。

2015年6月，卡梅伦在欧盟峰会上提交了欧盟改革计划，要求欧盟确保非欧元区国家不受歧视，保障单一市场的完整；简化欧盟法律，减少对企业的各种规制；允许英国不参与"欧洲政治联盟"，赋予成员国议会在阻止欧盟立法方面更大的权力；设置新机制，允许英国阻止新成员国的移民大量涌入英国，新成员国在其经济发展水平提高到可比的水平之前，不能享受人员自由流动的便利。

卡梅伦强调，英国的核心诉求必须得到满足，否则就将考虑是否有必要继续留在欧盟。对于欧盟来说，留住英国在欧洲联盟内对推动欧盟一体化至关重要。为此，2016年2月的欧盟峰会，德国总理默克尔给予了卡梅伦最大的支持，答应了英国政府的所有诉求。但是默克尔高估了卡梅伦的能力。

在与欧盟达成共识之后，卡梅伦以为这样可以打消国内退欧派"脱欧"的念头，宣布将在6月23日进行公投的决定，并表明自己的立场——英国"离开欧盟就是跳进黑暗"。6月，卡梅伦明确禁止保守党政府大臣发起要求退出欧盟的宣传活动，对违反者将解除大臣职务，导致保守党内部分歧加剧。前副首相尼克·克莱格也在公投前提醒公众，"脱欧"将让英国陷入"二战以来的最大危机"。工党领袖科尔宾也明确表态支持留欧，并认为如果英国离开欧盟，那么工人的权益将更加难以得到保障。

但退欧派拥有强大的民众基础。他们将民族主义、民粹主义融合起来，利用民众对精英政治的不满，宣扬反欧洲一体化、排外、反移民思潮，导致英国民众对"留欧"的支持率明显下滑。

2016年6月23日，英国全民公投如期举行。这次卡梅伦被抛弃了，51.89％的民众支持离开欧盟。

第二天，卡梅伦在唐宁街10号首相府前发表讲话，宣布辞职。时任内政大臣特雷莎·梅（Theresa May）当选保守党领袖并接任英国首相。

一般情况下，本报会犹豫是否要在这样一场争夺结束之前表明立场，但无论将迎来谁的时代，都会是非同寻常的。在争当戴维·卡梅伦继任者的五位候选人中，《每日邮报》认为只有梅夫人具备必要的素质、声望和经验，能够团结她的党和整个国家——也有可能开启一种更干净、更诚实的新政治。

——［英］《每日邮报》

坎坷脱欧路

2016 年 7 月，60 岁的特雷莎·梅成为新首相，也是英国第二位女首相。梅一上任，即刻着手收拾卡梅伦留下的残局：化解精英与民众在"脱欧"问题上的巨大分歧，让英国顺利脱欧；保持此前陷入内斗的保守党的团结；应对因"脱欧"引起的苏格兰再次要求独立的局面；解决欧盟提出的北爱尔兰边境问题；还要在英国政治经济不确定中提升国家竞争力。

特蕾莎·梅是牛津大学文学硕士，在成为首相前有着丰富的从政经验。1986 年当选伦敦市议员步入政界，1997 年当选英国议会下院议员，1999 年以来历任保守党影子内阁教育和就业、交通、家庭、文化和媒体等事务大臣，下院领袖及保守党主席。2010 年，在卡梅伦的联合政府中，特蕾莎·梅任内政大臣兼妇女与平等国务大臣，2015 年连任。在 6 年的内政大臣职位上，特蕾莎·梅负责处理的是治安、反恐、移民等事务，特别在移民问题和欧盟人员流动等方面的立场，梅比卡梅伦更强硬。

但在保守党内，特蕾莎·梅是个不瘟不火的角色，在轰轰烈烈的"脱欧"运动中，特蕾莎·梅不冷不热地支持留欧。而激进的"脱欧派"领袖鲍里斯·约翰逊（Boris Johnson）一直被视为卡梅伦的接班人。意外的是，在卡梅伦辞职后的保守党党魁竞选中，约翰逊和其他竞选人先后退出竞争，幸运的特蕾莎·梅成为唯一的党魁候选人，并赢得几乎半数保守党议员的支持，成为保守党领袖，继任首相一职。

突然"发迹"的特蕾莎·梅即刻从一个低调的"留欧"派，变成扛起"脱欧"大旗的"领头羊"，带领英国人民走上"脱欧"之路。

按照《里斯本条约》第 50 条规定，有退欧意向的成员国需要与欧盟进行为期两年的协商，如果两年谈不拢，只有全部成员国同意才可延长谈判期。也就是说，梅首相需要在两年时间里领导英国按照程序退出欧盟，需要将过去 40 年形成的把英国与欧盟联系在一起的无数协议与关联一一解除，再重新达成新的共识。

特蕾莎·梅首先任命三位著名脱欧派负责脱欧谈判：前伦敦市市长鲍里斯·约翰逊被任命为外交大臣；议员戴维·戴维斯担任脱欧大臣；保守党内反欧盟人士利亚姆·福克斯担任国际贸易大臣。

随后，无论是在 10 月保守党年会上的演讲，还是在 2017 年 1 月的伦敦卡斯特宫的讲话中，梅都明确提出英国将"硬脱欧"的立场，英国将彻底退出欧盟，成为完全独立的主权国家；不会寻求"一半走，一半留"的解决方案，与欧盟建立一种"新的平等关系"。

加入欧共体以来，英国受制于"共同贸易政策"，不具备独立贸易的条件。为此，梅政府为脱欧后的英国提出了"全球英国"的概念，

欲将英国打造成"超越欧洲大陆，在更广阔世界中寻找经济和外交机遇"的"全球大国"。以缓解人们对英国脱欧后实力可能被削弱、外交可能更孤立的担忧。

2017 年 2 月，英国议会公布了《英国退出欧盟及与欧盟建立新伙伴关系白皮书》，列出了英国政府在未来"脱欧"谈判中将遵循的 12 项准则：主要包括移民控制、保护劳工利益、与欧洲市场达成自由贸易协定、脱离欧洲法院的司法管辖、不在北爱尔兰和爱尔兰之间设置边境等内容。

英国政府在明确"脱欧"目标的同时，还强调英国将"顺畅、有序"退欧，避免出现破坏性的断崖式退欧。也就是说，英国既想要脱欧，还想尽可能保留之前享有的和欧盟国家打交道的种种好处和便利。

3 月 29 日，特蕾莎·梅正式签署启动《里斯本条约》50 条的信函，开启了为期两年的脱欧谈判进程。而前一天，苏格兰地方政府以英国脱欧未考虑苏格兰民众的诉求为由提出再次举行独立

公投的议案获得苏格兰议会批准，公投时间定在 2018 年秋至 2019 年春之间举行。

英国去意已决，欧盟也不强留坚持"公事公办"。4 月，欧洲议会通过了一份有关英国"脱欧"的谈判条件议案，各成员国一致授权欧盟在谈判中以强硬立场对待英国，为英国"脱欧"谈判划定"红线"：英国在退出欧盟前与第三国就贸易协定进行谈判，将违反欧盟法律；英国也不能与其他欧盟成员国在双边层面上商谈退出程序或未来关系问题。并要求谈判分阶段进行，且不准英国过分拖延。显然，欧盟不想给英国"两手准备"的机会。

在正式谈判开启之前，双方就"分手费"（英国已承诺分摊的欧盟费用）、爱尔兰边界、移民、数百万生活在彼此地区公民的权利等问题展开了博弈。其中，关于"分手费"双方就有巨大分歧。欧盟要求英国付清 600 亿至 800 亿欧元已承诺的预算费用，而英国一分钱都不想出，即使一定要付，也暗示可接受 200 亿至 300 亿欧元的上限。就在英国与欧盟即将展开对垒之际，特蕾莎·梅突然于 4 月宣布将在 6 月提前进行大选。而按照英国法律，下一次大选应该在 2020 年举行。

"脱欧"进程催生了英国的政治分化，各政党的"脱欧"立场不同，既有政党理念差异的因素，也有选举政治方面的考虑，保守党内部依然分歧严重，留欧派势力依然强劲。尽管工党在党魁杰里米·科尔宾（Jeremy Corbyn）的领导下，也表示支持脱欧。但 4 月初的民调显示，梅领导的保守党在其"硬脱欧"表态的影响下，民意支持率高达为 48％，而工党的支持率只有 24％。

为了巩固自己在党内的地位，确保保守党的执政地位，特蕾莎·梅决定在民意支持率高涨之际进行一场"政治豪赌"，试图乘势扩大执政党的议席优势，并为自己获得一个完整的政府任期。

在接下来的大选造势活动中，保守党的核心议题依然是"脱欧"，并反复强调"强大而稳定的政府"。5 月初，梅再次就与欧盟的"脱欧"谈判表达强硬立场，强调即使无法与欧盟在谈判中达成协议，英国也将"脱欧"，声称："达不成协议总比谈成一份糟糕的协议好。"

梅首相的"硬脱欧"开始引发舆论的担心，若英国在无法与欧盟达成协议的情况下退出欧洲共同市场，将给英欧贸易造成巨大冲击。而"硬脱欧"给脱欧造成的不确定性，也为外国投资和金融业带来了潜在风险。

尽管在"脱欧"过程中，英国依然是欧盟成员，但英国经济增长开始明显放缓，保守党加强社会福利、实现"建议更加公平的英国社会"的承诺变得艰难，迫使其重拾紧缩政策。为了缓解老龄化社会带来的财政压力，保守党提出了凡拥有 100000 英镑以上房产的老人在其去世后房产将用于偿还护理开支的社会保障方案。这被工党讽刺为"痴呆税"的提议，引发选民不满。

与之不同的是，工党的竞选纲领则体现在关注国内政策及在移民潮的冲击下引发的民生问题。工党发布的竞选宣言中涵盖了大量受民众关注的政策，包括就业权利、取消公共部门工资限制、兴建保障住房、取消大学学费、控制租金费用等主张。让越来越多的人对工党领袖科尔宾产生好感，更赢得了众多年轻人的认可。

6月大选结果出人预料，英国议会中各政党的席位组成情况被改变。保守党丢失了 13 个下院席位，仅获得 317 个席位，民众支持率为 42.3%。工党增加了 30 个席位，获得 262 个席位，民众支持率大幅增长为 40.0%。苏格兰民族党因推进第二次独立公投而不得民心，丢失了 21 个席位，仅剩下 35 席。自由民主党获得 12 个席位。唯一坚定支持特蕾莎·梅"脱欧"的北爱尔兰民主统一党获得了 10 个席位。

特蕾莎·梅没想到，她提前大选的决定险些失控。这场"政治豪赌"使保守党失去了对议会的控制权，也丢失了与欧盟"脱欧"谈判时的权威。保守党最终因议会下院席位不过半，不得不与北爱尔兰民主统一党组成少数派政府。

在特蕾莎·梅联合政府成立的第二天，英镑对美元和欧元汇率一度下跌 2%。英国富时 100 股指期货开盘下挫 0.3%。这也预示着，接下来无论是在国内政治还是与欧盟的谈判中，都将呈现更加错综复杂的局面。

在大选结束 10 天后，英国与欧盟的脱欧谈判正式启动。根据"脱欧"流程，英欧谈判形成的"脱欧"协议需要经过英国内阁同意、欧盟峰会批准、英国议会通过和欧洲议会确认的程序。烦琐的流程牵扯英国国内各方利益，注定在"脱欧"道路上会进入漫长的拉锯战。因英国保守党失去了独立执政地位，欧盟预算执行委员厄廷格（Gunther Oettinger）称："没了强大的谈判伙伴，谈判不确定性将会更大。"同样，欧盟不会允许英国如愿地只保留对自己有利的合作机制，那会使其他欧盟成员国中的疑欧主义受到鼓舞。

保守党在议会席位减少也削弱了梅的领袖地位。11月，40名保守党议员签署针对特雷莎·梅的不信任函，距离重选党魁仅差8票。同时，北爱尔兰民主统一党强烈反对关于北爱尔兰和爱尔兰的边界安排，增加了梅政府"脱欧"谈判的难度。而议会也与政府争权夺势。在脱欧公投后，留欧派为了增加英国政府的脱欧难度，制约英国政府自由行动的权力，就"英国政府拟不经议会立法启动脱欧谈判是否违宪"提起诉讼。最终，英国政府败诉，议会获得了"脱欧"协议的最终确认权，成为制衡和监督政府"脱欧"进程的关键力量，也改变了梅"硬脱欧"的走向。

2017年12月，英欧谈判第一阶段结束。英国同意支付390亿英镑"分手"费，就爱尔兰边界和居住在英国及欧盟的公民的权利等问题达成妥协。同时，英国政府在国内推动立法，以便英国脱欧后更好地"复制"欧盟与第三方国家的贸易协定，实施保护英国产业不受国外不公平竞争影响的贸易防御措施。

2018年2月，在第二阶段的谈判中，欧盟正式提议将北爱尔兰留在欧盟联盟内，将爱尔兰海作为英国和欧盟之间的贸易等活动的边界。英国政府指责这是危及英国主权与统一的方案并拒绝。

6月，经女王批准，英国议会正式通过了《退出欧洲联盟法》，为英国"脱欧"后的法律承接做准备。明确规定英国将于2019年3月29日退出欧盟，并将英国适用的欧盟法律自动转化为英国法律。

7月，英国内阁成员齐聚首相乡村官邸契克斯庄园，策划完成一份新的脱欧谈判方案，即"契克斯方案"。在方案中，特雷莎·梅试图寻求英欧之间设立"货物自由贸易区"，同意接受欧盟相关规则约束、继续参加欧盟相关监管机构，但服务贸易、金融合作领域除外，并终止英欧人员自由流动。

"契克斯方案"一出，即刻遭到多方的批评。三大在野党工党、苏格兰民族党和自由民主党相继公开反对"契克斯计划"。脱欧事务大臣戴维·戴维斯（David Davis）和外交大臣鲍里斯·约翰逊相继辞职，抗议"契克斯方案"的"软脱欧"立场。约翰逊在辞职声明中说，英国"正在走向殖民地的地位"；戴维斯在《金融时报》撰文写道："我们不能达成自由的贸易协定，正如特朗普总统所言，它将扼杀英国与美国的贸易协定。没有对商品的控制权，我们将失去向除欧盟以外的世界开放英国服务出口的关键优势。"

同时，"软脱欧"派对方案也不满意，认为这一复杂又模棱两可的方案给英国企业界的经贸活动带来诸多风险。欧盟同样不接受"契克斯方案"。德国总理安格拉·默克尔说，欧洲单一市场的完整性"不容打折"；欧洲理事会主席唐纳德·图斯克说，特雷莎·梅的方案"行不通"。

尽管多方反对，特雷莎·梅依然坚称"契克斯计划"是"唯一有分量、可靠"的现有"脱欧"方案。同时大力开拓与欧盟以外市场的合作。

除了欧盟，美国和中国也是英国重要的贸易伙伴。与欧盟、美国和中国达成自由贸易协定成为梅政府在贸易政策上的核心追求。但与重利轻义的特朗普政府达成双边自由贸易协定并非易事。中国是英国的第三大贸易伙伴，英国也是中国在欧盟内的第二大投资目的地。首相梅希望能搭上中国经济发展的快车，与这个世界最大的新兴经济体达成双边自由贸易协定。2018年1月底，特雷莎·梅率任职以来最豪华的代表团对中国进行正式访问并举行新一轮中英总理年度会晤。继续坚持中英关系"黄金时代"的大方向，保持中英关系持续发展的态势。

11月，英国政府与欧盟就脱欧协议及未来双边关系展望的内容基本达成共识，签署协议草案。特蕾莎·梅在次日的内阁会议上公布了脱欧协议的内容，并得到大多数内阁同僚的支持。欧盟也在特别首脑会议上批准了协议。

然而，英国工党、北爱尔兰民主统一党、苏格兰民族党和自由民主党等"留欧"阵营以及保守党内部的"硬脱欧"派都对该协议不满，导致这份脱欧协议在英国议会的表决陷入僵局。

2018年12月，保守党内部对特雷莎·梅提起不信任投票，梅顶住了压力获得通过。但是，脱欧协议却在2019年1月至3月的议会下院三次表决中遭到否决。英国党派间龃龉不断，各自又提不出符合多方利益的可替代方案。3 月 20 日，梅首相向欧盟递交信函，正式提出推迟英国"脱欧"的申请，将"脱欧"演绎成"拖欧"。

4 月，欧盟提出 2019 年 10 月 31 日是英国脱欧的"最后期限"。脱欧协议无法获得通过，"无协议脱欧"以及"二次举行脱欧公投"的方案也由各方提出，但最终同样被议会否决。

英国政府陷入"脱欧"僵局，围绕"脱欧"的不同立场，也促使英国政党政治"节外生枝"，甚至蓬勃发展。

2019 年 2 月，"脱欧党"和"独立团体党"相继成立。其中，脱欧党在短时间内迅速成长，在当年 5 月的欧洲议会中获得了 31.6％的选票、29 个议席，成为英国在欧洲议会中的最大政党，而保守党仅获得 4 个议席和 9.1％的选票。

同时，在英国一年一次的地方议会选举中，保守党损失了 1334 个议席，失去 44 个地方议会的控制权；工党损失了 84 个议席，失去了 6 个地方议会的控制权。而主张"留欧"的自由民主党增加了 704 个议席，增加了 10 个地方议会控制权，无党派人士和默默无闻的绿党①的议席同样大幅增加。

5 月的民意调查结果显示，保守党、工党、自由民主党和脱欧党的民众支持率不相上下，似乎有动摇自 1924 年工党取代自由党以来形成的工党与保守党轮流执政的两党制的趋势。

---

① 英国绿党是最早倡导保护环境的团体，于 1973 年开始活动，初称"人民党"，1975 年改称"生态党"，1985 年改称"绿党"。

即使在这种形势下，保守党依然无法保持内部团结。由约 60 名激进硬脱欧派保守党人组成的欧洲研究小组不断向特雷莎·梅施压，声称即使英国无协议脱欧也"无所畏惧"。甚至公开表明，如若梅不放弃契克斯计划，他们将通过党内不信任投票让梅下台。同时，有多名保守党议员退党。

5 月 23 日，英国下议院领袖利安德烈娅·利德索姆突然宣布辞职。利德索姆表示，她不相信通过目前的脱欧协议，英国能成为一个真正主权的联合王国。利德索姆是特雷莎梅担任首相以来，第 36 位请辞的保守党官员。

党派之争愈演愈烈，意味着执政者软弱无力。而支持者将最初的好意转换成敌意，注定梅首相的执政生涯也更加辛苦。在重重危机的包围下，2019 年 5 月 24 日，首相特雷莎·梅不得不选择辞职，宣布将于 6 月 7 日卸任保守党领袖。

在辞职演讲中，特雷莎·梅表示：由一位新首相带领英国继续"脱欧"进程"最符合英国的利益"。

每一次危机都发生在唐宁街，但最终都是由英国民众买单。每一次都让我们的国家变得更弱、更糟。

——［英］工党领袖基尔·斯塔默

谁能救英国

2019 年，英国人在经历了三年冗长混乱的"脱欧"之旅后，已经厌烦了无休止的脱欧讨论，人们希望改变现状，愿意更换他们的执政者。同样，对于被"脱欧"撕裂的保守党来说，也需要一个有强有力的领袖，将保守党和这个国家重新凝聚起来。

2019 年 6 月，英国首相特雷莎·梅正式辞去执政党保守党领导人一职，但她将继续留任首相，直到新首相产生。在随后展开的保守党领袖竞选中，伦敦前市长、前外交大臣鲍里斯·约翰逊一路过关斩将，最后一轮的竞争对手杰里米·亨特（Jeremy Hunt）也是"硬脱欧"的代表人物，最终，约翰逊以超过 66％的得票率当选保守党党魁，也成为新任首相。

约翰逊是出生在美国纽约的英国人，毕业于牛津大学古典文学专业。1999 年成为《旁观者》杂志的主编。2001 年，约翰逊当选泰晤士河畔亨利选区的下议员，正式开启从政之路。2004 年，约翰逊成为保守党副主席，同时也是保守党前座议员。2008 年，成功当选伦敦市长，并于 2012 年成功连任。

约翰逊是激进的"硬脱欧"派，其张扬的个性如同他那蓬乱的头发，从来没有中规中矩过。继任首相后，为脱欧组建了以党内右翼、"硬脱欧"派和个人支持者为主体的"战时内阁"。约翰逊与他的执政团队目标一致，即 2019 年 10 月 31 日之前完成工作，不管英国有没有和欧盟达成脱欧协议，英国都要如期退出欧盟。

但欧盟的态度同样强硬，称不会就脱欧协议与英国重新谈判，特别是关于爱尔兰边界问题的"保障条款"不可更改。

与特雷莎·梅一样，约翰逊脱欧路上的最大阻力还是来自国内，各党派及保守党内部关于脱欧问题的分歧并没有随着特雷莎·梅的离任而消失。不过，与特雷莎·梅摇摆不定的立场不同，约翰逊是目标坚定又激进的硬脱欧派。他很清楚，在斗争中，让对手强大就等于自取灭亡。而在其脱欧进程中最强大的对手就是议会。

8 月底，约翰逊使出撒手锏，利用英国宪法惯例，由首相提议经女王批准，迫使议会在 9 月 10 日至 10 月 14 日临时休会，以确保 10 月 31 日前政府完成脱欧不被阻挠。

约翰逊给议会"放长假"的决策立刻得到了回应。多个城市的民众走上街头，抗议政府从议会手中"夺权"，要求约翰逊停止"政变"。在野党更是与部分"反水"，与保守党议员联手组成了"反对无协议脱欧阵营"。9 月，反约翰逊阵营在英国议会下院投票，通过了一项从首相手中夺取议会议程控制权的动议。通过了新法律，规定英国议会如在 10 月 19 日前不能批准脱欧协议或无协议脱欧，约翰逊政府就必须向欧盟再次申请将脱欧时间延期至 2020 年 1 月 31 日。

同时，英国最高法院也做出历史性判决，裁决首相鲍里斯·约翰逊让议会休会的措施不合法。第二天议会复会。

约翰逊政府与英国议会因"脱欧"引起的权力斗争，反而促使欧盟强硬的立场开始松动，并提出由英方提供解决当前僵局的建议。10 月，英国和欧盟达成了新的"脱欧"协议，取消了影响英国主权完整的北爱尔兰边境"备份安排"，英国北爱尔兰和爱尔兰之间不会出现实体海关、边检设施等"硬边界"。

关于新的"脱欧"协议，英国议会下院依然不肯轻易通过，要求政府先完成"脱欧"协议所关联的立法程序，才可进行议会表决，迫使约翰逊政府将"脱欧"期限延迟到 2020 年 1 月 31 日。10 月底，议会表决将在 12 月重开大选。11 月，议会解散，选战开始。

对于约翰逊来说，提前大选、重组议会是突破国内政治困局的唯一路径。这一次，约翰逊赌赢了。

2019 年 12 月，约翰逊领导的保守党赢得议会 365 个席位，以压倒性胜利赢得了大选。这也是保守党自 1987 年撒切尔夫人以来的最大胜利。保守党甚至打破了传统的工党选区封锁，斩获 52 个原属于工党的选区。而工党仅剩下 202 个席位，是唯一得票率下降的主流政党。自由民主党和苏格兰民族党的席位都有所提升。

保守党的成功突围，在于其政党内部的空前团结，选举纲领简单直接，其鲜明的"脱欧"立场赢得了大部分"脱欧派"选民的支持，"完成'脱欧'，释放英国潜力"的口号抓住了人心。民众的预期正是脱欧协议能获得通过，打破英国脱欧僵局。但工党领袖科尔宾一直在脱欧问题上摇摆不定，无限期拖延脱欧让选民反感。同时，留欧派和反约翰逊派又不能很好地配合工党进行战术投票，而保守党始终把握着议程主动权。

相对保守党简单有效的选举纲领，工党的纲领涵盖了教育、公共服务、国民保健、地方发展、劳权保护、移民、能源及气候变化的解决方案等议题。过于求全又烦琐的内容，让选民搞不清楚工党的政策和立场。自由民主党坚定的"留欧"主张，得到了"留欧"派选民的支持。

2020 年 1 月，在议会下院表决中，脱欧法案获得了保守党议员的一致支持。两周后，英国女王签署批准"脱欧"协议相关法案。《欧洲联盟法（退欧协议）》也完成了立法程序。英国于 1 月 31 日正式退出欧盟，英国延续多年的"脱欧"长跑终于结束，进入为期 11 个月的过渡期。

在过渡期内，英欧还需要继续就未来关系进行谈判。截至 2020 年 8 月底，英欧进行了 7 轮谈判，双方在公平竞争环境、刑事司法和警务合作、贸易协议本身和渔业等问题上出现了严重分歧。欧盟多次建议英国可延长过渡期 1—2 年，都遭到约翰逊政府的拒绝。

2020 年，英国刚刚摆脱了"脱欧"不确定性因素给民众生活带来的影响，又遭遇新型冠状病毒的袭击。

2020 年 1 月 30 日，世界卫生组织宣布新冠肺炎疫情为国际公共卫生突发事件。而在一周前，英国政府也召开了第一次关于新冠肺炎疫情的内阁紧急会议。但时逢"脱欧"日临近，英国政府忙于营造"脱欧"胜利的氛围，疫情并未引起重视。在随后的一个月左右时间里，疫情大规模暴发，欧洲大陆国家 3 月初开始采取封城或限制自由流动措施。而英国则根据政府科学家和医学顾问的意见，采取"群体免疫"的消极防疫措施，不关闭学校，不取消大型公众活动，民众大规模聚集的体育赛事照常进行，导致新型冠状病毒加速传播。

直至英国新冠肺炎单日死亡病例达 300 例以上，首相约翰逊政府才意识到问题的严重性。3 月 23 日，英国宣布实施封城措施，呼吁人们"留在家里"，以遏制新冠疫情扩散。但姗姗来迟的"封城令"让英国错过了防疫的黄金时机，新冠感染率不断上升，查尔斯王子和首相约翰逊相继被曝感染新冠病毒，其中，约翰逊因病情恶化转入重症监护室。约翰逊因亲历了新冠病毒的侵袭，在痊愈后开始实施一系列积极抗疫政策，在采取封锁措施的同时，采取加大检测力度、加强疫苗接种和积极救治病患等措施。

4 月上旬，英国新冠确诊病例已经超过 7 万人，死亡人数接近 9000 人。在国家紧急状态下，英国女王发表全国电视讲话。这是女王继位 68 年来第四次就重要事件发表电视讲话。女王号召全民团结、勇敢、冷静应对当前的危机。

抗疫初期，英国民众尚能与政府站在一起共同面对疫情的不确定性，放弃自由，遵守防疫隔离的种种措施。但随着英国政府发布抗疫指令存在拖延、解封太早、政策前后矛盾等问题不断出现，特别是首相顾问卡明斯在出现新冠肺炎症状未居家自我隔离治疗，不顾政府封锁禁令驾车出伦敦城一事被曝光，引起公众强烈不满。此后政府多次采取封锁措施，人们开始无视规定屡屡触碰禁令红线，甚至每次"封城令"实施前都有人上街狂欢。

2020 年 6 月，英国新冠病毒感染死亡病例达 40261 例，成为第二个死亡人数超过 40000 的国家，仅次于美国。9 月，Alpha 变异毒株在英国肯特郡首次被发现，该毒株传染性比原始新冠病毒高 30%—40%，引发了英国的新一波疫情。2021 年 1 月，英国启动第三轮新冠肺炎疫情封锁措施，要求民众待在家中，呼吁在大规模接种疫苗之前，在全国范围采取最后一次重大行动来控制病毒。

受新冠肺炎疫情的影响，英国经济遭受严重冲击。2020 年，英国实际 GDP 增长下滑 9.8%，遭遇 300 年来最严重的衰退。

2020 年 12 月 30 日，英国议会通过了英欧双方在过渡期结束前最后一刻签署的《贸易与合作协定》。2021 年 1 月 1 日，英国结束过渡期正式脱离欧盟。但结束并不是终点。英欧之间的许多合作问题，以及"脱欧"进程中涉及的国内政治问题，仍然需要解决。特别是《北爱尔兰议定书》作为《脱欧协议》的一部分，在其落实细节上较为模糊。协议虽然避免了北爱尔兰和爱尔兰共和国之间出现"硬边界"，但要求北爱尔兰更多遵守欧盟的关税和监管规则。这不仅影响北爱尔兰在英国的地位，也成为脱欧后的英国政府的一块"心病"。

为了提振英国经济，约翰逊政府综合运用财政、货币和就业政策工具，刺激消费和投资，扩大就业以刺激经济增长。

2020年6月，约翰逊宣布了最新经济复苏计划，承诺斥资50亿英镑来改建房屋和基础设施等，以恢复受新冠疫情冲击的就业和经济。约翰逊称这是"自二战以来最彻底的改革"，要彻底扭转保守党一度坚持的财政紧缩政策。7月，政府推出"工作保留奖励新政"，对在一定时间内保留员工岗位使其复工，且每月支付的工资超过最低标准的雇主进行一次性奖励。为促进就业，政府通过向企业提供补贴，以鼓励雇主为年轻人提供实习机会、雇用新学徒。

同时，政府先后出台了五项帮助企业获得融资的贷款计划，以及减税降费等措施，减轻企业负担。

2021年第二季度，英国经济出现反弹，经济增幅达4.8%，但在疫情进一步恶化的情况下，经济反弹难以持续。

在外交领域，2021年3月，英国政府发布了《竞争时代中的全球英国：安全、防务、发展与外交政策综合评估》（以下简称《综合评估报告》），将"全球英国"设定为"拥有全球视野、解决问题和分担负担的国家",意图在脱离欧盟后塑造"全球英国"的形象。

在《综合评估报告》中,英国政府多处提及中国,不仅有不当的涉及新疆、香港的内容,而且将中国列为英国和盟友面临的最大威胁和挑战。约翰逊执政时期,中英关系陡然生变,日渐恶化。保守党内部对华强硬派占主导地位,加之美国对华采取"竞争、对抗"态势影响,约翰逊政府不但在政治和安全层面推行对华强硬政策,而且在经济层面把中国视为不可依赖的经济伙伴,将中国经济发展视为威胁,并减少英国在关键医疗物资和战备物资上对中国的依赖。但出于经济发展的考虑,约翰逊政府的对华政策也出现摇摆不定的特征,强调需要继续同中国保持在经贸、气候变化等领域的合作。2021 年,面对疫情起伏反复以及世界经济的艰难复苏,中英双边贸易额却刷新历史纪录,首次突破 1100 亿美元。中国是英国第三大贸易伙伴和第一大货物进口来源国,而此前德国一直是英国最大的进口市场。同时,中英双向直接投资存量达 478 亿美元,比疫情发生前增长近 50 亿美元。2021 年 7 月,财政大臣里希·苏纳克(Rishi Sunak)在伦敦金融城的演讲中,呼吁"发展成熟而平衡的对华关系"。

对于美国,英美特殊关系虽然遭到来自特朗普政府的巨大压力,但加强英美特殊关系不动摇依然是英国政府的外交主基调。2021 年 6 月,英美两国领导人在英国康沃尔郡签署《加强特殊关系的宣言》。同年,英国和美国拜登政府与澳大利亚组建了新的三方安全伙伴关系。美英澳三国通过核扩散加强结盟的方式，释放出"全球英国"的军事投机和冒险倾向。美英澳三方安全伙伴关系的建立，被英国媒体称之为"西方盟国在军事和技术领域打压中国崛起的又一举措"，也是英国外交向"印太倾斜"的体现。

在《综合评估报告》中，英国政府刻意淡化了欧盟在英国对外战略中的地位，提出英国外交要"向印太倾斜"。印太地区是世界经济和地缘政治的重心，而强化与该地方的政治、经济及军事联系成为英国政府充实"全球英国"内涵的重要策略。

作为有大国雄心的英国，为了提高军事实力，英国政府在经济低迷、疫情严重、退欧面临坎坷的关键时刻对外宣布，将从2021年起连续四年增加军费，平均每年增加41亿英镑，年均国防费用涨幅10%—15%。

英国是北约第四大常驻武装部队的来源，现役部队总数21万，分为皇家海军、皇家空军和陆军。2021年军费开支为684亿美元，比2020年增长3%，位居世界第四。

在《综合评估报告》中，英国政府称，为应对其他国家显著增加的、多样化的威胁，"阻止核武器、常规武器以及其他合成武器对我们的安全的威胁，尤其是来自俄罗斯的"。英国将把其所拥有核弹头的数量上限从180枚增加到260枚，以形成"最低限度、有保证和可信的核威慑"。据美国《原子科学家公报》发布的《2021年英国核武器》报告显示，英国拥有约225枚核弹头，其中120枚可部署于4艘"先锋"级弹道导弹核潜艇上，是世界上唯一的以单一核力量维持核威慑的国家。

2021 年，全世界突然陷入一场能源危机，天然气、煤炭、石油等价格飙升。受其影响，英国天然气价格急剧上升，部分城市出现汽油短缺。2021 年 10 月，英国的电力在供不应求的环境下，电力价格持续增长，同比增长 7 倍之多。有 9 家能源供应商先后宣布倒闭。

鉴于能源危机，约翰逊于 11 月在格拉斯哥召开的《联合国气候变化框架公约》第 26 次缔约方（COP26）大会上呼吁，终结燃油汽车时代，提出签署到 2030 年逐步淘汰汽油和柴油汽车制造的协议。同时，约翰逊政府在短时间内接连出台多份推动新能源科技与产业发展的重磅报告。

为了成为在国际事务中发挥作用的"全球英国"，约翰逊政府在俄乌冲突出中积极树立一个"能解决问题的国家"、承担部分"国际义务"的国际形象。首先站出来对乌克兰表示坚定支持，在冲突爆发两个月内向乌克兰提供了 4.5 亿英镑的军事援助。截止到 6 月，英国政府共承诺向乌克兰提供逾 23 亿英镑（折合人民币约 186 亿元）的军事和财政援助。

约翰逊政府不仅对乌克兰提供高昂的军事援助，作为北约成员国更是在美国领导下对俄罗斯实施一切可使用的制裁手段。约翰逊甚至身体力行地"挺身而出"，两度亲临基辅给乌克兰总统泽连斯基打气助威。

在俄乌冲突爆发之初，英国财政大臣苏纳克曾警告说，俄乌冲突使得英国经济面临重大不确定性。俄罗斯是全球重要的能源供给国，欧洲对俄罗斯能源依赖度较高。英国作为能源依赖型国家，又自处能源危机中，在俄乌冲突爆发的几个月里，英国能源价格飙升，普通家庭的年度账单平均增加超过 1200 英镑的开支。截至 9 月中旬，45％的英国成年人难以支付能源账单，三成人难以负担房租或房贷。

石油、天然气等能源价格持续上涨导致食品等生活必需品价格水涨船高，而民众工资涨幅却滞后。为了缓解危机，帮助贫困民众对抗通货膨胀以及日益昂贵的家庭能源账单。5 月，财政大臣苏纳克宣布，政府将对英国石油公司能源生产公司征收 25％的能源利润税。约翰逊则决定"削减政府开支，以降低生活成本"，要求裁去 9.1 万个公务员岗位，腾出数十亿英镑用以减轻困难家庭的经济压力。

2022 年，对于约翰逊来说，无论是能源危机、经济危机还是远未结束的新冠肺炎疫情危机，都不曾动摇他的首相地位。但是，政府长期积累的信任危机终于让约翰逊不得不离开唐宁街 10 号。

4 月，英国媒体曝光了首相约翰逊在 2020 年新冠肺炎疫情封锁阶段，违反规定召集下属在首相府聚会喝酒的照片。此事不仅引发要求"约翰逊下台"的呼声高涨，伦敦警察局也对约翰逊等人的违规行为进行调查。5 月，英国政府共有 83 人，包括财政大臣里希·苏纳克在内，共收到警方开具的 126 张罚单。约翰逊本人也被罚了 50 英镑。

"派对门"事件引发约翰逊的信任危机，英国政界对约翰逊进行抨击，保守党党内也向约翰逊发起挑战。6月，保守党对约翰逊进行不信任投票，约翰逊艰难通过，保住了首相地位。不到一个月，又发生约翰逊任命的保守党副党鞭克里斯·平彻（Chris Pincher）酒后猥亵男同事事件。英国媒体透露，此前约翰逊至少接到过两次有关平彻类似事件的举报，但约翰逊都拒绝要求让品行不端的平彻辞职，只是给予其两次党内警告。

　　约翰逊纵容自己、纵容下属的行为引发众怒，也让内阁成员对约翰逊失去了信心。随后，英国检察总长苏拉·布雷弗曼公开表示"首相下台的时候到了"。7月初，数十位政府官员辞职，约翰逊的重要支持者、卫生大臣赛义德·贾维德和财政大臣里希·苏纳克也相继辞职，约翰逊政府面临垮台。7月7日，众叛亲离的约翰逊宣布辞去保守党党首职务，但会留任首相至新首相接任。

　　就在约翰逊辞职这一周，英国新增新冠肺炎死亡病例294例，累计死亡人数达到20万人。9月，英国国家统计局的最新调查显示，英国约有200万人患有新冠长期症状，约占全国人口的3.3%。"长新冠"症状除疲劳、身体虚弱之外，还伴有呼吸急促、嗅觉丧失、肌肉疼痛等症状。"长新冠"症状导致很多人无法正常工作，英国出现劳动力短缺现象。英国财政研究所的研究显示，从5月起，员工的缺勤率出现飙升。长此下去，估计每年将给英国造成高达15亿英镑的收入损失。而英国政府在与新冠作战的一年多中已经花费了数十亿英镑。

在约翰逊辞职后，保守党内围绕领导权的角逐随之展开。出人意料的是，呼声最高的前财政大臣苏纳克，输给了外交大臣利兹·特拉斯（Liz Truss）。

利兹·特拉斯毕业于牛津大学，出任首相前，曾在三届政府中担任过环境、食品和农村事务大臣、司法大臣和大法官、财政部首席秘书、国际贸易大臣、妇女和平等事务国务大臣、外交大臣等职务，有着让人毋庸置疑的执政能力。

9月，47岁的特拉斯前往苏格兰接受英国女王伊丽莎白二世的正式任命，成为英国第三位女首相。《每日快报》在当日的头版打出"相信特拉斯，可以救英国"的标题。

但在特拉斯觐见女王的第三天，英国女王伊丽莎白二世去世，特拉斯由此成为女王生前会见的最后一人。两天后，英国国王查尔斯三世在圣詹姆斯宫正式宣誓登基成为英国新君主，特拉斯也成为查尔斯国王时代的第一任首相。

特拉斯上任后雄心勃勃地表示，她领导的政府将着力解决能源危机，并实施减税，从而发展经济。

特拉斯是激进主义者，推崇"撒切尔主义"，支持自由主义市场经济、厌恶工团主义、奉行价值观至上的鹰派外交。在担任外交大臣期间，不但与俄罗斯尖锐对立，还大肆鼓吹"中国威胁论"，扬言"必须确保台湾也有能力自卫"，声称为中国的"一带一路"的影响力制定可替代方案。同样，特拉斯与欧盟的关系也不好。

在她走马上任的第二天，英国《经济学人》就刊发了《利兹·特拉斯能拯救英国吗?》一文，文中提醒，"如果新首相想要成功，她必须避免'哑剧式'的激进主义"，因为"一个真正的激进主义者不会在国外虚张声势，而是会在国内表现出勇气，让推土机四处漫游，让人们更容易在需要的地方建造房屋、实验室和风力发电场"。

但"自信而固执"的特拉斯自有主张，她的竞选口号就是"经济、经济、经济"，在保守党党魁竞选中以提出"低税收、高增长"政治愿景击败了对手，特拉斯认为只要依此点燃"三把火"就可"救英国"。给予民众巨额能源补贴、央行加息以及实施规模庞大的减税方案。

其中，能源补贴计划中，政府将在 6 个月内耗资 600 亿英镑，替民众支付部分能源费用；为了应对通胀，9 月 22 日，英国央行第 7 次加息 50 个基点，将利率升至 2.25％；而减税方案则包括在"迷你预算"计划中，目的在于刺激消费、降低失业率，拉动英国经济增长。

事实上这项"迷你预算"，是英国政府自 1972 年以来最大的减税方案。"迷你预算"计划包括：削减国民保险，取消提高公司税收计划，削减购买房地产的印花税，以及在国内多地建立低税区等措施。将在 2023 年减免税收 450 亿英镑。

能源补贴加上减税方案势必导致财政收入出现巨大缺口，对此特拉斯希望通过大举借债来继续支撑财政支出，这也意味着英国的财政赤字和公共债务水平将在未来几年内急剧扩大。在当前英国能源危机和通货膨胀高企，疫情不可控导致的劳动力市场短缺的背景下，政府举债将面临市场信心严重不足的问题。

因此，在"迷你预算"计划发布的当天，英国金融市场即刻以剧烈震荡给予回应，出现"股、债、汇"三杀的局面。其中，英镑兑美元延续下跌趋势，最大跌幅超5％，创1985年以来新低。由于减税引发的英国国债大跌，导致英国养老基金的投资损失，更引发了"养老金危机"。全球信用评级机构穆迪更是将"迷你预算"评价为"信用负面"，警告称这一方案"可能永久性地削弱英国的债务承受能力"。

特拉斯的"三把火"刚刚点燃就"烧焦"了自己的首相职位。特拉斯称："我想采取行动去帮助解决能源和税收问题，但是我们操之过急了。"特拉斯虽然公开道歉，但拒绝辞职。然而，民调显示，53％的受访者认为英首相特拉斯应该辞去首相一职。保守党的支持率也只剩22％左右，远低于工党的52％。同时，数十位保守党议员要求特拉斯辞职。

10月20日，上任仅45天的利兹·特拉斯宣布辞职。特拉斯在辞职演讲中称，"无法完成选举时许下的承诺"。特拉斯也因此成为英国历史上任期最短的首相。

10月25日，作为保守党唯一一名候选人，当选为新党首的里希·苏纳克，在白金汉宫接受查尔斯三世的正式任命，成为英国新首相。

苏纳克的政治"星途"如何？还是让我们静观其作为吧！